Zauberpflanzen – Pflanzenzauber

Beate Funke

Zauberpflanzen – Pflanzenzauber

Hexenkräuter, Zaubertränke und Liebeselixiere

HEYNE
LUDWIG

Inhalt

Pflanzen spüren liebevolle Pflege und Zuwendung.

Die Liebespflanze seit Jahrtausenden – der Granatapfel.

J. Mulder Sculp.

Einleitung

Seit Menschengedenken üben die geheimnisvollen Wirkungen der Pflanzen eine große Faszination auf uns aus. Schon in grauer Vorzeit war man davon überzeugt, dass viele Pflanzen verborgene Kräfte besitzen. Und auch heute, in Zeiten von High-Tech-Medizin, Industrialisierung und den fortschreitenden Wissenschaften, ist das alte Wissen von den heilenden und auch magischen Eigenschaften der Pflanzen für viele Menschen wieder interessant geworden.

Wer sich mit dieser Materie beschäftigt, entdeckt bald, dass sich unter den alten Zauberpflanzen viele Heilpflanzen befinden, die seit jeher in der Volksmedizin verwendet werden. »Kräutermagie« nannte man früher das Wissen um die Wirkung von Pflanzen. Viele dieser Pflanzen – besonders die Nachtschattengewächse – sind allerdings giftig, und oft wurden sie auf sehr zweifelhafte, manchmal auch gefährliche Art und Weise verwendet. Die »unfallfreie« Anwendung erfordert aber eine genaue Kenntnis der Rezeptur, denn »Die Dosis macht das Gift« (Paracelsus). Und eben diese Kenntnis um die Zubereitung und Dosierung war das geheime Wissen der Hexen und Magier, die sich die verborgenen Eigenschaften der Pflanzen zunutze machten. In diesem Buch soll u. a. der Frage nachgegangen werden, wie die Zauberer zu ihrem Wissen gelangt sein könnten und auf welche Art und Weise Pflanzen dem Menschen nützlich sein, ihm aber auch Schaden zufügen können. Ein Blick auf andere Kulturen und Weltanschauungen soll helfen zu verstehen, was vielleicht allen gemeinsam ist. Erfahren Sie in diesem Buch, welche bedeutende Rolle die Pflanzen zu allen Zeiten in Religion, Kult und in der Heilkunde gespielt haben.

Der Mensch und die Pflanzen

Der Mensch betrat als Letzter die Bühne der sichtbaren Welt. Von Anbeginn an ein Teil der belebten Natur, aber ausgestattet mit Fähigkeiten, die ihn deutlich von der restlichen Schöpfung unterscheiden. So alt wie die Menschheit selbst sind aber auch ihre Ängste, Bedürfnisse und Wünsche. Unabhängig von Weltanschauung und Kultur, sind es bis heute die gleichen Grundbedürfnisse, die es zu befriedigen gilt, die gleichen Wünsche, um deren Erfüllung Menschen bitten, und die gleichen Ängste, deren man versucht Herr zu werden. Besonders Letzteres geschah oft unter Zuhilfenahme höherer Mächte. Und von Anfang an dienten Pflanzen mit ihren vielfältigen Eigenschaften nicht nur als Nahrungs- und Heilmittel, sondern auch als Mittler zwischen dem Irdischen und dem Göttlichen. Die Geschichte der Menschheit ist damit auch die Geschichte der Pflanzenanwendungen. Hexen, Zauberer, Giftmischer, Alchimisten, Schamanen, Heiler, Voodoo-Priester – alle nutzen auf ihre Art die verborgenen Kräfte der Pflanzen, die so oft zwei Gesichter haben – ein heilendes und ein tödliches. Allen ist aber eines gemeinsam: der Respekt vor den geheimnisvollen, den Pflanzen innewohnenden Kräften und das Staunen ob der Vielfalt der Natur, in der im wahrsten Sinne des Wortes gegen jedes Zipperlein ein Kraut gewachsen ist.

Verlorenes Wissen

Große Teile des Wissens über die Wirkung und Anwendung von halluzinogenen und heilenden Pflanzen sind im Zuge der großen Hexenverfolgung verloren gegangen. Doch die Wahrheit und das Wissen um die Zusammenhänge hat an manchen Orten die Zeiten überdauert.
In nahezu allen Gegenden der Erde brachte man den Pflanzen und ihren geheimnisvollen Kräften kultische Verehrung entgegen. Jede Kultur, jedes Land hatte seine eigenen magischen Pflanzen. Auch der moderne Mensch bedient sich nach wie vor pflanzlicher Drogen und Stimulanzien, erwähnt werden sollen nur Kaffee, Tee oder Nikotin. Besonderes Letzteres ist ein Beispiel dafür, wie sich eine segensreiche in eine negative Wirkung wenden kann, wenn der kultische Ursprung vergessen und die Droge gedankenlos konsumiert wird. Tabak galt den Indianern Mittelamerikas als heilige Pflanze und wurde überwiegend zu kultischen Zwecken eingesetzt, das heißt, sie war den Priestern vorbehalten. Der Gebrauch der Pflanze war strengen Ritualen und Vorschriften unterworfen. Gleiches galt auch für halluzinogene Pflanzen (siehe Seite 82 ff.). Ein bekanntes Beispiel ist das antike Orakel von Delphi, wo die Priesterinnen das giftige Bilsenkraut verwendeten, um den Geist für die Botschaften der Götter zu öffnen (siehe Seite 69).

In den Pflanzen liegt die
ganze Kraft der Welt.
Derjenige, der ihre
geheimen Kräfte kennt,
der ist allmächtig.
Indische Weisheit

Wenn wir etwas von der Faszination der Lebensform Pflanze erfahren wollen, die diesen Planeten gestaltet und geformt hat, die Grundlage für alles Leben auf der Erde ist, sollten wir einen Blick auf die mittelalterliche Elementelehre werfen, die davon ausgeht, dass die Schöpfung und jeder Organismus aus unterschiedlichen Anteilen der vier Elemente Luft, Wasser, Feuer und Erde besteht. Dann wird uns klar, dass es genau diese Elemente sind, die eine Pflanze zum Wachsen und Gedeihen benötigt: die Luft, das Wasser, die Erde und das Feuer, also das Licht der Sonne. Mit Hilfe des Lichts schaffen Pflanzen aus anorganischer Materie lebende Organismen. Diesem Prozess alleine verdanken wir unsere Existenz. Jedes Molekül unseres Körpers vereinigt daher in letzter Konsequenz Anteile dieser Elemente in sich, die nicht nur unsere, sondern eben auch die Grundlage allen pflanzlichen Lebens sind. Unter diesem Aspekt betrachtet erscheint die Lehre von den Elementen nicht mehr einem mittelalterlichen Aberglauben entsprungen, sie fußt vielmehr auf einer profunden Erkenntnis und Einsicht in die Vorgänge der lebendigen Natur.

Lebensgrundlage Pflanze

Ja, die Pflanzen dieses Planeten sind nicht mehr und nicht weniger als die unverzichtbare Grundlage unseres Lebens. Sie erzeugen den Sauerstoff, ohne den wir nicht atmen könnten, sie nähren und sie kleiden uns. Sie schützen uns, sie wärmen uns und sie heilen uns. Sie sprengen Felsen und sie beeinflussen das Klima, sie machen unfruchtbare Erde fruchtbar und sie prägen das Antlitz der Erde.

Es ist daher zwangsläufig, dass tief in uns verankert die Faszination und die Dankbarkeit bis heute dafür sorgt, das wir ein besonderes Verhältnis zu den Pflanzen bewahrt haben. Und dass es nach wie vor besonders sensible Menschen gibt, die Zugang zu der universalen Quelle des Wissens haben und die jene den Pflanzen innewohnende göttliche Kraft als Geschenk erkennen, das mit viel Respekt und Ehrfurcht behandelt werden will.

Die Macht des Geistes

Es sind in diesem Fall die Gemeinsamkeiten, die letztlich zum Kern der Dinge führen. Schon immer, in allen Kulturkreisen und auf allen Erdteilen wurde und wird von Menschen berichtet, die über Fähigkeiten verfügen, die anderen Menschen versagt sind. Menschen, die zukünftige Ereignisse vorhersehen können, mit Kraft der Gedanken Gegenstände bewegen oder über Gedanken mit anderen Menschen über beliebige Entfernungen kommunizieren. Menschen, die mit oder ohne Hilfsmittel mit Geistern und höheren Mächten in Verbindung treten und von diesen Antworten auf ihre Fragen erhalten. Menschen, die mit Pflanzen kommunizieren, Krankheiten in der menschlichen Aura wahrnehmen können und allein durch das Auflegen ihrer Hände heilen.

Und ebenso vielfältig wie die Rituale und Kulte, die sich um diese Fähigkeiten entwickelt haben, sind auch Erklärungsversuche, wissenschaftliche Thesen, philosophische Ansichten zu ein und demselben Thema. Den letzten Beweis und eine allgemein gültige Erklärung sind bisher alle schuldig geblieben. Keine Weltanschauung und keine Philosophie kann von sich den Anspruch erheben, das Wesen und das Geheimnis des Lebens erklären zu können. Wissen, das über viele

Jahrtausende Gültigkeit hatte, verschwand genauso wie die Kulturen, die es hervorgebracht haben, von der Bühne der Weltgeschichte. Vieles ging endgültig verloren, anderes lebt in modifizierter Form weiter und hat zu neuen Erkenntnissen geführt und wichtige Entwicklungen in Gang gesetzt.

Vielfältige Praktiken

Am Beispiel der faszinierenden Welt der Pflanzen wollen wir in diesem Buch deren vielfältige Eigenschaften vor Augen führen, die sich Menschen zunutze machten und machen. Der Fokus wurde dabei bewusst auf die den Pflanzen zugesprochenen magischen und zauberkräftigen Fähigkeiten gelegt, nicht zuletzt, weil dieser Aspekt sich des steigenden Interesses vieler Menschen erfreut.
Es werden Praktiken beschrieben, die auf eine tiefe Verwurzelung und ein Einssein mit der Natur zurückzuführen sind, wie dies beispielsweise bei den nordamerikanischen Indianern oder im Schamanismus der Fall ist. Hier steht die spirituelle Seite von Heilung im Vordergrund. Und es gibt erstaunliche Parallelen, unabhängig vom Kontinent und der jeweiligen Kultur. Ob in Religion, Magie oder Heilkunde – überall, wo die menschliche Psyche im Spiel ist, und überall wo es darum geht, höhere Bewusstseinszustände zu erreichen und zu höheren Kenntnissen zu gelangen, spielen beispielsweise Rituale eine zentrale Rolle.

Die Kraft der Gedanken

Besonders ausgeprägt war zu allen Zeiten das Bedürfnis, mit Hilfe magischer Praktiken oder Zauberei das Geschick zu seinen Gunsten zu beeinflussen oder dem Glück etwas nachzuhelfen. Wichtig bei allen Ritualen (und alle magischen Handlungen sind im Grunde ritualisiert) ist ein zielgerichtetes Denken, d.h. eine Konzentration auf das Ziel, das man erreichen möchte. Dies gilt aber nicht nur für Rituale, sondern prinzipiell für jede Tätigkeit in unserem Leben. Wenn wir die Gedanken konzentriert auf etwas richten, also etwas ganz bewusst tun, ist die Chance, dass wir unsere Ziele erreichen, sehr viel größer, als wenn wir uns »ziellos« treiben lassen. Wir sollten bei allem, was wir tun, die Kraft der Gedanken nicht unterschätzen, denn nicht nur der sprichwörtliche Glaube kann Berge versetzen, sondern auch das Denken, das Visualisieren einer erwünschten Lebenssituation. Versuchen Sie, immer bewusst zu handeln, sich Ihr Ziel immer vor Augen zu halten, dann werden Sie es auch leichter erreichen.
Es versteht sich von selbst, dass die Kraft der Gedanken immer zum Wohl anderer Menschen eingesetzt werden sollte, nie darf bei der Durchsetzung des eigenen Willens jemand zu Schaden kommen. Denn die Kraft negativer Gedanken kann sich sehr schnell gegen einen selbst richten. Wichtig ist also nicht nur, zielgerichtet und bewusst zu handeln, sondern dies auch immer verantwortungsbewusst und voller Respekt gegenüber seinen Mitmenschen zu tun.

Dies gilt auch im Zusammenhang mit der Verwendung von heilkräftigen Pflanzen. Wer um die pharmakologische Wirkung von Heilpflanzen und Zauberkräutern weiß, muss mit diesem Wissen verantwortungsvoll umgehen und es ganz bewusst anwenden.

Pflanzen haben die Macht zu heilen und zu töten, und derjenige, der über die entsprechenden Kenntnisse verfügt, hat die Wahl, die heilenden oder zerstörerischen Eigenschaften der Pflanzen zu nutzen. An dieser Stelle soll daher eindringlich darauf hingewiesen werden, dass die in diesem Buch genannten Rezepte oder Anleitungen – beispielsweise für Rituale – nicht nur einfach Kochrezepte sind, die man gedankenlos nachkocht und die gelingen oder nicht. Jeder, der sich ernsthaft mit der Magie befasst, weiß, dass sie in berufenen Händen viel Segen bewirken, in unberufenen dagegen durchaus Unheil anrichten kann. Wer sich mit der Magie der Pflanzen und der Zauberei befasst, sollte sich der Verantwortung gegenüber sich selbst und der Pflanze bewusst sein. Und dazu gehört auch die Qualität der Gedanken, die Rituale und Beschwörungen begleiten.

Die mächtigen, den Pflanzen innewohnenden Kräfte sind nämlich mehr als nur chemische Verbindungen, die man isolieren, zerlegen und industriell herstellen kann. Auch wenn wir glauben, vieles zu wissen, so wissen wir doch nur ganz wenig. Und auch, wenn wir glauben, dass die Menschen der Vergangenheit nur ganz wenig wussten, so wussten sie doch vielleicht viel mehr, als wir uns vorstellen können, weil die Quellen, aus denen sie ihr Wissen bezogen haben, universal und damit unendlich sind. Sie verstanden jede Pflanze und jeden Aspekt der Natur immer als einen Teil der gesamten Schöpfung. Nichts wurde isoliert vom Ganzen betrachtet, das eine ergab das andere, und alles steht über geheimnisvolle Weise miteinander in Verbindung. Manche Menschen hatten und haben die Gabe, am Wissen der höheren Welten teilhaben zu können, und dieses geheime Wissen ist es, das von Generation zu Generation, von Ohr zu Ohr weitergegeben worden ist. Es wurde streng gehütet, und damit war auch jeder Missbrauch weitgehend ausgeschlossen.

Wird ihr Wunsch in Erfüllung gehen? Pflanzenorakel gibt es seit Menschengedenken.

Das geheime Leben der Pflanzen

Irgendwann, an einem unbekannten Tag vor Hunderten Millionen von Jahren, atmeten irgendwo in den Weiten des Urozeans erste komplexe pflanzliche Zellen zum ersten Mal Sauerstoff aus. Völlig unbemerkt, war das der Beginn einer neuen Epoche, der erste Schritt zu einer globalen Veränderung, welche die Voraussetzungen für alle späteren Lebensformen geschaffen hat, die bis heute unseren Planeten bevölkern – den Menschen eingeschlossen. Damals begann der unaufhaltsame Siegeszug der Pflanzen, der zähesten und beharrlichsten Lebenskraft auf der Erde, die wir kennen. Einer Lebenskraft, die sich gleichermaßen hinter wuchtigen Stämmen der Urwaldriesen wie auch hinter den filigranen Blättern der Gräser oder dem Duft von Veilchen und Rosen verbirgt. Pflanzen sind der Ursprung allen Lebens auf der Erde.

Das Wunder der Evolution

Alles fing ganz klein an. Zunächst handelte es sich um einfache, einzellige Bakterien. Noch heute sind es die zahllosen winzigen Algen der Meere – das so genannte Phytoplankton –, die das Gleichgewicht von Sauerstoff und Kohlendioxid in der Atmosphäre ausbalancieren und stabilisieren. Ihr Verschwinden würde das Ende allen Lebens auf der Erde zur Folge haben.

Im Laufe der Evolution entstanden aus den mikrobenartig kleinen Zellen immer komplexere, mehrzellige Verbände, die sich als außergewöhnlich widerstandsfähig erwiesen und die in jeder denkbaren Umgebung überleben konnten. Früh zeigte sich die gewaltige Anpassungsfähigkeit und Flexibilität dieser Lebensform an die sich kontinuierlich verändernden Lebensbedingungen auf der Erde. Primitive mehrzellige Algen- und Tangarten bevölkerten schon bald die Ozeane.

Sie waren es, die die Erde Schritt für Schritt bewohnbar machten, indem sie Sauerstoff freisetzten, der sich langsam in der irdischen Uratmosphäre anzureichern begann. Denn nur Pflanzen können die erstaunliche Leistung vollbringen, mittels der Photosynthese das Licht der Sonne selbst als Energiequelle ihres Lebens zu nutzen. Mit Hilfe von Sonnenlicht, Wasser und Kohlendioxid aus der Atmosphäre verwandeln sie Unbelebtes in Belebtes. Sie wandeln anorganische Substanz in organische und produzieren so alle für sie lebensnotwendigen Stoffe. Sauerstoff ist dabei nichts weiter als ein »Abfallprodukt«, welches das Antlitz der Erde verändern sollte. Möglich wurde dies mit Hilfe eines Farbpigments, eingelagert in den kleinen elliptischen Gebilden im Inneren der Pflanzenzellen, dem Chlorophyll. Das Chlorophyll ist also die Quelle, aus der alle Lebewesen schöpfen.

Die Erde verändert sich

Sauerstoff dient nicht nur der Atmung der Menschen und Tiere. Trifft Sonnenlicht auf Sauerstoff, so verwandelt sich dieser in Ozon. Dieses Ozon reichert sich in einer Höhe von 12 bis 50 Kilometern in den oberen Schichten der Atmosphäre an und verfügt über eine ganz entscheidende Eigenschaft: Es absorbiert die lebensgefährliche energiereiche UV-Strahlung der Sonne, die, wenn sie ungehemmt auf lebende Organismen trifft, deren Erbgut und Zellen zerstören kann. Die Ozonschicht ist also ein perfekter Schutzschild gegen die lebensfeindliche Strahlung aus dem Weltall. Erst als sie durch die Tätigkeit der Pflanzen geschaffen wurde, war der Weg frei für den Schritt der ersten primitiven Lebensformen aus dem Meer ans feste Land.

Über Jahrmillionen hinweg wurden die ersten pflanzlichen Lebensformen auch immer wieder an die Strände der Urmeere gespült – so lange, bis es einer Urpflanze irgendwann einmal gelungen sein muss, an Land zu überleben. Tatsächlich finden sich im Silur, vor über 400 Millionen Jahren, Spuren primitiver Pflanzen mit wurzelähnlichen Härchen, die es der Pflanze erlaubt haben müssen, auch dann noch Feuchtigkeit aufzunehmen, wenn sie an Land lagen und dort über längere Zeit verbleiben mussten. Und hier nun beginnt eines der großen Abenteuer dieses Planeten: die Eroberung des Festlandes durch die Pflanzen, die Wegbereiter für jede weitere Entwicklung des Lebens auf der Erde.

Moose, Farne und Schachtelhalme waren die ersten Landpflanzen. Bis heute haben sie sich auf der Erde behaupten können, auch wenn sie den Höhepunkt ihrer Entwicklung lange überschritten haben und sich ihre Nachfahren eher bescheiden ausnehmen. Schachtelhalme und Bärlappgewächse wuchsen in den ersten Wäldern immerhin zu über 30 Meter großen Baumriesen heran.

Ein Landgang mit Folgen

Der Gang der Pflanzen an Land hatte Konsequenzen, und hier beginnt die Geschichte für uns interessant zu werden. Das Leben an Land erfordert nämlich eine Vielzahl von speziellen Anpassungen. Der Körper der Pflanzen wurde nun nicht mehr vom Wasser getragen, stabile Stängel und mächtige Stämme mussten Wind und Wetter trotzen. Ermöglicht wurde dies durch Zellulose, hochkomplexe Zuckerverbindungen, die, in den Zellwänden eingelagert, diesen die notwendige Stabilität verlieh. Kräftige Wurzeln sorgten für den nötigen Halt im Boden, Form, Größe und Anordnung der Blätter für die optimale Lichtausbeute. Den Transport von Wasser und Nährstoffen innerhalb der nun starren Pflanzenkörper übernahmen spezielle Leitungsbahnen, verschließbare Öffnungen unterhalb der Blätter ermöglichten den Austausch von Gasen.

An der Grenze zwischen Meer und Land vollzog sich ein Wunder der Evolution.

Auch die Fortpflanzung der Pflanzen musste nun einer gründlichen Revision unterworfen werden. Entscheidend war jetzt, auf welche Art der Pollen der ortsgebundenen Pflanzen von den Staubblättern auf den Stempel übertragen werden konnte. Mussten sich die ersten Landpflanzen noch mit Wind und Wasser als Transportmittel zufrieden geben, wurde im Laufe der Evolution alles, was kreucht und fleucht, in den Dienst des Pollentransportes gestellt. Raffinierte Blüten und Düfte locken Bestäuber an, seien es Vögel, die den Nektar trinken, fleißige Insekten, die Pollen sammeln, oder Fledermäuse, die nächtens die Blüten besuchen, aber auch Säugetiere, die am Fell anhaftende Samen und Pollen über weite Strecken transportieren. Letztendlich muss man auch den Menschen in die Schar der freiwilligen Helfer einreihen. Blühende Tulpenfelder, riesige Gewächshäuser und üppige Gärten, in denen Pflanzen gehegt und gepflegt werden, sprechen ihre eigene Sprache.

Der Kreislauf der Natur

Irgendwann hatte sich auf der Erde, genauso unbemerkt wie das Erscheinen der ersten Sauerstoff produzierenden Pflanzenzellen, der Übergang von der Pflanze zum Tier vollzogen. Zu Organismen mit der Fähigkeit der aktiven Fortbewegung, einem neuronalen Leitungssystem und dadurch mit der Fähigkeit, Sinneseindrücke aufzunehmen, zu verarbeiten und weiterzuleiten. Doch ein ganz entscheidender Unterschied zwischen Pflanzen und Tieren ist der, dass tierische Lebensformen nicht über die Fähigkeit verfügen, aus Sonnenlicht, Luft und Wasser die für sie lebenswichtigen Substanzen herzustellen. Sie sind autotroph, also auf die aktive Aufnahme organischer Nahrung angewiesen. Dies erscheint zunächst als ein gewaltiger Rückschritt, doch die Tiere führten damit die Entwicklung des Lebens in einen neuen Kreislauf des Entstehens und Vergehens. Nach wie vor sterben Pflanzen, um anderen Pflanzen als Nahrungsgrundlage zu dienen, doch nun treten Organismen auf, die sich aktiv fortbewegen und gezielt pflanzliche Nahrung aufnehmen. Diese Organismen dienen wiederum anderen, Fleisch fressenden Tieren als Nahrung. Erst mit deren Tod ist der Kreislauf des Lebens wieder geschlossen. Nun treten Bakterien in Aktion, die alle organischen Überreste in Nährstoffe umwandeln, die wieder von den Pflanzen aufgenommen werden können und so erneut in den Kreis des ewigen Kommens und Gehens eingespeist werden.

Pflanzliche Überlebensstrategien

Auf die Tiere, diese neuen natürlichen Feinde mussten sich die Pflanzen einstellen, das heißt, sie mussten Mittel und Strategien entwickeln, um sich vor dem Gefressenwerden zu schützen. Aber auch diese Herausforderung meisterten sie mit Bravour. Eine Möglichkeit war es, sich mittels harter Stacheln und Dornen gegen Fressfeinde zu schützen. Als wesentlich effektiver erwies es sich aber, Gifte und andere Substanzen zu produzieren, die einen optimalen Schutz gegen Übergriffe aller Art gewährleisten.

Auch hier zeigt sich die ungeheuere Vielfalt und der Erfindungsreichtum der Natur. Die Pflanzenzelle entpuppt sich geradezu als hochkomplexes Chemielabor, das eine schier unerschöpfliche Fülle an Pflanzeninhaltsstoffen hervorgebracht hat. Es handelt sich um Verbindungen mit den erstaunlichsten Eigenschaften. Das sind unter anderem Substanzen, die nicht nur der Selbstverteidigung dienen, sondern als Lock- und Botenstoffe auch eine Rolle bei der Fortpflanzung spielen.

Die wichtigsten Pflanzeninhaltsstoffe, um nur einige zu nennen, sind Alkaloide, Gerbstoffe, Lignine, Flavonoide, Cumarine, Fette, Öle, Glykoside, Harze, Bitterstoffe, Terpene, Steroide und viele mehr. Und dabei ist erst ein Bruchteil aller bekannten Pflanzenarten wirklich erforscht. Alleine von den Samenpflanzen, also höher entwickelten Formen, sind der Wissenschaft über 230 000 Arten bekannt. Nur etwa 1000 von ihnen werden als Nahrungsmittel, Heil- oder Gewürzpflanzen verwendet.

Im Wald zeigt sich die ganze Mannigfaltigkeit der belebten Natur.

Die Gefühlswelt der Pflanzen

Der kurze Einblick in die Entwicklungsgeschichte der Pflanzenwelt verdeutlicht deren enorme Bedeutung für alles Leben auf unserem Heimatplaneten. Es zeigt aber auch, dass die Pflanzen selbst lebendige Wesen sind. Die Wissenschaft beschreibt mit ihren Methoden die physiologischen Abläufe im Körper von Pflanzen, definiert Kriterien, die lebendigen Systemen zu eigen sind, und gesteht die Tatsache zu, das Pflanzen sich vermehren, wachsen und auf ihre Umwelt reagieren können.

Fasst man den Begriff des Lebens jedoch etwas weiter, als es die moderne Naturwissenschaft gegenwärtig definiert, stößt man irgendwann zwangsläufig auf die Frage, ob Pflanzen als lebendige, damit beseelte Wesen auch Gefühle haben können?

Haben Pflanzen eine Seele?

Der Arzt, Philosoph und Physiker Gustav Theodor Fechner verfasste Mitte des 19. Jahrhunderts das Werk »Die Seele der Pflanzen«, was ihm den Spott seiner Kollegen einbrachte. Hierin stellte er die Frage, warum sich Pflanzen nicht wie Tiere auch ihres Hungers und Durstes bewusst sein sollen. Warum sollten nicht auch Pflanzen in der Lage sein, ihre Nahrung zu »suchen«, auch wenn sie sich dabei natürlich nicht von Nase oder Augen führen lassen, sondern von anderen, uns unbekannten Sinnen?
Und Fechner ging in seiner Untersuchung noch weiter. Er fragte sich, wieso nur Lebewesen, die laufen, schreien und fressen können, beseelt sein sollen. Warum sollte es nicht auch Seelen geben, die im Verborgenen blühen, duften und ihren Durst und Hunger nach Licht auf andere Weise befriedigen? Könnte es nicht sein, dass Pflanzen miteinander kommunizieren und sich beispielsweise mit Hilfe von Düften, die sie verströmen, verständigen? Eine Annahme, die übrigens in unserer Zeit von der Wissenschaft bestätigt werden konnte.
Besonders provokativ erschien damals Fechners These, dass der Hauptzweck tierischer Körper, und damit auch der des Menschen, vielleicht nur der sei, Kohlendioxid für das Wachstum der Pflanzen auszustoßen und sich nach dem Tod als Nahrung für die Pflanzen anzubieten.
Nur wenige Wissenschaftler haben es wie Fechner gewagt, an den Grundfesten der etablierten Wissenschaften zu rütteln. Unterstützung erhielt er u. a. von seinem berühmten Zeitgenossen Charles Darwin, der den Pflanzen ebenfalls Empfindungs- und Wahrnehmungskräfte zugestand. Darwin veröffentlichte eine Abhandlung,

die sich dem Bewegungsvermögen von Pflanzen widmete. Darin kam er zu dem Schluss, dass Pflanzen wie Tiere eine Gewohnheit haben, zu bestimmten Tageszeiten bestimmte Bewegungen zu vollziehen. Wie bei Tieren ist auch bei den Pflanzen diese Empfindung lokalisierbar, und analog zu den Nervenleitungen der Tiere ist es auch hier ein Reiz, der sich fortpflanzt und Bewegungen in anderen Pflanzenteilen auslöst. Doch an die Klärung der heiklen Frage, ob Pflanzen tatsächlich Empfindungen oder gar eine Seele haben, wagte sich auch Darwin nicht heran.

Besitzen Pflanzen Nerven?

Jeder wird sich, wenn vielleicht auch nur noch schemenhaft, an den Biologieunterricht erinnern und an die darin vermittelte Tatsache, dass lediglich Tiere und Menschen über ein Nervensystem und damit über Gefühle und ein Schmerzempfinden verfügen. Dieses System verarbeitet die komplexen Informationen der Außen- und Innenwelt und steuert das Zusammenspiel hoch spezialisierter Organe. Es ist dieses Nervensystem, dass so komplexe Dinge wie eine koordinierte Bewegung, Emotionen, Atmung, Herzschlag, Verdauung, Körpertemperatur und vieles mehr steuert.

Bereits zu Beginn des letzten Jahrhunderts ging der indische Physiologe Yagadir Chandra Bose der Frage nach, ob Pflanzen – obwohl sie weder mit Lungen atmen noch mit Verdauungsorganen verdauen – nicht doch ein Äquivalent zur Nervenleitung der Tiere besitzen. Die Ergebnisse seiner Arbeit lösten zunächst einen Skandal aus und sorgten weltweit für Aufsehen. Bose kam nämlich zu dem Schluss, das man sich nicht darüber wundern müsse, dass auch in Pflanzen Vorgänge ablaufen, die bei Tieren von spezialisierten Organen ausgeführt werden. Jede einzelne Zelle, so Bose, atmet, verdaut und trägt ihr eigenes Programm. Und Organe sind letztendlich nichts anderes als eine Anhäufung von Zellen, die sich auf die Ausführung bestimmter Dienste spezialisiert haben. Er hielt es nach zahlreichen Experimenten für durchaus begründet, bei Pflanzen wie auch bei Tieren auf ähnliche Reaktionen zu schließen. Er konnte beweisen, dass Pflanzen elektrische Reaktionen zeigten, die auf eine wie auch immer hervorgerufene Erregung zurückzuführen waren. Und er demonstrierte damit der Fachwelt, dass die typischen Reaktionen tierischer Gewebe auch bei Pflanzen vorkommen.

Letztendlich fiel es ihm als Inder vor seinem kulturell-religiösen Hintergrund leichter anzuerkennen, dass die gesamte lebende Welt eine Einheit darstellt. Für ihn waren alle Grenzen nur künstlich und versperrten lediglich den Blick auf das Unbekannte. Eine Sichtweise, die von seinen im Denken eher westlich geprägten Kollegen nur schwer geteilt werden konnte. Die westliche Wissenschaft neigt eher dazu, Grenzen zu ziehen und die Dinge isoliert zu betrachten.

Nach und nach begann allerdings die wissenschaftliche Welt auf Boses Arbeiten aufmerksam

Können Pflanzen miteinander kommunizieren? Verständigen sie sich vielleicht mit Botenstoffen untereinander? Die Forscher kommen den Antworten immer näher.

zu werden und er wurde sogar in den Adelsstand erhoben, doch seine Arbeiten blieben bis heute einzigartig und isoliert.

Der Backster-Effekt

Es war im Jahr 1966, als der Amerikaner Cleve Backster auf eine zunächst merkwürdig erscheinende Idee kam. Backster war Spezialist beim FBI für die Anwendung von Lügendetektoren. Diese Geräte messen bei der Befragung von Personen kontinuierlich körperliche Parameter wie Blutdruck oder Puls und machen unwillkürliche Reaktionen des vegetativen Nervensystems sichtbar. Diese entstehen, wenn Menschen beim Lügen geringfügig nervös werden und sich beispielsweise die Atemfrequenz oder der Hautwiderstand, etwa durch Schwitzen, ändert.
Eines Tages hatte Backster den Einfall, eine Elektrode an das Blatt seiner Lieblingspflanze, einer Dracaena, zu befestigen. Welche Reaktion würde wohl die Pflanze zeigen, wenn man sie gießt?

Der Lügendetektortest

Zu seinem großen Erstaunen reagierte das Gerät jedoch völlig anders, als er erwartet hatte. Es zeigte keine bessere, sondern eine schlechtere Leitfähigkeit an und zeichnete eine Zickzackkurve auf, die völlig vergleichbar ist mit derjenigen, die in normalen Sitzungen mit Menschen entsteht, die kurzzeitig erregt sind. Sollte dies etwa bedeuten, dass Pflanzen Gefühle haben und man diese sogar messen kann?

Nun packte Backster die Experimentierlust. Immer mehr Pflanzen mussten als Versuchsobjekte herhalten, und immer wieder gab es das gleiche Ergebnis. Aber damit nicht genug. Die Pflanzen zeigten angeblich eine deutliche Reaktion in Experimenten, in denen vor ihnen Garnelen ins kochende Wasser geworfen wurden. Sie schienen sogar eine Erinnerung daran zu bewahren.

In einem anderen Experiment bat Backster sechs Studenten, mit verbundenen Augen einen Zettel zu ziehen, von denen einer die Anweisung enthielt, in den Nebenraum zu gehen und dort eine von zwei bereitgestellten Pflanzen auszureißen. Einziger Zeuge war dabei die zweite Pflanze. Diese wurde an den Lügendetektor angeschlossen, und die sechs Verdächtigen mussten nun, einer nach dem anderen, an der Pflanze vorbeischreiten. Bei den ersten reagierte die Pflanze nicht, doch in dem Moment, als der Schuldige den Raum betrat, begann, so Backster, der Schreiber wie rasend zu oszillieren.

In anderen Experimenten machte er die verblüffende Entdeckung, dass eine Versuchspflanze nur verhältnismäßig schwach reagierte, wenn ihr ein Blatt abgerissen wurde, beim Gedanken daran, ihr ein Blatt abzureißen, schlug das Messgerät jedoch sogleich an. In vielen Versuchen verifizierte er diese Beobachtung und kam immer wieder zum gleichen Ergebnis: Pflanzen können scheinbar Gedanken wahrnehmen.

Diese »Empfindungsfähigkeit« der Pflanzen wird heute als Backster-Effekt bezeichnet, konnte jedoch in Kontrollexperimenten in dieser Deutlichkeit nie wieder eindeutig belegt werden. Wissenschaftler weltweit arbeiten aber an immer ausgeklügelteren Messapparaten und verfeinern die Methodik. So konnten in einem Projekt der TU Berlin Aktivitätsmuster von Pflanzen gezeigt werden, wobei zur großen Überraschung Pflanzen nachts aktiver scheinen als tagsüber. Musik hat hier einen »beruhigenden« Effekt.

Pflanzen lieben Musik

Im Jahr 1968 begann unter der Leitung von Dorothy Retallack eine sehr interessante, wenn auch nachträglich umstrittene Versuchsreihe. Unter kontrollierten Rahmenbedingungen beschallte sie Pflanzen mit verschiedener Art von Musik. Das Ergebnis war, dass sich die Pflanzen, die überwiegend mit klassischer und indischer Musik berieselt wurden, besser und kräftiger entwickelten als diejenigen, die Rockmusik ausgesetzt waren. Letztere vertrockneten sogar und gingen ein.

Es gibt also scheinbar Vorlieben, was die Art der Musik angeht. Besonders indische Sitarmusik scheinen Pflanzen zu mögen. Versuche zeigten, dass die Pflanzen auf die Schallquelle zuwachsen oder, besser gesagt, sich ihr hinwenden können. Der gleiche Effekt tritt bei klassischer Musik des 18. und 19. Jahrhunderts zutage. Im Falle von Perkussions- und Hard-Rock-Musik strebten sie dagegen von der Schallquelle fort. Country- und Westernmusik standen sie eher neutral gegenüber.

Diese Versuche sind ein Hinweis auf einen wie auch immer gearteten Sinn für Musik, den wohl niemand bei Pflanzen vermuten würde. In den folgenden Jahrzehnten folgten zahlreiche Experimente, die auch auf Freilandversuche ausgedehnt wurden. Wissenschaftler der Universität von Ottawa konnten mit Hilfe von Bachs Violinsonaten die Ausbeute an Getreide um bis zu 66 Prozent steigern. Im letzten Jahr erregte ein Winzer Aufsehen, der seine Weinberge so umgestaltet hat, dass er die heranwachsenden Reben mit klassischer Musik berieseln kann und so Ertrag und Qualität seiner Trauben steigert.

Aus biologischer Sicht interessant sind auch die Untersuchungen von Areta Saunders. Sie analysierte mit Hilfe eines audio-spektralanalytischen Messgerätes eine Vielzahl von Vogelstimmen und stieß dabei auf Regelmäßigkeiten. Vögel scheinen in Frequenzen zu trällern, die Saunders als Wachstumsfrequenzen für Pflanzen ausmachte. Diese Frequenzen liegen im Bereich um 5000 Hz.

Kirlianfoto eines Blattes..

Die Aura von Pflanzen und Tieren

In den zwanziger Jahren des letzten Jahrhunderts machte der sowjetische Elektroingenieur Semyon Davidowitsch Kirlian eine verblüffende Entdeckung. Er setzte lebende Objekte einem hochfrequenten Spannungsfeld aus und stellte fest, dass diese dabei Strahlungen im Bereich des sichtbaren Lichts aussenden, das sich auf Fotoplatten dokumentieren lässt. Dieser Effekt lässt sich beobachten, ohne dass dabei eine Gefahr für den Organismus besteht.

So entstanden im Laufe der Zeit beeindruckende Bilder von Strahlenkränzen, die sowohl lebende als auch unbelebte Objekte umgeben.

Dabei wurden immer wieder die gleichen Beobachtungen gemacht:

- Sowohl lebende als auch unbelebte Objekte zeigen eine Korona (Strahlenkranz); die Korona lebender Objekte ist jedoch stark veränderlich, während diejenige unbelebter Objekte unveränderlich bleibt.
- Tiere und Pflanzen haben typische, unverwechselbare Koronen.
- Art und Intensität der Korona ändern sich mit dem emotionalen Zustand von Versuchspersonen und zeigen besonders vor und während einer Erkrankung deutliche Veränderungen.

Kirlianfotografie macht Störungen sichtbar

Auf den Menschen angewandt ist Kirlianfotografie die Sichtbarmachung elektrischer Entladungen auf der Haut und zeigt die Ladungsdichteverteilung, beispielsweise auf Finger- und Zehenkuppen. Hier befinden sich die Anfangs- und Endpunkte der Meridiane, deren Energiepegel Auskunft über den Zustand einzelner Organe, aber auch über das Nervensystem und psychische Belastungen geben.

Auf dem Foto ist ein Strahlenkranz um Finger und Zehen zu sehen – das Muster der Ladungsverteilung. Bei ungestörtem Energiefluss sind die Strahlenkränze geschlossen und in ihrer Intensität bei Finger- und Zehenkuppen fast gleich stark. Existieren Energieblockaden, zeigen sich Lücken oder abgesetzte Punkte. Und hier nun beginnt die Sache spannend zu werden. Diese Unterbrechungen des Strahlenkranzes zeigen nämlich spezifische Muster für die jeweiligen Organe.

Die Kirlianfotografie ermöglicht also die Früherkennung von Krankheiten, weil energetische Störungen sichtbar werden, bevor sich erste körperliche Symptome zeigen. Damit hielten Ärzte ein hervorragendes Instrument für die Frühdiagnostik in Händen.

Pflanzen signalisieren Stress

Im Laufe der Zeit entstanden auch viele Kirlianaufnahmen von Pflanzen. Dabei stellte sich heraus, dass auch hier die Farbe und Beschaffenheit des Strahlenkranzes variierte, ganz wie bei Tieren und Menschen.

Aufnahmen eines frischen und eines angewelkten Blattes unterschieden sich gravierend voneinander. Ein verwelktes Blatt zeigt zum Schluss überhaupt keine Korona mehr, was vermuten lässt, dass mit dem Verlust des Lebens auch die Strahlung versiegt.

Für ein anderes Foto wurde ein Stück aus einem Blatt herausgerissen. Zur großen Verblüffung konnte das fehlende Stück jedoch noch eine Weile als Energiefeld beobachtet werden, verblasste jedoch mit der Zeit zunehmend.

Gestresste Pflanzen, beispielsweise solche, die länger nicht gegossen worden sind oder die von Schädlingen befallen waren, zeigten eine deutlich veränderte, auf Stress hinweisende Korona im Vergleich zu ihren gesunden, optimal gepflegten Artgenossen.

Das universale geistige Prinzip

Pflanzen sind also alles andere als gefühllose Automaten, wie es die Schulwissenschaft gerne darstellt. Vielmehr ist das Gegenteil der Fall: Pflanzen verfügen offenbar über eine Vielzahl erstaunlicher Fähigkeiten.

Sie sind in der Lage, Töne zu unterscheiden und komplexe Bewegungen auszuführen – Zeitrafferaufnahmen zeigen beispielsweise die forschenden drehenden Bewegungen von Ranken, die nach einem Halt suchen. Sie können Spektralbereiche des Lichts wahrnehmen, die für uns unsichtbar sind. Die Wurzeln finden unter der Erde ihren Weg auf der Suche nach Nährstoffen und Wasser, nehmen diese auf und pumpen sie auf ausgeklügelten Leitungsbahnen durch den gesamten Pflanzenkörper. Sie wehren sich auf raffinierte Weise gegen Fraßfeinde und nehmen Formen an, die den Insekten, die sie bestäuben, gefällt. Ein berühmtes Beispiel ist die Orchidee *Trichocerus parviflorus*. Ihre Blütenblätter imitieren die Weibchen einer bestimmten Insektenart so täuschend echt, dass die liebestollen Männchen versuchen, mit der Blüte zu kopulieren, und diese dabei bestäuben.

Pflanzen können nach einer Verstümmelung ihre äußere Gestalt wiederherstellen, kommunizieren über Duftstoffe miteinander und vieles mehr. Wie Wissenschaftler herausgefunden haben, warnen Pflanzen sich beispielsweise untereinander, wenn ein für sie gefährliches Insekt auftritt. Sie senden dann bestimmte Substanzen aus, welche die anderen Pflanzen veranlassen, ihre Abwehrmechanismen zu aktivieren.

Die Welt der Pflanzen ist im wahrsten Sinne des Wortes geheimnisvoll, der Erfindungsreichtum schier unendlich, auch was Formen und Baupläne angeht. Im Reich der Pflanzen ist bereits alles realisiert, was alle Statiker, Architekten oder Bildhauer zusammen jemals zu schaffen in der Lage wären.

Doch ist dies nur die eine Seite. Heute wird niemand ernsthaft der Behauptung widersprechen, dass Pflanzen lebende, atmende, agierende und damit reagierende Lebewesen sind. Das heißt aber auch, dass sie den gleichen Gesetzmäßigkeiten unterliegen wie alle anderen Lebewesen und dass es die gleichen Kräfte sind, die sie beseelen und ihnen Form verleihen. Nach Ansicht vieler Menschen, und so lehren es auch die alten Mythen und Schriften, ist alles Lebendige eine Einheit. Auch wir Menschen sind Teil eines kosmischen Ganzen. Warum soll es daher nicht möglich sein, dass es auch auf einer höheren Ebene Verbindungen zwischen unterschiedlichen Lebensformen geben könnte? Lässt man erst einmal den Gedanken zu, dass Gefühle, Empfindungen und Emotionen nicht nur an Materie gebunden sein müssen, sondern sich auch in anderen Daseinsebenen manifestieren können, erscheint es plötzlich sehr plausibel, dass Pflanzen als beseelte Lebewesen empfinden, fühlen und sich mitteilen können – auch ohne Gehirn und Nervensystem.

Pflanzen und Menschen

Immer mehr Menschen berichten von ihren persönlichen Erfahrungen mit Pflanzen. Menschen, die den so genannten grünen Daumen besitzen. Was diese von anderen Menschen unterscheidet, sind nicht etwa profunde botanische Kenntnisse. Sie wenden sich vielmehr ihren Pflanzen mit Aufmerksamkeit und Liebe zu, sie sprechen mit ihnen. Viele Hobby- und Zimmergärtner schwören darauf, dass ihre Pflanzen positiv darauf reagieren, wenn sie mit ihnen reden. Andere berichten von der Lieblingspflanze, die fast verwelkt in der Zeit, in der »ihr« Mensch in Urlaub ist, und wieder aufblüht, wenn die betreffende Person zurückkommt. Pflanzen, die mit ihren Menschen erkranken, die ihre Blätter hängen lassen, wenn ihr Mensch deprimiert ist. Erfahrungsberichte dieser Art kennt wohl jeder von uns.

Natürlich, Beweise im wissenschaftlichen Sinne wird es keine geben. Was die feinstoffliche Welt angeht, steckt die Wissenschaft noch in den Kinderschuhen – wenn man das so sagen darf. Es geht ja letztendlich darum, welche Fragen ein Wissenschaftler stellt. Stellt er die falsche Frage, wird die Antwort ihn auch in die falsche Richtung weisen. Aber auf Fragen, die gar nicht erst gestellt werden, wird es auch keine Antworten geben. Wir haben zwar eine ungeheuere Menge an Wissen angehäuft, doch gleicht dies mehr einem Berg an Einzelerkenntnissen, die erst noch zu einem Gesamtsystem zusammengefügt werden müssen. Das dabei entstehende Bild zeigt vieles von der Welt, doch nur in zwei Dimensionen, so wie Bilder eben sind. Wann wird es möglich sein, mit allen uns zur Verfügung stehenden Mitteln und Fähigkeiten diesem Bild die dritte Dimension hinzuzufügen?

Pflanzen sind »dankbar« für liebevollen Umgang und aufmerksame Pflege.

Die Quellen unseres Wissens

Woher stammt das immense Wissen über die wunderbaren Kräfte der Pflanzen? Eine Erklärungsmöglichkeit wäre – für unsere Denkweise besonders nahe liegend –, dass unsere Vorfahren in einer unendlichen Reihe von Selbstversuchen nach und nach die heilsame Wirkung und Giftigkeit von Pflanzen getestet haben.

Dies hieße, ein zielgerichtetes experimentelles Vorgehen, bei dem systematisch alle Pflanzen einer genauen Prüfung unterzogen worden sind. Im Grunde waren unsere Vorfahren sogar dazu gezwungen, da die Nahrung der Frühmenschen direkt aus der Natur stammte und Wildpflanzen einen hohen Anteil daran hatten. Die genaue Kenntnis der einzelnen Pflanzen war daher lebenswichtig. Offen bleibt bei dieser Vorgehensweise, wie die zum Teil komplexen Zubereitungsmethoden entwickelt worden sind, und wer Protokoll geführt hat im Fall einer tödlichen Vergiftung oder wenn gar eine ganze Familie beispielsweise an den Folgen einer Pilzmahlzeit gestorben ist.

Botschaften aus der Welt der Geister

So genannte Naturvölker müssen sich in ihrer natürlichen Lebensumwelt behaupten und sich den gegebenen Umständen so anpassen, dass ihr Überleben garantiert ist. Dies heißt in erster Linie, dass sie mit den natürlichen Ressourcen sorgfältig umgehen, aber auch, dass sie in enger Verbindung mit der Natur leben.

In fast allen Gesellschaften gibt es spezialisierte Heiler, und nur diese dürfen Krankheiten behandeln. In der Vorstellungswelt dieser Menschen liegen die Ursachen von Erkrankungen außerhalb des Betroffenen. Die Regenwaldvölker Südamerikas machen bestimmte böse Winde für Erkrankungen verantwortlich, aber auch die Seelen von geschändeten Bäumen oder Pflanzen, die sich an den Menschen rächen wollen. Auch erzürnte Gottheiten, Dämonen oder Tiergeister, die in den Menschen schlüpfen, verursachen demnach Krankheiten und stören das innere Gleichgewicht des Menschen.

Schamanen (siehe auch Seite 37 ff.) treten direkt in Verbindung mit Hilfsgeistern, die den Weg zur Genesung zeigen oder Hinweise auf eine geeignete Medizin geben. In der Vorstellung vieler Naturvölker wird aber auch dem Traum eine besondere Bedeutung beigemessen. Nach ihrer Vorstellung verlässt die Seele des Menschen im Schlaf die sichtbare Welt, um den Göttern und Wesenheiten der Lebenskraft zu begegnen. Dabei erhält die Seele Botschaften, die an den jeweiligen Menschen gerichtet sind. Der Inhalt des Traums gibt wichtige Hinweise darauf, was im Alltag zu tun ist. So erzählen sich beispielsweise die Lacandon-Indianer in Mexiko jeden Morgen ihre Träume, um daraus Botschaften und Prophezeiungen abzulesen. Besondere Bedeutung wird den Träumen erkrankter Menschen beigemessen. Diese liefern wertvolle Hinweise auf die Diagnose, können aber auch Wege zur Heilung aufzeigen. Es handelt sich hierbei also nicht um eine Erfahrungsmedizin im Sinne einer experimentellen Vorgehensweise. Vielmehr wird jede Heilung individuell betrachtet, und die Hinweise, welche Mittel einzusetzen sind, stammen aus der Geistwelt und können von bestimmten Menschen in einem Zustand der

Nutzpflanzen in der Bronzezeit

Als Bronzezeit bezeichnen Archäologen die Zeit von ca. 1400 bis 800 v. Chr. Die Menschen siedelten mit Vorliebe an Seeufern, und es sind reichhaltige Funde erhalten, die auf eindrucksvolle Weise den Alltag dieser Menschen vor unseren Augen auferstehen lassen. Wir wissen heute einiges über die Bauweise der Häuser, deren Grundrisse in der ständig feuchten Umgebung zum Teil hervorragend erhalten sind.

Die Funde erlauben wertvolle Einblicke in das Wissen um den Ackerbau und um die angebauten bzw. verwendeten Pflanzen. Das wichtigste Getreide war vermutlich die Hirse, daneben gab es aber auch bereits Gerste, Dinkel, Einkorn und Saatweizen. Der täglichen Nahrung dienten Hülsenfrüchte wie Erbsen, Linsen und die Ackerbohne. Mohn und Flachs, aus denen Öl gewonnen wurde, bauten die Menschen als Sommerfrucht an.

Neben den kultivierten Pflanzen verfügten die Menschen der Bronzezeit auch über ein breites Repertoire an Wildpflanzen, die gesammelt und gegessen oder als Heilpflanzen genutzt wurden. Archäologen konnten die Nutzung von über 300 unterschiedlichen Pflanzenarten nachweisen.

Zweifellos verfügten die Menschen der Bronzezeit über profundes Wissen bezüglich der heilenden Eigenschaften von Pflanzen. Johanniskraut, Dost und Hundspetersilie sind beispielsweise an einigen Fundplätzen so häufig, dass mit Sicherheit die Pflanzen gesammelt und in die Siedlung gebracht worden sind. Andere heilkräftige Pflanzen aus bronzezeitlichen Siedlungen sind Hahnenfuß *(Ranunculus acris)*, Purgierlein *(Linum catharticum)*, Blutwurz *(Potentilla erecta)*, Eisenkraut *(Verbena officinalis)*, Wolfsfuß *(Lycopus europaeus)*, Holunder *(Sambucus nigra)* und viele mehr.

Ob und wie giftige Pflanzen in Kult und Magie Verwendung gefunden haben, kann anhand der Funde nicht klar belegt werden. Es ist sehr wahrscheinlich, dass Morphium bereits bekannt war und auch die bewusstseinserweiternde Wirkung verschiedener Pilze genutzt worden ist.

Trance oder wie bei den Lacandon-Indianern im Traum empfangen werden. Es gibt Berichte von Schamanen, die für längere Zeit in den Wald gehen, um sich mit den Geistern der Pflanzen in Verbindung zu setzen. Nach einigen Tagen kehren sie zurück ins Dorf und bringen die Pflanze mit, die dem Erkrankten Heilung bringen soll. Mitglieder der Macumba-Sekte in Brasilien dagegen verkehren direkt mit Geistern, welche die Geheimnisse der Pflanzen und Kräuter kennen, den so genannten Caboclos.

Die heilige Hildegard von Bingen erkannte die verborgenen Kräfte der Pflanzen und setzte sie zur Heilung ein.

Göttliche Visionen

Ein anderes Beispiel aus dem uns vertrauten christlichen Kulturkreis: Die als heilig verehrte Hildegard von Bingen. Sie war Äbtissin und Mystikerin und befasste sich mit so unterschiedlichen Disziplinen wie Religion, Musik, Medizin und Biologie (siehe auch Seite 122 ff.).

Hildegard war von Geburt an ein schwaches und kränkliches Kind. Von klein auf wurde ihr die Gabe nachgesagt, in Visionen die verborgenen Geheimnisse der Natur schauen zu können. Erst als sie im jugendlichen Alter merkte, dass andere Menschen diese »Gesichte« nicht teilen konnten, hielt sie strenges Schweigen über ihre Visionen.

Religiöse Visionsschrift

In ihrem 43. Lebensjahr erhielt sie von Gott den Auftrag, ihre Visionen niederzuschreiben und so das Wissen anderen Menschen zugänglich zu machen. Da sie selber nicht der lateinischen Sprache und der Grammatik mächtig war, wurde ihr Volmar, ein Mönch vom Kloster Disibodenberg, zur Seite gestellt, der die Schreibarbeit übernahm. Ihr Hauptwerk »Liber Scivias Domini« (Wisse die Wege des Herrn) entstand in sechsjähriger Arbeit. Diese religiöse Visionsschrift stellt ihr Hauptwerk dar. Es handelt sich um die Niederschrift von 26 Visionen mit der Kernaussage, dass Weltbild und Menschenbild untrennbar mit dem Gottesbild verwoben sind. Ein berühmt gewordenes Zitat aus diesem Werk lautet: »Der Mensch lebt nicht vom Brot allein, sondern von jedem Wort aus Gottes Mund.« Im zweiten Band, »Liber Vitae Meritorum« stellt sie Tugenden und Laster gegenüber, das dritte Buch mit dem Titel »Liber Divornum Operum« beschreibt die Schöpfungsordnung als etwas, in dem Leib und Seele, Welt und Kirche, Natur und Gnade in die Verantwortung des Menschen gestellt sind.

In »Causae et Curae« beschreibt sie die Ursache und Behandlung von Krankheiten. Als Ursache einer jeden Krankheit sieht sie dabei den Sündenfall, als Adam verbotenerweise vom Baum der Erkenntnis aß.

Das zweite naturkundliche Werk Hildegards trägt den Titel »Liber subtiliatum diversarum naturarum creaturarum«, das »Buch über das innere Wesen (Beschaffenheit und Heilkraft) der verschiedenen Kreaturen und Pflanzen«. Hierin vereinigt sie u. a. das damals bekannte Wissen über Krankheiten und Pflanzen aus der antiken Tradition mit der Volksmedizin. Auch Steine und Metalle bezog sie in ihre medizinischen Überlegungen mit ein.

Die Hildegard-Medizin

Diese beiden Werke und die große Visionstrilogie bildeten die Grundlage für die Hildegard-Medizin, in der besonders Pflanzen eine große Rolle spielen. Die Hildegard-Medizin ist eine umfassende Medizin, die unterschiedliche therapeutische Verfahren zusammenfasst. Es gibt in ihr keine unheilbaren Krankheiten, lediglich schwer heilbare wie das Asthma oder die Migräne. Chronische Krankheiten können zudem nur geheilt werden, wenn der Erkrankte seine Lebensart, die Ursache der Krankheit ist, bewusst ändert.

Der Schlüssel zu Hildegards heilkundlichen Auffassungen ist letztendlich der Gedanke der Einheit und Ganzheit. Die Heilung eines kranken Menschen ist danach einzig von der Hinwendung zum Glauben abhängig, der alleine in der Lage ist, eine maßvolle Lebens-Ordnung hervorzubringen.

Da die Erkenntnisse der Heil- und Naturkunde Hildegards nicht auf Experimenten und Laborversuchen beruhen, sondern ihr von Gott offenbart worden sein sollen, gab und gibt es natürlich auch Gegenkräfte zur Hildegard-Medizin, die behaupten, dass sie lediglich alles damals verfügbare Wissen gesammelt und zusammengefügt habe. Hildegard selbst schrieb hierzu:

» (...) Ich schaue wachend bei Tag und in der Nacht (...). Was ich bei dieser Schau gesehen oder auch gelernt habe, behalte ich lange im Gedächtnis, so dass ich mich erinnere, wann ich dies gesehen und gehört habe. Sehen, Hören, Wissen und Lernen ist eins in dem Moment, wo ich es weiß. Was ich nicht schaue, weiß ich nicht, denn ich bin ungelehrt. Man hat mich nur im Lesen unterrichtet. Was ich schreibe, sehe und höre ich in der Vision. Andere Worte, als die ich höre, benutze ich nicht und trage sie als rohe Lateinworte vor, wie ich sie in der Vision höre. Denn kunstgerecht zu schreiben, wie die Philosophen schreiben, lehrt mich die Vision nicht. (...)«

Devas und Pflanzengeister

Antoine de Saint-Exupéry schrieb einst: »Man sieht nur mit dem Herzen gut. Das Wesentliche ist für die Augen unsichtbar.« Unsere rational und naturwissenschaftlich gesteuerte Sicht der Dinge möchte uns aber glauben machen, dass wir in der Lage sind, die so genannte Realität alleine mit unseren Sinnesorganen wahrnehmen zu können. Wir haben Ohren zum Hören, Augen zum Sehen, Hände zum Tasten und Fühlen, eine Zunge zum Schmecken und eine Nase zum Riechen.

Doch hat genau diese Wissenschaft die Existenz von beispielsweise hochfrequenten Wellen bewiesen, die existieren, ohne dass der Mensch einen Sinn hätte, diese wahrzunehmen. Genauso verhält es sich mit der Radioaktivität. Obwohl radioaktive Strahlung für den Menschen lebensbedrohlich ist, besitzen wir keinerlei Sinnesorgan, diese wahrzunehmen und so der Gefahr rechtzeitig aus dem Wege gehen zu können. Biologen erklären dies damit, dass der Mensch im Laufe seiner Entwicklungsgeschichte lediglich mit den Sinnesorganen ausgestattet worden ist, die den für ihn lebenswichtigen Teil der Wirklichkeit wahrnehmen, um das Überleben zu sichern. Diese These mag aus der Sicht der Evolutionsforschung sinnvoll sein, doch handelt es sich dabei um eine sehr begrenzte Sichtweise. Es gibt eben Dinge auf dieser Welt, die wir nicht mit unseren fünf Sinnen wahrnehmen können.

Seit Urzeiten gibt es Berichte von Menschen, die über so genannte übersinnliche Fähigkeiten verfügen. Menschen, die beispielsweise in der Lage sein sollen, auf telepathischem Wege miteinander zu kommunizieren, wie es den Ureinwohnern Australiens nachgesagt wird. Menschen, die per Intuition Dinge wahrnehmen können, die sich anderen vollkommen verschließen. Auf welchem Weg erhalten diese Menschen ihre Informationen? Verfügen sie über Organe, die bei der Mehrheit verkümmert oder nicht funktionsfähig sind? Oder werden wir alle mit den gleichen Fähigkeiten und Begabungen geboren und verlieren lediglich im Laufe des Lebens die Fähigkeit, bestimmte Frequenzen wahrzunehmen, eine Art innerliches Taubwerden?

In der Auffassung vieler Menschen existiert um uns herum eine geistige Welt, die genauso ein Teil von uns ist wie wir Teil von derselben sind. Immer mehr Menschen bekennen sich in den letzten Jahren offen zu ihrer Fähigkeit, mit dieser Welt in direkten Kontakt zu treten und Botschaften von Wesenheiten zu empfangen, die genau wie wir ein Teil der Natur, des Kosmos und damit der gesamten Schöpfung sind. In unserem Sprachgebrauch bezeichnen wir diese Wesen als Engel, Elementarwesen oder Naturgeister.

Mit Naturgeistern reden

Manche Menschen empfinden die Natur als wesenhaft belebt und sind offenbar in der Lage, mit den Elementarwesen und Naturgeistern in direkten Kontakt zu treten. Es handelt sich dabei um eine Vielzahl von Wesen, die nicht nur unmittelbar in der Natur wirken sollen, sondern in allen Elementen, im Feuer, in den Mineralien, in der Erde und im Wasser zugegen sind. Sie alle haben gemeinsam, dass sie in den ätherisch-geistigen Kräften wirken, die unsere Welt zusammensetzen. Echte Naturwesen wirken offenbar unmittelbar in Bäumen, Pflanzen und allen belebten Dingen. Und sie wollen mit Menschen in Kontakt treten und uns Antworten auf unsere Fragen geben. Sie sehen es aber nicht als ihre Aufgabe an, Menschen bei der Bewältigung ihres ureigenen Lebens zu helfen, es geht vielmehr darum, das Bewusstsein zu erwecken für die Tatsache, dass die Erde ein lebendiges Wesen ist und jeder Mensch durch sein Handeln und Denken im Guten wie im Schlechten Einfluss nimmt auf das Gesamte.

Menschen, die über die Gabe verfügen, mit diesen Wesenheiten zu kommunizieren, berichten übereinstimmend, dass besonders die Naturgei ster sich freuen, wenn wir versuchen, mit ihnen in Kontakt zu treten, ja, dass sie geradezu darauf warten, da das, was sie uns zu sagen haben, so eminent wichtig ist für uns Menschen und die gesamte Natur. Sie möchten mit in das Wirken des Menschen einbezogen werden, und sie möchten ihm beratend zur Seite stehen.

Pflanzendevas

Ganze Bibliotheken füllen mittlerweile Berichte über Kontakte mit Engeln, Naturgeistern oder Devas. Das Wort »Deva« stammt aus dem Sanskrit und bedeutet »himmlische Wesen«. Devas sind überall dort, wo die Kräfte des Lebendigen wirken. Sie sind Teil einer Ganzheit wie wir. In unserer Begrifflichkeit sind sie am ehesten mit Naturgeistern zu beschreiben.

Devas stellen gewissermaßen die Seele einer Pflanze dar. Sie sind die Baumeister unserer Welt, eine Verkörperung schöpferischer Intelligenz und verwandeln das, was wir Energie nennen, in zunehmend dichtere Strukturen, Materie. Devas sind auch für die Gestaltwerdung von Pflanzen verantwortlich.

Das Wunder von Findhorn

Entscheidend ist, dass manche Menschen anscheinend in direkten Kontakt zu Pflanzendevas und Naturgeistern treten können und mit ihnen gewissermaßen kommunizieren. In ihrem Buch «Du kannst mit Engeln sprechen« beschrieb Dorothy McLean in den 60er Jahren des letzten Jahrhunderts, wie Devas sich ihr mitteilten und alles Wissen zur Verfügung stellten, um in einer unwirtlichen, steinigen Gegend im Nordwesten Schottlands einen Garten zu schaffen, der später viele Experten aus der ganzen Welt anlocken sollte, die sich mit eigenen Augen davon überzeugen konnten, dass dieses Wunder von Findhorn wirklich existiert. Wo vorher nur Stechginster und Nesseln auf steinigem Grund

Die Botschaften der Devas

Rhabarber-Deva

(...) Wenn irgendjemand einer Pflanze seine Aufmerksamkeit oder sein Mitgefühl schenkt, verschmilzt ein Teil des Seins dieser Person mit einem Teil unseres Wesens, und die Einheit der Welt wird gefördert. Ihr Menschen seid deswegen alle mit uns verkettet, aber solange ihr diesen Kettengliedern keine Anerkennung schenkt, sind sie wie nichts und bleiben unentwickelt. Die Pflanzen tragen zur menschlichen Nahrung bei und geben in einer Weise von sich selbst, dass fühlbare Verbindungen aufgebaut werden. Sogar, was die Vergangenheit anbelangt, können diese Bindungen in die Gegenwart gerufen werden, wenn man sich ihrer nur erinnert. Ein großer Nutzen der Erinnerung liegt in der Befähigung, die Einheit des Lebens zurückrufen zu können.

Astern-Deva

(...) Blumen sind in Farbe ausgedrückte Freude. Duft und Form erheben das Herz, trösten und künden von Vollkommenheit und Hoffnung – denn wenn allein schon Pflanzen in einer schmutzigen Welt so schön sein können, was vermag dann der menschliche Geist? Wir reden durch unsere Blüten zu euch in einer universalen Sprache, und wenn ihr es bemerkt, könnt ihr nicht anders als antworten, denn was wir zu sagen haben, habt ihr auch zu sagen, und so besteht vollkommene Harmonie zwischen uns. (...) Ja, wir können euer Bewusstsein erheben, aber ihr, ihr könnt das Bewusstsein des Planeten erheben. Wir möchten euch daran erinnern, dies zu tun; und zwar jetzt.

Lilien-Deva

Nehmt ihr wirklich das Wunder einer Pflanze wahr? Wir tragen ihre Form in einer Weise im Bewusstsein, die ihr als die höhere Ebene bezeichnet, wo die Energie besonders klar und kraftvoll und den mächtigen Lebenszwecken gewidmet ist, aus denen der Planet entsteht. Denn auf den niederen Ebenen sind die Ergebnisse dieser verschiedenen Energiemuster: jedes Blatt kultiviert und schön, jede Blüte bis aufs Sorgfältigste geplant und ausgeführt, jeder Same, der seine eigene Lebensbotschaft trägt, jede mit einem Duft, Geruch und einer eigenen Macht im bestimmten planetarischen Bereich. Manche Pflanzen heilen Wunden, andere das Augenlicht, andere eine Erregung des Gefühls. Ist das nicht ein Wunder?

Es ist ein Wunder der Einheit des Lebens. Ihr seid alle innig mit den Pflanzen verbunden, und die Pflanzen mit euch, und ebenso mit allem Geschaffenen hier und jenseits der Erde. In der göttlichen Ordnung ist das Leben aufs Feinste eingerichtet für den vollständigen Ausdruck auf diesem und anderen Planeten, und es wird das Ganze in Mitleidenschaft gezogen, wenn nur ein Teil aus dem Gleichgewicht gerät (...)

wuchsen, gedieh nun Gemüse in einer Fülle, dass eine Gemeinschaft von mittlerweile über 200 Menschen davon leben konnte.
In ihrem oben genannten Buch hat Dorothy McLean die wichtigsten Botschaften der Pflanzendevas aufgezeichnet. Sie trat in Kontakt zu den unterschiedlichsten Pflanzen und auch Landschaftsengeln, die sich ihr zum Teil in ausführlichen Botschaften offenbarten. Diese Mitteilungen waren zum einen ganz praktischer Natur, beispielsweise wenn es darum ging, Kompost so anzusetzen, dass er alle für die jeweilige Pflanze lebenswichtigen Mineralstoffe enthielt. Es handelte sich zum anderen aber auch um Botschaften, die vieles über die Zusammenhänge des kosmischen Geschehens, die Devas selber und die Rolle und Aufgabe der Menschen enthielten.

Feen, Kobolde und Elfen

In neuester Zeit liest man immer häufiger von Naturgeistern und Menschen, die in direkter Verbindung zu ihnen stehen. Bei aller gebotenen Vorsicht ist es doch verblüffend, wie übereinstimmend die Erfahrungen mit den Naturgeistern von ganz unterschiedlichen Menschen geschildert werden. Es gibt wohl eine Unzahl in unterschiedlichen Hierarchien tätiger Wesenheiten, die samt und sonders wie Persönlichkeiten auftreten, einen Namen haben und für ganz bestimmte Plätze, Pflanzen oder auch Häuser verantwortlich sind. Im Volksglauben tauchen sie als Elfen, Kobolde, Gnomen, Salamander oder Feen auf. Im irischen Volksglauben sind es beispielsweise Leprechauns, kleine Zwerge, die mit Vorliebe Weinkeller heimsuchen und unterirdische Schätze bewachen sollen, sowie die Sidhen, ein Feenvolk.
Deutsche und nordische Sagen berichten von dem Moosvolk, elfenähnlichen Geschöpfen, welche die Wälder bewohnen und gelegentlich mit Menschen in Kontakt treten, um von ihnen Nahrungsmittel zu borgen.

Die Naturgeister sind unter uns

Besonders auf Island hat der Glaube an das »verborgene Volk« nicht nur überlebt, sondern beeinflusst auch noch heute das alltägliche Leben der Menschen. Für die Isländer sind Elfen, Trolle, Feen und zahlreiche übernatürliche Wesen Realität und nicht aus dem Alltag wegzudenken. So ist es keine Seltenheit, dass Bauvorhaben neu geplant oder abgebrochen werden, weil es Interessenskonflikte mit dem unsichtbaren Volk gibt. Die »Alfholsvegur« (»Elfenhügelstraße«) zwischen Rejkjavík und Kópavogur führt tatsächlich um einen Hügel herum, in dem angeblich Elfen hausen. In der Stadt Grundafjördur steht an der Hauptstraße zwischen den Häusern Nr. 82 und Nr. 86 ein Felsen: Nr. 84 wird von Elfen bewohnt.
Diese Wesen sind allgegenwärtig, können dem Menschen nützen, aber auch schaden. Sie halten die Welt zusammen und sorgen für den Fortbestand der Erde.

Sie sprechen über sich selbst und ihre Aufgaben in der Natur, über die Notwendigkeit mit Menschen in Kontakt zu treten und von diesen wahrgenommen zu werden. Sie schildern aber auch die Geheimnisse des Kosmos und die der menschlichen Existenz in Vergangenheit und Zukunft, über Gut und Böse, Naturkatastrophen und den Umgang mit der Schöpfung.

Im Gespräch mit den Naturgeistern

Verena Stael von Holstein beschreibt ihre Fähigkeiten im geistigen Schauen dieser Wesenheiten wie folgt: »Ich kann Geistwesen wahrnehmen, die mich umgeben. Bis ich mit ihnen in direkten Kontakt gelange, vergeht eine Zeit. Diese Zeit ist abhängig von der Bereitschaft der Wesen, mit mir zu kommunizieren, vom Ort, an dem ich mich befinde, und von meiner seelischen und körperlichen Befindlichkeit. Wenn ich nicht gut drauf bin, dann fällt es mir sehr viel schwerer, mit mir fremden Geistwesen in Kontakt zu treten. (...) Ich habe als Kind nie über meine besondere Fähigkeit nachgedacht, aber auch nicht mit anderen Menschen darüber gesprochen. Wann die Wahrnehmung der Elementarwesen begann, weiß ich nicht genau, vermutlich im dritten Lebensjahr (...)«

»(...) Am ehesten geht dies mit einem Baum. Jeder Mensch hat irgendwo einen Baum. Er muss

Naturgeister im Volksglauben

Elfen Geistwesen, die der Sage nach im Garten ihren Reigen um Blumen tanzen und Elfenhügel als Zeichen ihrer Gegenwart zurücklassen. In der germanischen Mythologie gab es Elfen des Lichts und Elfen der Dunkelheit.

Feen Mit magischen Kräften ausgestattete Geistwesen, die dem Menschen Glück bringen, ihn aber auch ins Verderben stürzen können. Sie leben in kleinen Gruppen unter Bäumen oder in Zauberhügeln.

Huldra Bei den Germanen eine feenartige Waldfrau, die gerne an den Tänzen der Menschen teilnimmt.

Idisi Bei den Südgermanen hilfreiche Feen, die als Helferinnen in der Schlacht galten.

Kobolde Geistwesen oder Poltergeister, die besonders in Häusern ihr Unwesen treiben. Sie werden als klein, hässlich und rot beschrieben.

Nymphen Naturgeister, die überwiegend Quellen und Gewässer, aber auch Bäume und Berge bewohnen.

Salamander Salamander gehören zu den Elementargeistern und sind dem Feuer zugeordnet.

Trolle Elementargeister nordischer Mythen und Sagen, die in Berghöhlen leben. Sie galten als gefährlich und wurden durch Mistelzweige, Feuer oder Kirchenglocken fern gehalten.

Undine Ein elementarer weiblicher Wasser- oder Naturgeist.

ihn in seinem Leben überhaupt nicht finden, er hat ihn aber trotzdem. Wenn sich der Mensch einen Baum aussucht – es muss nicht sein Baum sein –, dann kann eine richtige Freundschaft zwischen Mensch und Baumwesen entstehen. Beide können dann richtig miteinander kommunizieren. Kinder können das meist spontan. Kinder wissen oft, wie sich ein Baum anfühlt, und das kann so weit gehen, dass richtige Gespräche zwischen ihnen entstehen können. Baumwesen sind dem Menschenwesen relativ nah. Über sie kommt man am einfachsten mit Naturwesen in Verbindung. Die Bäume sind dem Menschen gegenüber sehr offen, aber man muss erst Freundschaft schließen.«

Im Volksglauben existierte eine ganze Schar von Naturgeistern, die mit der Welt der Pflanzen verbunden sind.

Die Grenzen der Wissenschaft

Unser Denken ist von der naturwissenschaftlichen Weltsicht geprägt. Es gehört zu unserem Selbstverständnis, dass nicht existieren kann oder darf, was sich einer »objektiven« Messung mit Hilfe von Apparaten entzieht oder was im Experiment nicht reproduzierbar ist. Alles, was sich einer Überprüfbarkeit entzieht, fällt automatisch in den Bereich des Aberglaubens. Die Frage ist nur, welches Interesse so viele Menschen daran haben können, ihre Mitmenschen mit Erzählungen über Kontakte mit Naturgeistern oder Engeln zu betrügen. Sicherlich gibt es auch hier schwarze Schafe, die auf einen Zug aufspringen, um sich in den Mittelpunkt des Interesses zu stellen. Bemerkenswert ist aber, dass die meisten Menschen mit dieser Begabung, die auch Fluch sein kann, sich eher scheuen, über ihre Erfahrungen zu sprechen, oder dies erst nach einer langen Anlaufzeit wagen. Wer möchte schon als Spinner in eine bestimmte Ecke abgeschoben werden? Und wer möchte schon gerne ins Kreuzverhör derer geraten, die mit Hilfe von Messinstrumenten versuchen, die Realität zu erfassen? Diese Instrumente können aber nur so gut sein wie das Gehirn, das sie ersonnen hat. Und sie beantworten lediglich die Fragen, für deren Beantwortung sie konstruiert worden sind. Ist die Frage aber falsch gestellt, kann selbst das komplizierteste Instrument keine Antwort darauf geben.

Wege der Erkenntnis

Wir können also annehmen, dass es offenbar eine Vielzahl von Möglichkeiten gibt, wie wir Menschen schon frühzeitig in unserer Entwicklungsgeschichte in den Besitz von Wissen über die Geheimnisse der Natur gelangt sind. Zu allen Zeiten und in allen Kulturen gab es Propheten, Hellsichtige, Medien und andere sensitive Menschen, die Zugang zum Wissen der Natur hatten, ohne dafür ein Labor oder eine wissenschaftliche Methodik zu benötigen. Ob dieses Wissen im Traum oder in Trance erworben worden ist, als göttliche Vision oder im direkten Kontakt mit Wesenheiten, spielt dabei keine Rolle. Entscheidend ist lediglich, dass es zumindest denkbar ist, dass sich die Natur oft selbst offenbart hat und viele ihrer Geheimnisse zum Nutzen der Menschen preisgegeben hat. Sei es das Wissen um die Heilkraft bestimmter Pflanzen, sei es das Wissen um die den Pflanzen innewohnenden Gifte oder vieles andere mehr.

Viele Rätsel werden wohl nie geklärt werden können, vieles ist aber einfach auch nur in Vergessenheit geraten, weil sich unsere Lebensbedingungen dramatisch verändert haben. Auch lässt sich die Gedanken- und Vorstellungswelt unserer Vorfahren nur schlecht rekonstruieren. Das, was für die Menschen damals entscheidend für das Überleben war, spielt heute keine Rolle mehr. Dafür unterliegen wir heute, am Beginn des 21. Jahrhunderts Überlebensfragen, von denen unsere Vorfahren mit Sicherheit keine Vorstellung hatten.

Was schon Tiere »wissen«

Eine zentrale Botschaft der Elementarwesen ist die, dass alles Lebendige eins ist und in Beziehung zueinander steht. Wir alle sind Teil eines Ganzen, vergleichbar mit einer Zelle in einem Organismus. Somit steht alles miteinander in Verbindung.

In diesem Zusammenhang soll auf ein äußerst erstaunliches Phänomen hingewiesen werden. Jedem Landwirt, der mit der Natur und nicht gegen sie arbeitet, ist bekannt, dass Weidetiere bei bestimmten Erkrankungen, beispielsweise beim Befall mit Darmparasiten, plötzlich Pflanzen fressen, die sie vorher verschmäht haben. Meist handelt es sich um Giftpflanzen. Die Tiere scheinen instinktiv nicht nur zu wissen, woran sie erkrankt sind, sondern auch, was dagegen zu tun ist. Vor diesem Hintergrund erscheint es geradezu als unverantwortlich, die Pflanzenvielfalt von natürlichen Weiden auf nur wenige erwünschte Kulturpflanzen zu reduzieren. Vielerorts werden sogar Pestizide eingesetzt, um beispielsweise die Herbstzeitlose oder den Beinwell aus den Wiesen zu entfernen.

Aber damit nicht genug: Die weltbekannte Schimpansenforscherin Jane Goodall hat bei in freier Wildbahn lebenden Schimpansen die erstaunliche Beobachtung gemacht, dass Schimpansenmütter bei bestimmten Erkrankungen ihrer Jungen diesen spezielle Pflanzen oder Pflanzenteile füttern. Woher haben die Affen ihr Wissen über die Inhaltsstoffe und die Wirkung von Pflanzen?

Spezial

Schamanen und Medizinmänner

Die Betrachtung der Natur als ein Gesamtes, wobei alle Teile untereinander in Beziehung zueinander stehen und auf geheimnisvolle Art miteinander verbunden sind, ist keine Erkenntnis der neuesten Zeit. Das Wissen darüber reicht weit zurück und ist auch heute noch in vielen Stammesgesellschaften und Völkern lebendig. Bewahrt wird es von Heilern, Menschen, die in der jeweiligen Gruppe oder Gesellschaft eine besondere Position einnahmen oder einnehmen und denen besondere Verehrung entgegengebracht wird. Als Mittler zwischen den unterschiedlichen geistigen Welten und dem Menschen verfügen sie über die besondere Gabe, die Heilung von Krankheiten zu bewirken und das physische und psychische Gleichgewicht wiederherzustellen.

Was ist Schamanismus?

Schamanismus ist vermutlich so alt wie die Menschheit selbst. Schamanen werden als Urheber der steinzeitlichen Höhlenmalereien vermutet und sind noch heute in vielen Erscheinungsformen weltweit anzutreffen. Besonders dort, wo sich eine urtümliche jägerische Lebensweise bis in die heutigen Tage erhalten hat, also in Sibirien, Nordamerika und Südamerika.

Schamanismus ist keine Religion. Er bewahrt aber den Erfahrungsschatz unzähliger Generationen von Heilern, welche die Heilkräfte der Natur wahrnehmen, lenken und anwenden können. Der Schamane ist dabei ein Wanderer zwischen einer jenseitigen Welt der übernatürlichen Erscheinungen und der diesseitigen Welt, in der wir Menschen leben. Für seine Reise in Raum und Zeit, auf der er auch die Schwelle des Todes überschreitet, arbeitet der Schamane mit Hilfsgeistern zusammen. Je mehr Helfer einem Schamanen zur Seite stehen, umso mächtiger ist er.

Wer begreifen möchte, was Schamanismus ist und wie Schamanen heilen, der muss als Erstes die Grenzen unseres abendländischen Denkens hinter sich lassen. Das bedeutet beispielsweise auch, das Wesen einer Erkrankung völlig neu begreifen zu lernen. Das schamanistische Weltbild ist ein animistisches. Die ganze Natur wird als beseelt erlebt. Der allem innewohnende Geist des Lebens ist überall derselbe. Der Kosmos wird als ein einziger großer Organismus verstanden, in dem alle Dinge eng miteinander verbunden sind.

Im Weltbild der Schamanen ist die menschliche Existenz nur eine von vielen Lebensformen. Und neben der sichtbaren materiellen Welt der Menschen, Tiere, Pflanzen und Steine existieren nach ihrer Auffassung noch unzählige andere Welten auf unterschiedlichsten Ebenen und Energieniveaus. Schamanen sind Heiler, die mit diesen uns verborgenen Welten in Kontakt stehen und die sich sogar dort aufhalten können.

Die Ursache von Krankheit

Nach schamanistischer Auffassung hat jeder Mensch Verbindungen zur spirituellen Welt und ein persönliches Krafttier, das unser Leben heilend und stützend begleitet. Dieses hat meistens Ähnlichkeit mit einer lebenden Art, es kann ein Bär sein oder eine Eule, bisweilen ist es aber auch ein Fabelwesen. Durch Vernachlässigung des Körpers, sei es durch eine ungesunde Lebensweise, Alkohol- oder Drogenmissbrauch, aber auch durch negative Gefühle und Gedanken, schwächen wir das Krafttier und veranlassen es, unser Energiefeld zu verlassen. Dabei entsteht aber Raum für schädliche, ungewollte Energien, die seinen Platz einnehmen und Ursache sind für Erkrankungen und Beschwerden aller Art.

Schwere Schicksalsschläge und Traumen können nach schamanistischer Auffassung sogar dazu führen, dass Anteile der Seele flüchten und eine Art Vakuum hinterlassen, das aufgefüllt wird von schädigenden Energien. Aufgabe des Schamanen ist es, den verlorenen Seelenanteil wieder zurückzuholen und dem Patienten dabei zu helfen, diesen wieder zu integrieren.

Wie Schamanen heilen

Die Ursache einer Krankheit ist nach schamanistischer Auffassung also eine Disharmonie zwischen Mensch und Kosmos. Aufgabe des Schamanen/der Schamanin ist es dabei, dieses Gleichgewicht wiederherzustellen. Hierzu erweitern Schamanen die Grenzen ihrer Wahrnehmung, indem sie mit Hilfe verschiedener Techniken und auch pflanzlicher Drogen ihren Bewusstseinszustand verändern. Eine besondere Rolle beispielsweise bei sibirischen Schamanen spielt dabei der Fliegenpilz (siehe Seite 60 f.) . Begleitet von ihrem Macht- oder Krafttier steigen sie dabei den Weltenbaum auf und ab, um Kontakt mit den Geistern aufzunehmen. In diesem Zustand können sie mit Tieren, Pflanzen, Steinen, ja mit der gesamten Schöpfung kommunizieren.

In dieser anderen Wirklichkeit verrichten sie die eigentliche Heilarbeit, sammeln sie Erkenntnisse oder holen den Rat von Geistern ein. Der Schamane bittet diese Geister um Hilfe für seinen Patienten und erfährt von ihnen, welches Mittel anzuwenden ist oder wo die Ursache der Erkrankung verborgen liegt. Er wirkt also als Medium. Nicht der Schamane selbst ist es, der heilt, sondern die Kräfte, die über seine Vermittlung in den Körper des Patienten einfließen können. Die eigentliche Heilung findet also weder auf körperlicher noch auf psychischer, sondern auf einer rein spirituellen Ebene statt.

Im Dialog mit der Natur

Schamanen heilen, indem sie sich die Heilkräfte der Natur zunutze machen, und zwar die der Elemente Wasser, Erde, Luft und Feuer, ebenso wie diejenigen der Tiere, Pflanzen oder Steine. Dies soll an einem Beispiel erläutert werden:

Bevor der Schamane mit der Behandlung eines Kranken beginnt, versetzt er sich in eine Art Trance . Dies muss nicht in unmittelbarer Nähe des Patienten erfolgen. Oft gehen Schamanen an einen verborgenen Ort oder in den Wald, wo sie ungestört Kontakt mit ihren Geistern, den Spirits, aufnehmen können. Es kommt nicht selten vor, dass der Schamane erst nach mehreren Tagen zurückkehrt, um dann die Behandlung abzuschließen.

Von den Geistern erhält er nun beispielsweise die Information, dass in dem konkreten Fall eine bestimmte Pflanze das Heilmittel der Wahl ist. Als Nächstes wird sich der Schamane mit dem Energiefeld dieser Pflanze in Verbindung setzen und mit Hilfe seiner Geister die Heilkraft von der spirituellen auf die alltägliche Ebene transportieren, um sie dem Patienten einzuleiten. Dies kann über Trommeln, Gesang, durch das Berühren mit den Händen, aber auch durch Einblasen geschehen. Er kann die Pflanze auch selbst einnehmen und so deren Informationen übertragen. Bisweilen wird die Pflanze aber auch dem Patienten direkt verabreicht. Welches Verfahren anzuwenden ist, erfährt er ebenfalls von den Geistern.

Bemerkenswert in diesem Zusammenhang ist, dass es sich bei der Pflanze nicht um eine Heilpflanze im klassischen Sinne handeln muss. Sie dient lediglich als bereitwilliger Träger der spirituellen Energie des Schamanen.

Wie wird man Schamane?

Wer den »Beruf« des Schamanen erlernen möchte, sollte jedoch wissen, dass Schamanen nicht als solche geboren oder ausgebildet, sondern berufen werden. Nur der kann Schamane werden, der von den Geistern dazu auserwählt worden ist. Dies können sowohl Männer als auch Frauen sein. Die Geister erfassen den Menschen und zwingen ihn zu Wahnvorstellungen und Krankheiten, die der angehende Schamane erst durchleiden muss, oft mit grausam anmutenden Wiedergeburtsriten verbunden. Mit anderen Worten: Jeder Schamane muss die Krankheiten, die er später heilen möchte, selbst durchlitten haben, um das Wesen der Krankheit zu verstehen.

Dieses »Berufungsverfahren« führte bei westlichen Wissenschaftlern zu der Ansicht, dass Schamanismus eine Art Psychose ist. Man hielt Schamanen für psychisch kranke Menschen, die durch die Überwindung ihrer Geisteskrankheit eine bestimmte geistige Haltung erworben haben, die sie dazu befähigt, bestimmte heilende Handlungen auszuführen. Doch diese Überzeugung wird der Komplexität des Themas bei weitem nicht gerecht.

Schamanen und Medizinmänner

Die Wissenschaft alleine ist eben nicht in der Lage, die Funktionsweise von Heilungsritualen anderer Kulturen zu erklären, Geheimnisse des Kosmos zum einen und die der menschlichen Psyche zum anderen zu erkennen.

Schamanen heute

Wer nun glaubt, dass Schamanismus ein bei Naturvölkern auftretendes Randphänomen ist, der irrt sich gewaltig. Die WHO gestand dem Schamanismus 1980 bei der Behandlung von psychosomatischen Krankheiten den gleichen Stellenwert zu wie der westlichen Medizin. Schamanistische Methoden werden inzwischen wissenschaftlich erforscht, und immer mehr aktive Vereinigungen und Verbände bringen den Menschen Rituale und Heilverfahren in schamanistischer Tradition näher. Schamanen aus der ganzen Welt treffen sich auf Weltkongressen. Vielerorts werden Seminare, Workshops und Kurse angeboten, die den Menschen der westlichen Welt auf der Suche nach ihrer eigenen Vision, ihrem Krafttier und bei der Überwindung von schweren psychischen Traumata helfen wollen. Eine Hochburg des Schamanismus ist übrigens Korea. Interessanterweise sind dort die meisten Schamanen Frauen.

Ein afrikanischer Schamane.

Indianische Heiler

Wie die Schamanen, so nehmen auch die Heiler der Indianer Kontakt auf zu fremden, anderen Wirklichkeiten. Dort verständigen sie sich mit den Bewohnern der Geisterwelt oder mit dem großen Geist. Halluzinogene Pflanzen wie Peyotl (siehe Seiten 43, 83) oder Trommeln können hierbei als Hilfsmittel dienen, doch empfangen die Heiler ihre Visionen auch im Wachzustand.

Eine weitere Parallele zum Schamanismus ist, dass auch indianische Heiler berufen werden. Sie vernehmen die Zeichen ihrer Berufung bereits als Kinder. Der praktizierende Heiler nimmt sich dann dieser Kinder an und hilft ihnen auf ihrem weiteren Weg.

Der bei uns gebräuchliche Ausdruck »Medizinmann« wird der Komplexität des Phänomens nicht ganz gerecht, daher geriet der Begriff oft ins Kreuzfeuer der Kritik. Lame Deer, Heiler der Sioux, meint dazu:

»Medizinmann ist ein Wort des weißen Mannes, (...) das es in der Indianersprache nicht gibt. (...) Wir haben verschiedene Namen für verschiedene Menschen, die verschiedene Dinge tun. Ihr habt für sie nur dieses eine belanglose Wort. Zuerst unterscheiden wir den Heiler, den Mann der Kräuter. Er heilt nicht mit Kräutern allein, er muss die Kraft zum Heilen haben. Dann haben wir den Priester, den Mann, der die Fähigkeit besitzt, heilende Mineralien zu finden. Wir sprechen auch vom Seher, dem Mann der Visionen, der Geschehnisse voraussehen kann, die in der Zukunft passieren. Dann gibt es die Beschwörer, die ihr Hexenmeister nennen würdet. Unter ihnen finden sich auch einige Scharlatane. (...) Aber je mehr ich darüber nachdenke, umso fester glaube ich, dass der wirkliche Medizinmann der Heilige Mann ist. Er kann heilen, prophezeien, zu den Kräutern sprechen, die Mineralien bestimmen. (...) Er hat große visionäre Einsichtskraft. Er möchte nur, abseits von Menge und alltäglichen Dingen, er selbst sein. Er liebt es zu meditieren, gegen einen Baum oder Felsen gelehnt, zu fühlen, wie sich die Erde unter ihm bewegt, das Gewicht dieses großen flammenden Himmels über sich zu spüren. Auf diese Weise ergründet er die Dinge. Die Augen schließend sieht er viel klarer. Was man mit geschlossenen Augen sieht, das zählt. (...) Er spricht zu den Pflanzen, und sie antworten ihm. Er lauscht den Stimmen der Tiere. Er ist eins mit ihnen. Von allen Lebewesen fließt unaufhörlich etwas in ihn hinein, und etwas fließt aus ihm heraus. Ich weiß nicht, wo oder was, aber es ist da. Ich weiß es.«

Reisen in Raum und Zeit

Es gibt Hinweise darauf, dass die indianischen Heiler in der Lage sind, durch eine besondere Sensibilität Schwingungen von Menschen, Tieren und Pflanzen wahrzunehmen und sich an weit entfernte Orte in Vergangenheit, Gegenwart und Zukunft zu versetzen, um dort Geschehnisse wahrzunehmen. Auch die Fähigkeit zur Telepathie und Psychokinese wird ihnen zugesprochen. Trapper des 18. und 19. Jahrhunderts haben immer wieder von diesen erstaunlichen Fähigkeiten der indianischen Heiler gesprochen. Sie berichten von »Medizinmännern«, die frei schwebten und Gegenstände deformierten, ohne sie zu berühren. Erst in den 70er Jahren des vorigen Jahrhunderts sprach Rolling Thunder, ein »Medizinmann«, im Rahmen einer internationalen Tagung über Bewusstseinsforschung über diese Fähigkeiten. Er gab damit den Anstoß für eine ernst gemeinte wissenschaftliche Untersuchung dieser Phänomene. Die Wissenschaftler kamen dabei zu dem Schluss, dass die

Indianer über erstaunliche Fähigkeiten verfügen, die zum Teil wissenschaftlich zu belegen sind, sich in anderen Teilen aber jeder Erklärung entziehen. Die heutigen indianischen Heiler betrachten dieses Wissen nicht mehr als Geheimwissen, sondern bieten an, es mit dem »weißen Mann« zu teilen, da es beiden Seiten weiterhelfen könnte.

Die Seele der Pflanzen

Auch nach indianischer Auffassung besteht eine Heilung darin, eine verloren gegangene Harmonie zwischen Mensch und Natur wiederherzustellen. Heilung kann jede Materie aus der Natur bewirken, da diese gleichzeitig auch ein spirituelles Wesen ist und mit allem in Verbindung steht. Um herauszufinden, welche Pflanze beispielsweise geeignet ist, nimmt der Heiler Kontakt auf und »spricht« zu ihr. Der Cherokee-Heiler Keetowah beschreibt dies wie folgt:

» (...) Pflanzen haben Vibrationen, sie geben Laute von sich und haben Gefühle. Wenn es keine Pflanzen gäbe, wären wir nicht hier. (...) Eine elementare Voraussetzung für Heiler ist, dass sie für alles Lebendige höchste Achtung haben. Ich sammle Kräuter nur während der Tageszeit, und ich biete ihnen immer ein Geschenk an (...) Der einfachste Weg, die richtigen Kräuter zu finden, die man gerade benötigt, ist, hinzugehen und zu ihnen – einer zum anderen – zu sprechen. (...) Gehe still und ruhig zu einer Kräuterpflanze, setz dich auf den Boden, und sprich zu ihr. Du wirst eine ganze Weile nichts empfinden. Aber fahre fort damit – und glaub mir, du wirst Antwort erhalten.«

Ein indianischer Heiler würde eine Pflanze zu Heilzwecken also niemals einfach ausreißen, ohne vorher zu ihr zu sprechen und ihr zu erklären, warum er sie pflückt und was er von ihr erwartet. Er wird ihr versichern, dass auch er einst seinen Körper wieder Mutter Erde zurückgeben wird und der Kreislauf des Lebens auf der Erde so geschlossen bleibt.

Indianische Weltsicht

Um den tiefen Respekt der Indianer vor der Natur in allen Erscheinungsformen zu verstehen, muss man deren Weltsicht begriffen haben. Indianer unterscheiden vier irdische Bereiche, die in unterschiedlicher Abhängigkeit zueinander stehen. Das erste ist das Reich der Mineralien, sie existieren für sich und benötigen keinerlei Hilfe aus einem der anderen Reiche. Das Reich der Pflanzen kann nicht ohne das Reich der Mineralien bestehen. Die Tiere brauchen zum Leben das Reich der Mineralien gleichermaßen wie das Reich der Pflanzen, und der vierte Bereich der Schöpfung, der Mensch, hängt am meisten von allen von sämtlichen anderen Reichen ab. Die Brüder und Schwestern aus den anderen Reichen spenden uns Nahrung, helfen beim Heilen und sind schlichtweg Grundlage unserer Existenz.

Der Peyotl-Kult

Eine zentrale Bedeutung im Kult der Indianer Nordamerikas kommt dem in Mittelamerika heimischen Peyote zu, ein kleiner, graugrüner Kaktus, der neben einer Vielzahl von Alkaloiden auch Meskalin enthält. Diesem verdankt er seine starken halluzinogenen Eigenschaften mit Halluzinationen bis hin zu Visionen und mystischen Erfahrungen. Er wird auch heilend bei Angina pectoris, Fieber und Husten eingesetzt. Der Saft soll gegen Vipernbisse helfen und bei Verbrennungen und Wunden findet er ebenfalls Verwendung. Außerdem soll er auch Hunger und Durst stillen und die Sinne wach halten (siehe auch Seite 83).

Für die indigene Bevölkerung Nordamerikas hat der Kult um den stachellosen Kaktus eine besondere Bedeutung. Diese Menschen kamen erst um 1870 mit der Pflanze in Berührung, doch schnell avancierte sie zur heiligen und heilenden Pflanze, die Gegenstand einer religiösen Zeremonie war. Im Mittelpunkt stand der Verzehr der Pflanze, wobei der Geschmack der frischen oder getrockneten Pflanze als sehr unangenehm beschrieben wird.

Der wichtigste Aspekt des Kults war aber die einigende Kraft, mit der er die verschiedenen Stammesgemeinschaften verband. Es dauerte nicht lange, bis christliche Missionare auf den Plan traten und den Gebrauch der Pflanze verdammten und ihr Gebrauch als Teufelswerk streng verboten wurde. Die Indianer setzten sich zur Wehr und organisierten sich in der Native American Church (NAC). Spätestens jetzt war Peyote zu einem Identität stiftenden Symbol geworden.

Erst in den 70er Jahren des letzten Jahrhunderts wurde von offiziell wissenschaftlicher Seite anerkannt, dass der Art und Weise der Verwendung des Kaktus eine therapeutische Funktion zukommt.

»Peyote ist ein besseres Gegenmittel gegen Alkohol als alles, was Missionare, der weiße Mann, die Amerikanische Medizinische Gesellschaft und die Gesundheitsbehörde je haben bieten können.« (Karl Menninger aus einer Arbeit von Robert L. Bergmann; American Journal of Psychiatry, 1971)

Heute schließen sich immer mehr Wissenschaftler der Auffassung an, dass die indianischen Rituale einen besonderen psychotherapeutischen Effekt haben, der über Jahrhunderte und Jahrtausende hinweg die geistige und seelische Gesunderhaltung der Menschen gewährleistet hat.

Das geheime Wissen der Magier und Hexen

Aberglaube wird meist abwertend für ein Glaubensgebilde gebraucht, dass dem »rechten« Glauben gegenübergestellt, als irrational, unvernünftig und nutzlos betrachtet werden muss. Der Begriff taucht erstmals gegen Ende des Mittelalters auf. Er sollte Abweichungen von der christlichen Lehre und dem Volksglauben, der auch nach der Missionierung noch vielerorts weiterlebte, anprangern und garantieren, die Christen nicht vom wahren Glauben abzubringen. Noch zu tief war das Wissen von Zauber, Amuletten und bösem Blick in den Köpfen verankert, noch viel zu viele heidnische Bräuche prägten nach der Auffassung des Klerus das Alltagsleben der Menschen, Bräuche, die sich bis in die heutige Zeit gehalten haben – aller Bemühungen der Kirche zum Trotze.

Die Wurzeln des Volksglaubens

Vielerorts haben Kulte und Bräuche aus heidnischer Zeit tiefe Spuren hinterlassen. Kein Verbot und kein Konzilsbeschluss konnte den über Jahrhunderte tradierten Aberglauben aus den Köpfen der Menschen verbannen.

Christliche Kapellen und Kirchen haben keltische oder germanische Kultstätten ersetzt, Wunderquellen sind noch heute Wallfahrtsorte und zahllose verzauberte Steine Gegenstand moderner Rituale. Auch Gnome, Kobolde und Werwölfe sind eine lebendige Erinnerung an die keltische Vorstellungswelt, und aus keltischen Gottheiten wurden vielerorts Lokalheilige.

Überbleibsel aus längst vergangenen Zeiten sind auch Bräuche im Jahreslauf oder kirchliche Feiertage, die unter dem Deckmantel des Christentums überlebt haben.

So sind beispielsweise mit dem 1. Mai zahllose, regional verschiedene Bräuche verbunden: Maifeiern, einen Maibaum setzen, das Tanzen des Maireigens, der Mairitt, Maiglöckchensträuße und Blumenkränze anfertigen oder das in Süddeutschland übliche Maisingen. »Alles neu macht der Mai«. Schon in keltischer Zeit wurde an diesem Tag das Beltene-Fest begangen. Es diente der Erneuerung der Sonne und des Lebens. Den Namen Mai verdankt der Monat wahrscheinlich der Fruchtbarkeitsgöttin Maja. Bis ins 16. Jahrhundert feierte man sie mit frischem Grün als Fruchtbarkeitssymbol, das den Menschen Glück und Liebe bringen sollte.

Die katholische Kirche wiederum erklärte den Mai zum Marienmonat, in dem allabendlich die Maiandacht mit anschließender Lichterprozession gefeiert wird. Auch der Maibaum blickt auf eine lange Tradition zurück. Er galt schon in alter Zeit als Sinnbild allen Werdens und stellte die Lebensrute dar.

Das Fest des Samuin, genau sechs Monate später am 1. November, galt den unsterblichen Seelen der Verstorbenen. Die Kirche hat hieraus Allerheiligen, das Fest aller Heiligen, gemacht.

Die Nacht vom 31. Oktober zum 1. November spielt in Sagen und Bräuchen eine große Rolle. Man glaubte, dass die Menschen in diesen Stunden Zugang zur Welt der Geister finden könnten. Der Schleier zwischen der Welt der Lebenden und Toten, so glaubte man, war in dieser Nacht am dünnsten. Die Seelen der Verstorbenen konnten zurückkommen, beispielsweise. in Tiergestalt. Die Menschen waren fasziniert und fürchteten sich gleichzeitig vor ihnen und versuchten sie mit Feuer und Masken zu vertreiben. Der Brauch hat sich als Halloweenfest erhalten, das als Re-Import aus Amerika in Europa in den letzten Jahren an Beliebtheit zugenommen hat.

Auch der im gesamten europäischen Raum beliebte Brauch des Mummenschanz mit Masken und farbenprächtigen Kostümen, besonders zur Faschingszeit, geht auf heidnische Fruchtbarkeits- und Erneuerungsriten zurück. Ein besonders eindrucksvolles Beispiel für diese Tradition ist die alemannische Fasenacht, wie sie im süddeutschen Raum praktiziert wird.

Uralte Bräuche und Rituale

Der Aberglaube liefert noch heute viele Hinweise auf das Wissen alter Kulturen und ist daher auch Gegenstand zahlreicher volkskundlicher Forschungsarbeiten. Aus volkskundlicher Sicht kann man sagen, dass der Glaube dann zum Aberglauben wird, wenn er mit der gesellschaftlichen Entwicklung nicht mehr Schritt halten kann. Analog dazu könnte man aus wissenschaftlicher Sicht sagen, dass Theorie zum Aberglauben wird, wenn sie mit der Entwicklung des Wissensstandes nicht Schritt hält: Viele heute als Aberglauben bezeichnete Denkweisen waren einmal aktuell und anerkannt.
Oft ging bei der Christianisierung des Volksglaubens das Wissen darüber verloren. Übrig blieben Rituale und Zeremonien wie das Bleigießen zu Silvester, Silvesterschießen, viele mit der Fasnacht verbundene Bräuche oder in Verbindung mit einer Bestattung praktizierte Zeremonien. Vielerorts verbergen sich ursprüngliche Glaubensinhalte auch hinter dem von der Kirche gebilligten Heiligenglauben.

Im Volksglauben gibt es dabei starke regionale Unterschiede – die sich aber durch moderne Medien und die neueren Möglichkeiten der Kommunikation immer mehr verwischen. Die einzelnen Spielarten grenzen sich gegeneinander weniger deutlich ab, als dies beispielsweise bei den Religionen der Fall ist. Dies bedeutet aber nicht unbedingt, dass zwischen konkurrierenden Formen des Aberglaubens eine größere Toleranz besteht.

Aberglaube im täglichen Denken

Auch wenn wir modernen Menschen es nicht wahrhaben wollen, ist unser Denken und unser Alltag von magischem Denken und Aberglauben durchdrungen. Sei es die schwarze Katze, die beim Vorübergehen in einer bestimmten Richtung Unglück bringt, der Schornsteinfeger, der Glück verheißt, oder das todsichere System, das im Casino den großen Gewinn verspricht. Auch unter einer Leiter hindurchzugehen verheißt Ungemach; Scherben, Hufeisen, Schweine und vierblättrige Kleeblätter bringen dagegen Glück. Schauspieler spucken sich vor dem Auftritt dreimal über die Schulter, damit die Aufführung Erfolg hat. Salz zu verschütten bringt Unglück. Auf Hochzeitsfeiern bewirft man das Brautpaar mit Reis, einem Fruchtbarkeitssymbol. Auf hoher See soll es Unglück bringen, an Bord eines Schiffes zu pfeifen; klopft jemand an den Mast eines Segelschiffes, ist dagegen mit Sturm zu rechnen. Oder wie war das gleich mit Freitag, dem 13.? Oder dem Theatersitz in der

13. Reihe? Und wer hat nicht seine eigenen kleinen abergläubischen Rituale? Der Talisman in der Tasche oder die Glückssocke sind Ausdruck eines persönlichen Aberglaubens des Trägers. Die einen versuchen, nicht mit dem linken Bein zuerst aufzustehen, andere vertrauen auf ihre ganz persönlichen Glückszahlen beim Ausfüllen eines Lottoscheins, Sternschnuppen, Träume, das Daumendrücken und auf Holz Klopfen – im Grunde alles Ausdruck von Aberglauben.
Wie ernst das alles zu nehmen ist und wo die Grenzen zwischen Glauben, Aberglauben, Erfahrungswerten und Wissenschaft liegen, kann nur jeder für sich selbst entscheiden. Oder man entscheidet sich gar nicht, wie der Quantenphysiker Werner Heisenberg. Über seiner Haustür soll ein Hufeisen gehangen haben. Auf die Frage, ob er daran glaube, dass es Glück bringe, soll Heisenberg geantwortet haben: »Natürlich nicht. Aber ich habe mir sagen lassen, dass es auch Glück bringt, wenn man nicht daran glaubt.«

Bauernregeln und Aberglauben

Aus der über die Generationen währenden Beobachtung der Natur und natürlicher Phänomene entstanden die Bauernregeln, die sich meist mit Wetter- und pflanzlichen Wachstumsphänomenen befasst haben und auch regional verstanden werden müssen. Früher war die vorherrschende Lehrmeinung, dass Bauernregeln nur selten richtig liegen. Als man aber Ende des 20. Jahrhunderts begann, sie statistisch zu überprüfen und dabei auf das Entstehungsgebiet der jeweiligen Regel achtete, stellte man fest, dass Bauernregeln als Erfahrungswerte relativ häufig zutreffen. Wie der bekannte Meteorologe Jörg Kachelmann in Fernsehinterviews zu bedenken gab, muss die Entstehungszeit jeder Regel und eine eventuelle Verschiebung des Kalendariums seither in Betracht gezogen werden – denn die Einführung des gregorianischen Kalenders hat viele alte Bauernregeln »aus dem Tritt gebracht«. Berücksichtige man dies jedoch, seien viele regionale Regeln von erstaunlicher Zuverlässigkeit.
Für bäuerlichen Aberglauben hielt man z. B. die Auffassung, dass dort, wo Berberitzen wachsen, die Getreidekrankheit Schwarzrost auftritt. Erst sehr viel später konnte man wissenschaftlich nachweisen, dass die Berberitze Zwischenwirt des Pilzes ist, der die Krankheit auslöst.

Naturgewalten und böse Kräfte

Die Natur war und ist in vielen Bereichen unberechenbar. Die Angst vor bösen Dämonen und Hexerei saß besonders bei der mittelalterlichen Bevölkerung tief. Wie auch anders sollte man Missernten, Unwetter und plötzliche Todesfälle erklären als mit bösen Mächten, die sich gegen die betreffende Person oder Gemeinschaft gewendet hatten.
In einer Zeit, in der das Wissen um die Zusammenhänge fehlte, die Landbevölkerung weder lesen noch schreiben konnte und damit keinen Zugang zum Wissen ihrer Zeit hatte, mussten

Den Heiligen geweihte Pflanzen

Das alte magische Wissen unserer Vorfahren hat vielfach nur überleben können, indem bestimmte magische Eigenschaften mit christlichen Glaubensinhalten in Verbindung gebracht wurden und so in den frommen Volksglauben Einzug hielten.

Der rötlich gefärbte Saft der uralten Heilpflanze Johanniskraut wurde beispielsweise mit dem Blut von Johannes dem Täufer in Verbindung gebracht. Als weiterer Beweis für die Wirksamkeit der Pflanze gegen die bösen Mächte der Finsternis galten die gelben Staubgefäße und die in der Sonne leuchtenden goldenen Blütenblätter, so wie auch Johannes der Täufer ein leuchtendes Licht war.

Die reinen weißen Blüten der weißen Lilie standen für die Jungfräulichkeit der Madonna, die Kamille war der heiligen Anna gewidmet. Der botanische Name »matricaria« bedeutet »geliebte Mutter«.

Wasserfarn und Mädesüß sind dem heiligen Christopherus geweiht, die schon den Druiden heilige Eiche galt als Baum, unter dem Abraham einst seine himmlischen Besucher empfangen haben soll.

Die Wirkung der Stechpalme, seit alters galt sie als das Böse abweisend, erklärten sich die Christen damit, dass die dornigen Blätter und die roten Beeren die Dornenkrone Jesu und seine zu Boden fallenden Blutstropfen darstellen.

daher vielerlei Erklärungen und Rezepturen herhalten, die vor Zauberei, Naturgewalten und bösen Kräften schützen sollten.

Eine besondere Rolle kam dabei auch den Pflanzen zu. Vielen Kräutern wurden geheimnisvolle Kräfte zugeschrieben, u. a. die Fähigkeit, vor Hexen und Dämonen zu schützen. Hierzu wurden die zauberkräftigen Pflanzen am Leib getragen, als Strauß in der Wohnstube oder im Türbereich aufgehängt.

Oft war mit dem Pflücken der Pflanze eine bestimmte Vorschrift verbunden, also ein Ritual, um die Schutzwirkung zu verstärken. So galt Baldrian, am Himmelfahrtstag gepflückt, als Schutzmittel gegen Hexen und Dämonen. Weitere solcher Schutzpflanzen waren Disteln, Dost, Bärlapp – der vor Verhexung schützte – sowie Fenchel, Ginster, Johanniskraut, Knoblauch, Lavendel, der gegen den bösen Blick stärkt, Linde, Misteln, Schlehe, Sellerie, Weihrauch, Majoran, Gundelrebe und Tannenzweige (siehe auch Anhang, Seite 210 ff.). Auch Mohnkapseln auf der Türschwelle sollten Hexen und Dämonen abhalten, da diese angeblich erst die Samenkörner zählen müssen, bevor sie in das Haus eindringen können. Und Basilikum, auf den Boden gestreut, verhinderte ebenfalls, dass sich böse Geister einnisteten. Wacholder, ins Fundament des Hauses eingemauert, soll böse Mächte vom Anwesen fernhalten.

Die Kräuterweihe

In katholischen ländlichen Regionen hat sich bis heute an Mariä Himmelfahrt (15.8.) der Brauch der Kräuterweihe erhalten. In manchen Regionen nannte man diesen Tag auch Maria Würzweih. Es ist gleichzeitig auch der Auftakt zur wichtigsten Kräutersammelzeit des Jahres. Heilpflanzen, die nun gesammelt werden, sollen alle anderen Kräuter an Kraft übertreffen – mit Ausnahme der Johanniskräuter, die zur Sommersonnenwende gepflückt werden.

Diese Kräuter werden zu einem dicken Strauß gebunden, in der Kirche geweiht und nach unten hängend zum Trocknen aufgehängt. Ist der Kräuterstrauß trocken, zupft man einige Blüten ab, zerreibt sie und vermischt sie eventuell mit Weihrauch und räuchert alles zusammen.

Es sollten immer sieben Kräuter zusammengebunden werden, aber es gibt auch 9er-, 12er-, 15er- und 19er-Sträuße. Ein 9er-Strauß besteht beispielsweise aus Johanniskraut, Schafgarbe, Baldrian, Arnika, Königskerze, Kamille, Wermut, Pfefferminze und Tausendgüldenkraut. Der 15er-Strauß aus Fünffingerkraut, Glockenblume, Kümmel, Margerite, Eberwurz, Bibernelle, Wermut, Königskerze, Pfefferminze, Weinraute, Liebstöckel, Teufelsabbiss (Tormentil), Mooskolben, Bittersüßem Nachtschatten und Johanniskraut.

Die geweihten Kräuter sollen gegen alle möglichen Verzauberungen, böse Geister und Krankheiten helfen, aber auch für Eheglück, Kindersegen und vieles mehr sorgen.

Gewitterblumen und Abwehrzauber

Doch nicht nur vor finsteren Mächten, sondern auch vor Naturgewalten sollten Pflanzen Schutz bieten. Gegen Blitzschlag halfen an Fronleichnam gepflückte Buchenzweige, Birkenzweige, Hauswurz auf dem Dach, Klatschmohn, Pappeln und Rittersporn. Gewitterblumen wurde dagegen nachgesagt, den Blitzschlag anzuziehen. Diese sollten daher tunlichst nicht in Hausnähe gepflanzt werden. Zu ihnen zählen auch Alpenrose, Enzian, Glockenblumen, Nelken und das Windröschen.

Farn sollte nicht nur vor Blitzschlag schützen, die ausgestreuten Sporen sollten auch Schlangen fernhalten und ins Hemd eingenähte Wedel einen Schutz vor Gewehrkugeln bieten. Auch die Haselnuss sollte Schlangen fernhalten und gleichzeitig vor Behexung schützen. Beifuß dagegen schützt, in der Tasche getragen, vor wilden Tieren und Sonnenstich. Bärlauch wehrt Vampire und Blutsauger ab, Edelweiß Teufel und Gespenster. Auch die Samenkörner der Pfingstrose sollen gegen Gespenster wirken, ferner gegen dämonische Krankheiten. Die Klette vertreibt Dämonen sowie den Teufel und schützt das Vieh vor Verhexung. Sanddorn hilft allgemein gegen Zauberei und Hexerei, insbesondere gegen Flüche und Verwünschungen.

Pflanzenzauber

Spätestens seit der Veröffentlichung der Abenteuer des Zauberlehrlings Harry Potter ist Zauberei wieder in aller Munde und zeigt, welche Faszination sie nach wie vor auf die Menschen ausübt – auf Kinder ebenso wie auf Erwachsene.

Schaut man im Lexikon unter dem Stichwort Zauberei nach, findet man dort folgende Definition: »Zauberei ist das Einsetzen übernatürlicher Kräfte oder Geister durch Beschwörungs- oder Zauberformeln. Das Wort wird meist auf die Künste der schwarzen Magie und Hexerei angewandt. Ein Zauberer ist ein Magier, Hexenmeister oder Schamane, der mit Hilfe von Zaubermitteln, Zauberbannen und Rückführung in guter oder böser Absicht übernatürliche Kräfte anwendet, Geister beschwört oder auf andere Weise in den natürlichen Geschehensablauf eingreift.«

Zauberei und Geschichten von Zauberern gab es zu allen Zeiten, in allen Ländern und Gesellschaften. Es existierte kein Volk, das die Zauberei nicht kannte. Der Grund hierfür dürfte darin zu suchen sein, dass alle Menschen zu allen Zeiten die gleichen Grundbedürfnisse, Träume und Sehnsüchte hatten. Dazu gehörte sicher der Wunsch nach einem gesunden, schmerzfreien Leben, zu lieben und geliebt zu werden, ein langes und glückliches Leben zu führen sowie von Krankheiten und Verwundungen zu genesen, sie »wegzuzaubern«, wie es so oft in den Märchen der Völker beschrieben wird.

Die Menschen träumten zu allen Zeiten von einem Paradies auf Erden, doch zeigt sich das Leben oft von einer dunklen, zerstörerischen und krank machenden Seite. Wunsch und Wirklichkeit stimmen nicht überein, Schmerz, Trauer und Verzweiflung treten an die Stelle von Glück und dem Einssein mit der Welt.

Was liegt also näher, als Einfluss nehmen zu wollen auf die finsteren wie auch auf die guten Mächte sich der unsichtbaren Kräfte zu bedienen und sich diese für seine Zwecke dienstbar zu machen. Das Wissen hierüber haben bestimmte, privilegierte Menschen. Es wird geheim gehalten. Christian Rätsch definiert daher die Zauberei als »das geheime Wissen um die Nutzung der verborgenen Kräfte des Universums.«

Der Erwerb geheimen Wissens ist aber gleichzeitig auch der Erwerb von Macht. Die Macht, über andere Menschen herrschen und verfügen zu können. Es bleibt aus heutiger Sicht reine Spekulation, der Frage nachzugehen, was zuerst da war: Zauberei oder Religion, der Zauberer oder der Priester? Letztendlich verfügt auch der Priester über Macht, nämlich über die Macht, zwischen Gott und den Menschen vermitteln zu können.

Schutz und Abwehrzauber

In den Zeiten, in denen Menschen mehr im Einklang mit der Natur lebten und es keinerlei Erklärungen für natürliche und ungewöhnliche Phänomene gab, lag es nahe, hinter allem Guten das Wirken Gottes und hinter allem, was schadet, das Wirken des Teufels zu vermuten.

So kam es beispielsweise in Gemeinden, die sich überwiegend von Roggenbrot ernährten, immer wieder zu Vergiftungserscheinungen, unter denen die ganze Gemeinde litt. Die Gliedmaßen starben ab und verfaulten am lebendigen Leib, wie eindrücklich auf vielen mittelalterlichen Bildern dargestellt ist. Erst Jahrhunderte später fand man heraus, dass die Ursache dieser Vergiftungen der Mutterkornpilz war, ein Parasit, der sich an den Ähren des Roggens festsetzt und hochgiftig ist, wenn er mitvermahlen in das Brot gerät. Da niemand eine Erklärung wusste oder gar den Zusammenhang herstellen konnte, wurden die Symptome mit Hexerei in Verbindung gebracht. Das Gleiche galt für plötzlich auftretende Viehseuchen, Dürren, Naturkatastrophen oder auch Krankheiten.

Aus dieser Ohnmacht gegenüber der Naturgewalt und den ihr innewohnenden bösen Kräften erwuchs der Abwehrzauber. Er sollte nicht nur vor einer bereits erfolgten Zauberhandlung schützen, sondern generell alle gegen eine Person gerichteten bösen Kräfte abwehren. Der Abwehrzauber ist also im Grunde ein passiver Zauber und bedient sich vielerlei Amulette, Talismane und auch Zaubersprüche.

Zauber abwehrende Pflanzen

Eine besondere Rolle zur Abwehr schädlicher Einflüsse und von Dämonen kam den Pflanzen zu. Oft waren es bestimmte Eigenschaften wie ein besonders penetranter Geruch, die sie dazu prädestinierten, wie beispielsweise Knoblauch und Bärlauch.

Vielfach wurden die Pflanzen als Kranz gewunden, an Türen genagelt oder als Kräuterbündel in der Wohnung oder Krankenstube aufgehängt. Man trug sie aber, wie beispielsweise den Bärlapp, auch am Hut, um bösen Zauber abzuwehren. In der Walpurgisnacht gepflückter Gundermann als Kranz auf dem Kopf getragen lässt den Träger erkennen, bei wem es sich um eine Hexe handelt.

Bärlauch

Bärlauch ist ein Zwiebelgewächs und gehört zur Familie der Liliaceae. Damit ist er ein naher Verwandter von Zwiebeln, Knoblauch und Schnittlauch. Er ist ein echtes Geschenk für all diejenigen, die sich mit dem Verzehr von Knoblauch aufgrund einer möglichen Geruchsbelästigung und daraus resultierender sozialer Vereinsamung schwer tun.

Bärlauch bildet dort, wo er an seinen natürlichen Standorten – auf feuchtem, humusreichem Waldboden – vorkommt, gewaltige, flächendeckende Bestände. Dies liegt u. a. daran, dass seine Wurzeln eine Substanz ausscheiden, die das Wachstum anderer Pflanzen in der Umgebung unterdrückt. Dies sollten Sie bedenken, bevor Sie beschließen, Bärlauch in Ihrem Garten auszupflanzen.

Am besten schmeckt er vor der Blüte. Nach der Blüte verliert Bärlauch etwas an Intensität, kann aber trotzdem in Salaten oder geschmort verwendet werden.

Eine Verwechslungsgefahr besteht eigentlich nur mit den Blättern des giftigen Maiglöckchens und der Herbstzeitlosen, doch eine Geruchsprobe wird Sie schnell die Pflanze sicher identifizieren lassen. Zerreiben Sie dazu ein Blattstück zwischen den Fingern, und Sie werden sofort wissen, um welchen Kandidaten es sich handelt. Der typische, unverwechselbare Knoblauchgeruch lässt keine Verwechslungsmöglichkeit zu.

Bärlauch enthält ätherische Öle mit Allyl- und Alkylpolysulfiden. Erwähnenswert ist auch der hohe Gehalt an Vitamin C.

Im Mittelalter wurde die Pflanze genutzt, um sich vor den Angriffen von Hexen und Dämonen zu schützen. Auch Vampire sollte er abwehren. Wer einen Dieb finden wollte, der sollte sich vor dem Schlafengehen ein Brot und Bärlauch um den linken Arm binden. Dann sollte der Dieb im Traum erscheinen.

Den Römern galt der Presssaft, gemischt mit Koriander, als Aphrodisiakum.

In der Volksheilkunde wird die Pflanze bevorzugt bei Verdauungsstörungen verwendet, da sie bei Gärungsprozessen im Magen-Darm-Bereich hilft. Zudem beugt Bärlauch Arterienverkalkung und altersbedingtem hohen Blutdruck vor. Er leistet einen Beitrag zur besseren Durchblutung der Kapillaren und hilft den Cholesterinspiegel zu senken. Die ideale Pflanze also, um den Organismus im Frühjahr wieder in Form zu bringen.

Bärlauch *(Allium ursinum)*

Deutscher Name Bärlauch

Lateinischer Name *Allium ursinum*

Volksnamen Wilder Knoblauch, Hexenzwiebel, Wurmlauch, Ramschel

Inhaltsstoffe Ätherische Öle, Allicin, Glycoside

Eigenschaften Breite, lanzettförmige Blätter, von Mai bis Juni erscheinen die schneeweißen, sternförmigen Blüten. Sammelzeit ist von März bis Juni, am schmackhaftesten sind die Blätter kurz vor der Blüte. Typisch ist der intensive Knoblauchgeruch, der Bärlauch unverwechselbar macht.

Schafgarbe

Die Schafgarbe war traditionell Bestandteil von Kräutersträußen und sollte vor allem Negativen schützen. Besonders der Sumpfschafgarbe (Achillea ptarmica) wurden magische Kräfte zugesprochen, sie galt als besonders wirksamer Schutz vor Behexung und bösen Einflüssen.

Wegen ihrer heilenden Eigenschaften sollte Schafgarbe in keiner Kräutermischung fehlen. Sie lindert Krämpfe im Magen-Darm-Galle-Bereich und vor allem im Beckenbereich, weshalb sie besonders in der Frauenheilkunde und dort bei Menstruationsbeschwerden eingesetzt wird. Das Kraut regt die Nieren an, stillt Blutungen und ist Bestandteil von Hustentees.

Aufgrund ihres hohen Kaliumgehaltes wird die Schafgarbe auch bei Frühjahrs- und Entschlackungskuren mit verwendet. Bei empfindlichen Menschen kann sie durch Hautkontakt zu allergischen Reaktionen führen. Die Pflanze sollte jedoch nicht regelmäßig über einen längeren Zeitraum verzehrt werden, da das in ihr enthaltene schwach giftige Thujon dann Probleme verursachen kann.

Rezepte Die aromatischen Blätter kann man klein geschnitten in den Salat und aufs Butterbrot streuen. Sie schmecken auch zu hartgekochten Eiern.

Als Teemischung mit Holunderblüten ist die Schafgarbe ein hervorragendes Mittel, um gegen Erkältungen vorzugehen.

Schafgarbe *(Achillea millefolium)*

Deutscher Name Schafgarbe

Lateinischer Name *Achillea millefolium*

Volksnamen Balsamgarbe, Blutkraut, Feldgarbe, Teekraut

Inhaltsstoffe Hauptinhaltsstoffe sind Bitter- und Gerbstoffe sowie ätherische Öle. Ein weiterer Wirkstoff ist die Salicylsäure. Es handelt sich dabei um das natürliche Pendant zum bekannten Entzündungshemmer Acetylsalicylsäure (Aspirin).

Eigenschaften Die Schafgarbe ist ein Korbblütler. Aus dem kriechenden Wurzelstock der Pflanze, die zwischen 30-80 cm groß wird, wächst ein kräftiger Stängel mit schmalen Blättern, bestehend aus bis zu 50 kleinen Blättchen, die sehr fein gefiedert sind. Zwischen Mai und Oktober erscheinen die flachen Blütenstände, die aus Einzelblumen bestehen und sich zu einer weißen oder rosa Scheindolde zusammensetzen,

Johanniskraut

Den Namen St. Johanneskraut finden wir zum ersten Mal im Jahr 1525 in Paracelsus´ Buch »Von den natürlichen Dingen«. Er bezeichnete sie als eine Pflanze, »deren Tugend gar nicht beschrieben werden kann«.

Johanniskraut wirkt nervenberuhigend und antidepressiv, aber auch entzündungshemmend und hilft bei nervösen Erkrankungen des Verdauungsapparates. Es eignet sich allgemein als Beruhigungsmittel und mildes Antidepressivum zum Einsatz bei depressiven Verstimmungszuständen, Angst und nervöser Unruhe. Johanniskrautöl dient zur Nachbehandlung bei Wunden, Frostbeulen, Quetschungen, Rheuma und Hexenschuss.

Rezepte Zur Herstellung eines Tees überbrüht man 1 EL zerkleinerter, getrockneter Blätter (bevorzugt die oberen) mit 1/4 l Wasser und lässt alles kurz aufkochen. Wenn nicht anders verordnet, täglich 1-2 Tassen trinken.

Johanniskrautöl: Etwa zwei Handvoll frischer Blüten leicht zerreiben oder zerkleinern, in eine Flasche füllen und mit Öl übergießen. Sie können hierzu Leinöl, Speiseöl, aber auch Olivenöl verwenden. Die Öffnung mit Pergamentpapier zubinden und 2-3 Wochen an einem sonnigen Ort aufstellen. Mehrmals schütteln. Das Öl verfärbt sich unter Sonneneinwirkung allmählich rot. Zum Schluss das Öl abfiltern. Bei kühler Lagerung ist es etwa ein Jahr haltbar.

Johanniskraut *(Hypericum perforatum)*

Deutscher Name Johanniskraut

Lateinischer Name *Hypericum perforatum*

Volksnamen Hartheu, Buttergras, Herrgottsblut, Tüpfelhartheu, Löcherlkraut, Hexenkraut, Blutkraut, Herrgottskraut.

Inhaltsstoffe Johnanniskraut enthält ätherische Öle, Harze, Gerbstoffe und Flavonoide. Farbgebender Inhaltsstoff und wichtigster Bestandteil ist das Hypericin, ein dunkelvioletter Stoff. Hypericin hat photodynamische Wirkung. Ausführliche Sonnenbäder während der Behandlung sind zu vermeiden, da die Haut dann empfndlicher auf Sonnenstrahlen reagiert.

Eigenschaften Typisch sind die zahlreichen Drüsen auf den Blättern, die gegen das Licht betrachtet wie Löcher aussehen. Die ungestielten, eiförmigen Blätter geben beim Zerreiben einen rötlichen Saft ab..

Zauberpflanzen

Ein Zauber wird nicht nur durch das gesprochene Wort, sondern auch durch das begleitende Ritual aktiviert. Zur Durchführung eines Rituals bedarf es eines Zaubermittels, dessen verborgene Kräfte helfen, den Zauber in die richtigen Wege zu leiten. Als Zaubermittel kann jeder Gegenstand dienen, aber besonders Pflanzen spielen hier eine entscheidende Rolle. Ihnen wird die Kraft zugesprochen, Wunder zu vollbringen. Bereits in den alten Mythen werden zauberkräftige Pflanzen genannt.

Zauberpflanzen sind ein Werkzeug der Zauberer, die zum Guten und zum Bösen eingesetzt werden können. Das Wissen über den Gebrauch der Pflanzen wurde oft über die Generationen weitergegeben, aber auch, wie im vorangegangenen Kapitel ausführlich erläutert wurde, von Heilern, Zauberern und Berufenen im Kontakt mit der geistigen Welt direkt geschaut. Personen, die dieses Wissen aus rein egoistischen Gründen verwenden, um eigene Interessen durchzusetzen, bezeichnet man als Schwarzmagier oder Schadenzauberer. Schamanen, Heiler oder »Medizinmänner« verwenden dieses Wissen grundsätzlic hzum Wohle der Gemeinschaft und des Einzelnen.

Was sind Zauberpflanzen?

Oft handelt es sich bei Zauberpflanzen um Pflanzen mit halluzinogener Wirkung, die veränderte Bewusstseinszustände hervorrufen können. Sie gelten in vielen Kulturen als heilig, und der Gebrauch ist Priestern und Spezialisten vorbehalten, was auch sehr sinnvoll ist, da die unsachgemäße Anwendung leicht tödliche Folgen haben kann. Aus unseren Breiten gehören dazu die Alraune, der Fliegenpilz, Hanf, Mutterkorn oder der Stechapfel, um nur einige zu nennen. Zauberpflanzen oder solche, denen magische Kräfte zugeschrieben werden, sind aber oft gleichzeitig Heilpflanzen, wie sie auch in der Volksmedizin verwendet werden. Im Unterschied zu dieser werden sie aber in der Magie in Verbindung mit Ritualen und Beschwörungsformeln angewendet.

Andere Pflanzen wie Lorbeer, Hanf, Wacholder oder Kalmus werden geraucht oder bei magischen Räucherungen verwendet. Auch hier spielen Inhaltsstoffe, die in irgendeiner Weise eine pharmakologische oder psychedelische Wirkung haben, eine Rolle. Bei Amuletten, Zauberstäben oder für Rituale verwendete, aus Pflanzen gefertigte Gegenstände, sollen die diesen Pflanzen innewohnenden unsichtbaren Kräfte wirken.

Strenge Regeln

Der Zauberglaube verlangt sowohl beim Sammeln als auch bei der Anwendung von Zauberpflanzen besondere Rituale. Bereits der Akt des Sammelns wird als magische Handlung betrachtet. Die Verehrung, die man den Pflanzen entgegenbringt, verbietet es geradezu, sie einfach auszureißen oder abzupflücken. Dies gilt besonders für die klassischen Zauberpflanzen wie die Alraune, von der besonders komplizierte Bräuche zur Ernte überliefert sind. Die Mistel, die bedeutendste Zauberpflanze der keltischen Druiden, durfte beispielsweise nur mit goldenen Sicheln geschnitten werden und auf keinen Fall die Erde berühren. Auch die Knospen des Maulbeerbaums mussten so gepflückt werden, dass die Kraft der Erde sie nicht beeinflusst.

Mit der linken Hand gepflückt werden sollten diejenigen Pflanzen, die für Liebeszauber oder Liebestränke vorgesehen waren. Die linke Hand gilt nämlich allgemein als die »Liebeshand«, da sie dem Herzen am nächsten ist. Andere Vorschriften besagen, dass Zauberpflanzen grundsätzlich nicht mit bloßen Händen angefasst werden sollten.

Antike Heilkundige vermieden Eisengeräte beim Ausgraben oder Abpflücken von Heilpflanzen. Nach ihrer Meinung wird durch die Berührung mit Eisen die Zauberkraft der Pflanzen zerstört.

Weitere Vorschriften bezogen sich auf die Kleidung, auf die Sauberkeit und darauf, dass Zauberpflanzen nur von keuschen Menschen gepflückt werden sollten.

Seit der Antike kennt man den Brauch des Kräutergebets, das beim Ausgraben gesprochen wird und gleichsam als Zauberspruch wirkt. Das Heilkraut wird dabei direkt angesprochen, und es wird ihm erklärt, zu welchem Zweck es geerntet wird und wem es wogegen helfen soll. Wie schon beschrieben, verfahren die Heiler der nordamerikanischen Indianer beim Sammeln der Heilpflanzen genauso (siehe Seite 42).

Von besonderer Bedeutung ist auch der Zeitpunkt, zu dem Kräuter gesammelt werden. Die Menschen gingen davon aus, dass jede Pflanze unter dem Einfluss eines bestimmten Planeten steht. Folglich sind die magischen Kräfte am stärksten, wenn zum Zeitpunkt der Ernte das entsprechende Gestirn dominiert.

Sonne, Mond und Sterne

Vielfach wird empfohlen, heilkräftige Pflanzen vor Sonnenaufgang zu sammeln. Den Strahlen der Sonne schrieb man eine Zauber brechende Kraft zu. Auch der Mondstand spielt eine Rolle. Hildegard von Bingen empfiehlt als günstigsten Zeitpunkt den zunehmenden Mond, manche Pflanzen sollen auch bei Vollmond geerntet werden.

Seit jeher steht die Johannisnacht (24. Juni) im Ruf, der beste Zeitpunkt für das Sammeln von Kräutern zu sein. Es ist der Tag der Sommersonnenwende, an diesem Tag sollen die magischen Kräfte der Pflanze ihren Höhepunkt erreicht haben. Dies gilt besonders für Kümmel, Holunder und Kamille. Andere für das Sammeln günstige

Tage sind Mariä Himmelfahrt (15. August) und Mariä Geburt (8. September). Die Zeit zwischen dem 15. August und dem 8. September wurde der »Frauendreißiger« genannt und galt ebenfalls als besonders günstige Zeit zum Kräutersammeln.

Besondere magische Kräfte wurden auch den Frühlingspflanzen zugesprochen. Diese symbolisieren gleichsam die Lebenskraft.

Für sämtliche zu magischen oder Heilzwecken gesammelte Pflanzen brachte man den Gottheiten ein Dankesopfer. Dies konnte ein Stück Brot sein, das an der Stelle vergraben wurde, an der die Pflanze stand, aber auch eine Münze oder ein Stein.

Pflanzenkategorien

Zauberpflanzen können in folgende Kategorien eingeteilt werden:

Pflanzen mit halluzinogener Wirkung Hexen und Teufelskräuter (z. B. Fliegenpilz, Bilsenkraut, Stechapfel oder Engelstrompete)

Pflanzen mit unsichtbaren magischen Kräften Amulette und Talismane (z. B. Alraune, Aloe, Ginseng oder Zeder)

Liebespflanzen Aphrodisiaka (z. B. Safran, Muskatnuss, Damian oder Ingwer)

Heilpflanzen Signaturpflanzen = Pflanzen, die in Form und Aussehen ihre Funktion oder ihren Charakter widerspiegeln. So wurden Pflanzen beispielsweise mit herzförmigen Blättern bei der Behandlung von Herzleiden eingesetzt (z. B. Hahnenfuß, Alraune, Huflattich oder Salomonssiegel)

Pflanzen zum Reinigen heiliger Handlungen und Orte oder zur Erzeugung veränderter Bewusstseinszustände Räucherpflanzen (z. B. Beifuß, Salbei, Tabak oder Wacholder)

Pflanzen zur Vorhersage zukünftiger Ereignisse Orakelpflanzen und Wetterpflanzen (z. B. Apfel, Rosen, Gänseblümchen oder Zwiebeln)

Magie der Zahlen

Eine besondere Rolle beim Ernten von Kräutern spielt auch die Magie der Zahlen, wobei der Drei und der Neun eine besondere Rolle zukommt. Der griechische Arzt Disoskurides verschreibt gegen das dreitägige Fieber drei Wegerichwurzeln mit drei Bechern Wein. Eine andere Vorschrift besagt, dass Augenleiden geheilt werden können, wenn man mit neun Weinbeeren neunmal die Augen bestreicht.

Bei der in ländlich-katholischen Gebieten praktizierten Kräuterweihe werden bis heute so genannte 9er-Buschen gebunden und geweiht. Diese bestehen z. B. aus Johanniskraut, Schafgarbe, Baldrian, Arnika, Königskerze, Kamille, Wermut, Pfefferminze und Tausendgüldenkraut. Manchmal werden auch nur sieben Kräuter in die Buschen gebunden, es können auch 15 oder 21 sein. Immer aber handelt es sich um eine magische Zahl.

Die wichtigsten heimischen Zauber- und Hexenpflanzen

Man muss nicht auf exotische Gewächse aus fernen Ländern zurückgreifen, um Pflanzenmagie betreiben zu können. Auch in unseren heimischen Gefilden wachsen eine Menge Zauberpflanzen.

Bilsenkraut

Zwar bedeutet Hyoscyamus »Schweinebohne«, da die Früchte gerne von den gleichnamigen Tieren verzehrt werden, aber weitaus treffender ist der Volksname »Kraut des Apollon«, der auf die halluzinogenen Eigenschaften hinweist, die prophetische Träume auslösen sollen. Dieses Kraut dürfte eines der ersten sein, dessen psychoaktive Eigenschaften bei religiösen Riten, aber auch bei Erkrankungen angewendet wurde, wie bereits steinzeitliche Funde belegen. Volksnamen wie Götterbohne, Jupiterbohne, Drachenkraut, Teufelsauge oder Totenblumenkraut weisen noch darauf hin.

Das Bilsenkraut spielte zu allen Zeiten eine große Rolle in der Heilkunde. Seine Wirkung war bereits den alten Ägyptern und Babyloniern bekannt. Angeblich war es das Bilsenkraut, mit dessen Hilfe Circe die Gefährten des Odysseus in Schweine verwandelt haben soll. Hippokrates empfahl eine dosierte Verwendung der Samen bei Tetanus und bei Frauenbeschwerden; auch

Bilsenkraut *(Hyoscyamus niger)*

Deutscher Name Bilsenkraut
Lateinischer Name *Hyoscyamus niger*
Volksnamen Nasenwurz, Teufelswurz, Schlafkraut, Tollkraut, Raaswurz
Inhaltsstoffe Hyoscyamin, Skopolamin, Alkaloide, Flavonoide
Eigenschaften Die Pflanze ist stark giftig und wirkt in geringer Dosierung krampflösend und sekretionshemmend.
Beschreibung Die bis zu 80 Zentimeter hohe klebrige Pflanze mit buchtig gezähnten Blättern verströmt einen unangenehmen Geruch. Die großen trichterförmigen Blüten sind schwefelgelb und haben ein netzartiges Geäder. Blütezeit ist von Juni bis September. Bilsenkraut kommt in Asien, Nordamerika, Australien und im Mittelmeergebiet vor. In Mitteleuropa wächst es bevorzugt an Wegrändern und Schuttplätzen. Die Pflanze ist geschützt.

als Schlaf- und Betäubungsmittel wurde das Bilsenkraut benutzt.

Einen weiteren Nutzen kannten die Germanen, die das Kraut nicht nur zum Regenzauber verwendeten, sondern es auch Bier und Met zusetzten, um die Rauschwirkung zu verstärken. Noch im Mittelalter kam diese »Bierschärfe« zur Anwendung.

Dioscurides empfiehlt Bilsenkraut als schmerzlinderndes Mittel, und im Mittelalter wurde es als Narkosemittel eingesetzt, aber auch, um das Leiden von zum Tode Verurteilten zu lindern. Mit Bilsenkraut wurden auch zahlreiche Giftmorde verübt.

Bilsenkrautblätter und die Samen waren ein Bestandteil der so genannten Flugsalben und spielten im Hexenkult eine wichtige Rolle. Der durch Bilsenkraut hervorgerufene Rausch ließ die Menschen glauben, dass sie sich in Tiere verwandelten und dass sie in der Lage wären, durch die Luft zu fliegen.

Bilsenkraut fand auch Verwendung bei magischen Praktiken, wobei das vor Sonnenuntergang ausgegrabene und mit Salz bestreute Kraut unter Gesängen und Formeln beschworen wurde. Dabei wünschte man sich etwas, um eigene Vorhaben positiv voranzubringen oder um Menschen zu etwas zu bewegen.

Bilsenkraut sollte nur äußerlich in Form von Rauch, Spülungen oder Hautöl verwendet werden. Bereits die Ärzte des Altertums raten von der inneren Anwendung ab. Matthiolus schreibt, dass sich Kinder, die von dem Samen gegessen hatten, derartig verrückt benommen hätten, dass die besorgten Eltern dachten, ihre Kinder seien von einem bösen Geist besessen. Offenbar wurden die Samen in Mittelfranken auch ins Bier gemischt; in Eichstätt gab es eine Polizeiverordnung, die genau dies untersagt hat.

Fliegenpilz

Der auffällige leuchtend rote mit weißen Punkten versetzte Fliegenpilz erhielt seinen Namen (lateinisch *musca* = »Fliege«) von seiner früheren Verwendung im Haushalt: Zerschnitten, in Milch aufgekocht und dann aufgestellt, zieht er Fliegen und anderes Ungeziefer an und betäubt dieses. Seine Zusatznamen wie Diabolischer Pilz, Narrenpilz oder Unwahrer Pilz verweisen auf seine halluzinogene Wirkweise.

Der Fliegenpilz ist eine uralte Zauberpflanze, die in Kult und Religion unserer europäischen Vorfahren eine zentrale Rolle gespielt hat. Es gibt Vermutungen, dass die Germanen die Pilze verwendeten, um ekstatische Zustände hervorzurufen, die auch die Kampfeskraft steigern sollten. Wotan, der Gott mit den rasend machenden Kräften, wurde mit ihm in Verbindung gebracht.

Interessanterweise gilt der Pilz noch heute wie vierblättriger Klee, Hufeisen und Schornsteinfeger als Glücksbringer. Der Brauch geht vielleicht auf einen alten Kult zurück, bei dem die Pilze im Herbst gesammelt und getrocknet wurden, um sie später rituell zu verzehren. Dieser Kult wurde mit der Christianisierung aus religiösen Gründen unterdrückt.

Fliegenpilz *(Amanita muscaria)*

Deutscher Name Fliegenpilz

Lateinischer Name *Amanita muscaria*

Volksnamen Hexenei, Rabenbrot

Inhaltsstoffe Ibotensäure, Muscarin, Muscaridin, Azetylcholin, Cholin

Eigenschaften Fliegenpilze sind giftig, in Überdosierung können sie toxische Wirkungen wie Lähmungserscheinungen, Bewusstseinstrübungen, Atemnot und Schwindelanfälle hervorrufen. Getrocknet können sie opiumähnliche Rauschzustände erzeugen.

Beschreibung Der Fliegenpilz ist einer der markantesten Pilze unserer heimischen Wälder. Der Hut ist dunkel- bis orangerot. Auf ihm sitzen weiße Flecken, die Reste der weißen Hülle, die den jungen Pilz umgibt und die beim Wachstum gesprengt wird. Bisweilen können diese Fetzen vom Regen abgewaschen werden. Der weiße Stiel ist unten knollig verdickt und hat oben einen Ring.

Der Fliegenpilz wächst bevorzugt auf sauren Böden in Laub- und Nadelwäldern. Besonders unter Birken kommt er häufig vor. Den Fruchtkörper findet man von Juni bis in den Herbst.

Nicht nur im europäischen Raum spielte der Fliegenpilz im Kult eine herausragende Rolle. Sibirische Schamanen bedienen sich noch heute seiner Kräfte, um die Verbindung zwischen der sichtbaren und der unsichtbaren Welt herzustellen. Ethnologen berichten ausführlich von der Wirkung des Pilzes auf diejenigen, die ihn eingenommen haben. Demnach weiten sich etwa eine Stunde nach dem Verzehr die Pupillen, und der ganze Körper wird von einem Zittern erfasst. Die wachsende Erregung drückt sich meist in Tänzen und Gesängen aus. Ausrufe, schallendes Gelächter bis hin zu Wutanfällen sind die Folge. Er verändert die Vorstellung von Zeit und Raum, die Wahrnehmung, die Sprache und das Denken. Manche hielten im Fliegenpilzrausch eine kleine Pfütze für einen großen See.

Der Gebrauch und die Nutzung der geheimen Kräfte des Pilzes war von jeher jenen Menschen vorbehalten, die eine angeborene Fähigkeit zum Schamanen oder Heiler hatten und die eine besondere Rolle zum Wohle aller im Stamm oder in der Gemeinschaft spielten. Allen anderen war der Gebrauch verboten.

Aber auch sehr praktische Anwendungen sind bekannt: Kamtschadalen (Stelmen), Korjaken,

Tschuktschen und Jukagiren verzehren den Fliegenpilz, um körperliche Anstrengung besser bewältigen zu können.
Die Indianer Nordamerikas verwenden den Fliegenpilz in bestimmten Zeremonien, die unter anderem dem Erkennen von Krankheiten dienen.
Paracelsus empfahl den Pilz zur Vorbeugung gegen Schwindsucht sowie als Antiwurmmittel. Noch im 18. Jahrhundert wurde er von Ärzten gegen Kopfschmerzen und bei Schlaganfall empfohlen.

Als Heilmittel fand der Fliegenpilz ferner Anwendung bei körperlich-geistigen Erschöpfungszuständen und allgemeinen Schmerzen. Bis ins 19. Jahrhundert hinein galt er als probates Hausmittel gegen Fieber und Epilepsie. In der Homöopathie findet er Anwendung bei »Beschwerden des gesamten Nervensystems«, Wechseljahrebeschwerden sowie bei Blasen- und Darmkrämpfen.
Beim Fliegenpilz scheiden sich noch heute die Geister. Die einen halten ihn für besonders gefährlich, in anderen Regionen wird er mäßig

Bittersüßer Nachtschatten *(Solanum dulcamara)*

Deutscher Name Bittersüßer Nachtschatten
Lateinischer Name *Solanum dulcamara*
Volksnamen Bittersüß, Wolfsbeere, Jelängerjelieber, Mäuseholz, Rote Hundsbeere
Inhaltsstoffe Alkaloide, Saponine
Eigenschaften Alle Pflanzenteile sind giftig. Besonders hoch ist der Alkaloidgehalt in unreifen Beeren, der Gehalt nimmt mit der Reife ab. Kinder sollten ausdrücklich auf die Giftigkeit hingewiesen werden. Die tödliche Dosis wird mit etwa zehn Beeren angegeben.
Beschreibung Kletternder, bis zu 2 Meter hoher Halbstrauch. Blätter eiförmig, zugespitzt, gestielt und wechselständig. Dunkelviolette Blüten mit gelben Staubblättern, lang gestielt, fünfzipflig. Beeren eiförmig, scharlachrot, hängend. Blütezeit Juni bis September, die Beeren erscheinen von August bis Oktober. Der Strauch ist in Europa, Asien und Nordafrika beheimatet. In feuchten Wäldern, an Ufern und zwischen Gebüschen. Der ähnliche Schwarze Nachtschatten *(Solanum nigrum)* trägt weiße Blüten und verströmt einen unangenehmen Geruch.

und ohne Schaden zu nehmen genossen. So wurde der Pilz nach Entfernung der Haut auf dem Schirm auch in einigen Gegenden Norddeutschlands normal als Speisepilz zubereitet. In Russland werden die Pilze in Wodka eingelegt und gelten als besonders wirksames Aphrodisiakum.

Auch wenn er oft von Fachleuten als wenig gefährlich bezeichnet wird, ist bei der Anwendung von Fliegenpilz trotzdem Vorsicht geboten: Die Dosierung ist äußerst schwierig, da jeder Mensch anders auf die Inhaltsstoffe reagiert. Von der Verwendung ist deshalb dringend abzuraten.

Bittersüßer Nachtschatten

Laut Plinius war der Bittersüße Nachtschatten Bestandteil eines Zaubertranks, der vor allem die sexuelle Leidenschaft entfacht haben soll. Als Heilpflanze wurde der Nachtschatten besonders bei Erkrankungen verwendet, die im Zusammenhang mit Entgiftung stehen. Dies waren in erster Linie Lungenleiden, Keuchhusten und Asthma. Hildegard von Bingen empfiehlt ihn bei Herzschwäche, Zahnschmerzen und Beschwerden der Beine.

Salben aus den Blättern halfen gegen Ekzeme und andere Hautleiden. Als Umschlag äußerlich angewendet sollte er juckende Hautleiden und Gicht lindern. Von einer Selbstmedikation ist jedoch dringend abzuraten.

Auch Sebastian Kneipp schwor auf ihn als Mittel zur Entgiftung des Organismus. Homöopathisch dient Dulcamara der Behandlung von Hautleiden und Rheumatismus.

Aufgrund ihrer Giftigkeit zählen der Bittersüße und der Schwarze Nachtschatten zu den klassischen Hexenpflanzen. Sie waren auch Bestandteil der so genannten Hexensalben.

Man legte die Pflanze aber auch Kindern in die Wiege, um sie vor bösen Dämonen zu schützen. Doppelgesichtig wie alle Hexenkräuter, soll er als Amulett um den Hals getragen, vor Schadenszauber schützen. Mancherorts soll ein Büschel Nachtschatten im Schlafzimmer vor wiederkehrenden Albträumen schützen und auch ein Heilmittel gegen das Schlafwandeln sein.

Nieswurz

Viele Sagen ranken sich um diese im Winter blühende Pflanze. Sie soll ein verzaubertes Mädchen sein, das während der Winterzeit aus dem Haus gejagt wurde und einsam und verzweifelt im Wald herumirrte. Vielleicht ist die Christrose, wie die Nieswurz im Volksmund genannt wird, auch die Zauberpflanze Moly, mit der sich Odysseus gegen Circe zur Wehr setzen konnte.

Die Nieswurz ist eine klassische Hexenpflanze, die wahrscheinlich auch für Abtreibungen verwendet wurde. Die wirksamen Stoffe befinden sich im Wurzelstock.

Ähnlich wie bei der Alraune ranken sich auch hier viele Vorschriften um das Ausgraben der Wurzel. Dioskurides schrieb beispielsweise, dass man beim Ausgraben Knoblauch essen und darauf achten solle, dass kein Adler zusieht. Um die Wirksamkeit zu erhöhen, soll sie außerdem vor Sonnenaufgang mit der linken Hand ausgegraben werden.

Als Mittel gegen Melancholie galt ein getrocknetes Blatt, das nach der Blüte und bei zunehmendem Mond geschnitten werden musste und in einem Säckchen am Körper getragen werden sollte. Dies sollte auch ein langes Leben garantieren. Lebensverlängernd sollen auch im Juni geschnittene, getrocknete und mit Zucker vermischte Blätter wirken.

Die Blüten der Nieswurz dienten zudem als Wetterorakel (siehe auch Seite 72 f.).

Hildegard von Bingen verordnete die Pflanze bei Gicht, Fieber und Ausschlag. In der Homöopathie wird Helleborus als Mittel gegen Nierenentzündungen und Herzkrankheiten verordnet.

In der Volksmedizin spielt die Pflanze heute keine Rolle mehr. Früher wurde sie bei geistiger Verwirrtheit und Menstruationsbeschwerden verwendet. Die fein zermahlene Wurzel war ein Ersatz für Schnupftabak. DieseAnwendung ist heute aus Naturschutzgründen verboten.

Stechapfel

Auch der tödlich giftige Stechapfel war wahrscheinlich ein Bestandteil der legendären Flugsalbe, die so oft in den Hexenprozessen erwähnt worden ist. Doch wurde er bei uns erst im 16.

Nieswurz *(Helleborus niger)*

Deutscher Name Nieswurz

Lateinischer Name *Helleborus niger*

Volksnamen Christrose, Schelmrose, Schneerose

Inhaltsstoffe Helleborin (in den Wurzeln), Ranuncosid, Saponine, ätherisches Öl, Akonitsäure

Eigenschaften Der 20 bis 30 Zentimeter hohe, blattlose Stängel entspringt einem stark verästelten, schwarzbraunen Wurzelstock. Die lederigen 7- bis 9-teiligen Laubblätter sind grundständig, handförmig gefiedert und lang gestielt. Weiße Kelchblätter umgeben kleine gelbe Blütenblätter. Blütezeit ist von Dezember bis Februar. Die Pflanze wächst auf Kalkböden in Alpengebieten, Wäldern und Gebüschen, ist in freier Natur aber streng geschützt. Alle Pflanzenteile sind giftig! Die Wirkung ähnelt der von Digitalis, es kann zum Tod durch Atemlähmung kommen.

Stechapfel *(Datura stramonium)*

Deutscher Name Stechapfel

Lateinischer Name *Datura stramonium*

Volksnamen Zauberkraut, Hexenkraut, Tollkörner, Morgenblüte, Pomme de diable, Samen der Jungfrau, Schlafkraut, Teufelstrompete, Tollkraut, Zigeunerapfel

Inhaltsstoffe Alkaloide, Skopolamin, Hyoscyamin, Atropin, Nikotin, Rutosid

Eigenschaften Alle Pflanzenteile sind stark giftig. In entsprechender Dosierung hustenlindernd, schmerzstillend und beruhigend; von einer Selbstmedikation ist aber dringendst abzuraten.

Beschreibung Die Heimat des Stechapfels ist Indien, Mexiko und Nordamerika. Die bis zu 1 Meter hohe Pflanze hat zugespitzte eiförmige Blätter, deren Oberseite dunkler ist als die Unterseite. Die Blätter sind buchtig gezähnt, die Blüten trichterförmig und weiß. Blütezeit ist von Juni bis September. Auffallend sind die stacheligen Samenkapseln. In Mitteleuropa gedeiht die Pflanze auf Schuttplätzen, Ödland und entlang von Wegrändern.

Jahrhundert bekannt. Die Verwendung bedurfte jedoch einer kundigen Hand, da die Pflanze, je nach Standort, sehr unterschiedlich giftig sein kann. Schon alleine das Sammeln kann zu Vergiftungserscheinungen führen. Dafür ist vornehmlich das Tropanalkaloid Scopolamin sowie Atropin verantwortlich, das mit dem des Bilsenkrauts und der Tollkirsche eng verwandt ist und in der Psychiatrie als Narkotikum zur Beruhigung dient. Der Stechapfel verursacht bereits bei geringer Dosierung Halluzinationen und ermöglicht den Zugang in eine jenseitige Welt. Um in diesen Trancezustand zu gelangen, verwendeten die schamanischen Indianerpriester Tee aus den Blüten.

Die Samen waren Bestandteil von Liebestränken; einzelne Samen in einem alkoholischen Getränk sollen sexuelle Rauschzustände hervorrufen und das Schamgefühl auf ein Minimum reduzieren. Es muss nicht besonders erwähnt werden, dass besonders wegen dieser Eigenschaft Missbrauch betrieben worden ist.

Besonders bei den Indianern Nord- und Südamerikas spielt die Pflanze eine große Rolle bei religiösen und magischen Riten. Aber auch bei den Sinti und Roma wird der Pflanze von jeher

Tollkirsche *(Atropa belladonna)*

Deutscher Name Tollkirsche
Lateinischer Name *Atropa belladonna*
Volksnamen Belladonna, Teufelskirsche, Tollkraut, Taumelstrauch
Inhaltsstoffe Alkaloide, Atropin, Atropamin, Scopolamin, Cumarine
Eigenschaften Alle Pflanzenteile sind giftig. Das Gift kann auch durch die Haut aufgenommen werden. Bei Kindern gelten bereits drei bis vier Beeren als tödlich, für Erwachsene 10 bis 20 Beeren
Beschreibung Die krautige, bis zu 1,5 Meter hohe Staude trägt große, eiförmige ganzrandige Blätter. Die hängenden glockenförmigen Blüten sind außen braunviolett und innen gelbgrün gefärbt. Sie werden bis zu 3 Zentimeter groß und stehen zwischen den oberen Laubblättern. Blütezeit ist von Juli bis August, danach erscheinen die schwarzen kirschgroßen Beeren. Im Unterschied zur echten Kirsche hat die Tollkirsche keinen festen Kern, sondern einzelne Samen. Die Tollkirsche ist in Europa, Asien und Nordafrika verbreitet. Sie wächst in Laubwäldern und an Waldrändern.

eine besondere Verehrung zuteil. Sie verwendeten den Stechapfel als Zauber- und Orakelkraut und haben wahrscheinlich maßgeblich zu seiner Verbreitung beigetragen.
In Apotheken wurden lange Zeit so genannte Asthmazigaretten verkauft, die aus den Blättern des Stechapfels gedreht wurden. Der Rauch sollte bei Asthmatikern zur Entkrampfung der Lunge führen. Diese Zigaretten sind heute verboten.
In der Volksmedizin diente Stechapfel der Behandlung von Narben, entzündeten Hautstellen und Rheuma. Noch heute gibt es Narbensalben mit den Inhaltsstoffen des Stechapfels.

Tollkirsche

Die Tollkirsche zählt mit zu den giftigsten Pflanzen unserer Flora und gehört neben dem Bilsenkraut und dem Stechapfel zu den klassischen Hexendrogen. Ihr lateinischer Name bezieht sich auf die griechische Schicksalsgöttin Atropos, eine der drei Moiren, die für die Geschicke der Menschen zuständig sind und dafür, den Lebensfaden endgültig durchzuschneiden. »Atropa« bedeutet, dass die Giftwirkung unabwendbar ist, sobald sie eintritt.
Den Beinamen bella donna = »schöne Frau« verdankt die Tollkirsche ihrer Anwendung als

Augentropfen: Im alten Rom träufelten sich die Damen der gehobenen Gesellschaft Tollkirschensaft in die Augen, um ihre Pupillen zu erweitern und ihnen dadurch ein glänzendes, geheimnisvoll attraktives Aussehen zu verleihen. Dies sollte die Schönheit unterstreichen und dem Gegenüber einen sexuellen Erregungszustand vortäuschen. Der pupillenerweiternden Wirkung des Atropins wegen wird Tollkirschenextrakt nach wie vor von Augenärzten bei speziellen Untersuchungen eingesetzt.

Wie viele andere Giftpflanzen hat auch die Tollkirsche zwei Gesichter. Sie diente und dient als Heilmittel, wurde aber auch für Giftmorde verwendet. Sie war Bestandteil der Hexensalben, da sie Halluzinationen verursacht und erotische Ekstase hervorrufen kann. Auch in Liebestränken war sie daher enthalten.

Tollkirschenextrakte wurden zudem bei Hexenprozessen verabreicht, um aus den Betroffenen Geständnisse hervorzulocken. Diese sahen, aufgrund der halluzinogenen Wirkweise, dann auch entsprechend aus: Eine Vergiftung mit Tollkirschen verursacht anfangs eine euphorische Stimmung sowie erotische und hellsichtige Träume und Gesichte, von deren Wahrhaftigkeit der Betroffene überzeugt ist.

In der Heilkunde wurde die Tollkirsche schon bei den alten Sumerern und Griechen genutzt. Sie diente als Schmerz- und Schlafmittel, aber auch »böse Geister« ließen sich mittels Tollkirschenzubereitungen angeblich auf Dauer vertreiben. Heute geht man davon aus, dass diese Zubereitungen sogar bei Depressionen, Angstzuständen und anderen psychischen Beschwerden verabreicht wurden.

Kräuterbücher des Mittelalters empfehlen sie bei Leber- und Magenentzündungen sowie bei Augen- und Ohrenleiden. Hildegard von Bingen verordnete eine Salbe mit Tollkirschensaft gegen Geschwüre, warnte aber eindringlich davor, sie zu viel und zu oft zu verwenden, da »(...) wenn er zu viel beigibt, zerfrisst das sein Fleisch«.

In der modernen Medizin finden Präparate aus der Tollkirsche Verwendung bei Magen- und Darmerkrankungen, Gallen- und Nierensteinkoliken, Neuralgien und Bronchialasthma. In der Homöopathie ist Belladonna eines der großen Kindermittel und wird besonders bei Erkältungskrankheiten erfolgreich verwendet.

Wie bei der Alraune sind die Ernte und besonders das Ausgraben der Wurzeln mit speziellen Vorsichtsmaßnahmen und Ritualen verbunden. Die Tollkirschenwurzel soll – nach böhmischen Überlieferungen – am besten zu Weihnachten oder Neujahr ausgegraben werden, und zwar um Mitternacht. Auch hier soll derjenige, der die Wurzel ausgräbt, einen Kreis ziehen, um den über die Pflanze wachenden Dämon abzuhalten. Bevor er dann aus dem Kreis tritt, soll er demselben eine schwarze Henne hinwerfen und so schnell wie möglich davoneilen.

In Siebenbürgen gibt man beim Einpflanzen der Tollkirsche vor Sonnenaufgang etwas Salz, eine Goldmünze und ein Stück Brot in das Pflanzloch. Auf diese Art gepflanzt soll die Tollkirsche Glück bringen..

Pflanzenorakel

Wenn es eine alltagstaugliche Magie für den Sofortgebrauch gibt, dann ist es das Orakel. Ein Orakel ist im Grunde nichts anderes als die Befragung höherer Mächte zu konkreten Problemen, welche die Zukunft betreffen. Orakel bieten Entscheidungshilfe in schwierigen Lebenssituationen. Der Fragende erhält dabei einen Hinweis von der höheren Instanz, der mehr oder wenig eindeutig sein kann oder aber noch einen Interpretationsspielraum bietet.

Früher wurden die Orakel von Spezialisten durchgeführt, die etwa aus himmlischen Zeichen wie Wolken, Blitz und Donner oder den Eingeweiden von Opfertieren die Zukunft vorhersagten, wobei es oft um Fragen ging, die den Staat oder die Gemeinschaft betrafen. Man las die Zukunft aber auch aus Knochen, Kaffeesatz oder mit Hilfe von Karten und Kristallkugeln.

Orakel waren auch mit magischen Handlungen verbunden, wie etwa das dreimalige Umschreiten eines Hauses, die Durchführung an geheiligten Orten oder das Einhalten bestimmter Rahmenbedingungen. Dabei wurden oft Beschwörungsformeln gesprochen.

Liebesorakel für (fast) alle Lebenslagen

Wesentlich eindeutiger und weniger aufwändig in der Handhabung sind die im Volksglauben tief verwurzelten Orakel des täglichen Lebens, in denen auch Pflanzen eine besondere Rolle spielen. Der Fachbegriff dafür ist Botomantie, eine Kunst, mit der schon unsere Vorfahren versucht haben, unter Zuhilfenahme von Pflanzen Hinweise auf die Zukunft zu erlangen.

Die Fragen der Liebe scheinen sie dabei besonders beschäftigt zu haben, da es sich bei der Mehrzahl der Pflanzenorakel um Liebesorakel handelt. Das bekannteste ist wohl das Rupfblumenorakel. Hierbei zupft man einer Margerite oder einem Löwenzahn die Blütenblätter aus: »Er liebt mich, er liebt mich nicht, er liebt mich, er liebt mich nicht …« Das letzte Blatt liefert dann die gewünschte Information über den Stand der Dinge. Antwort auf die gleiche Frage versprach die Rose: Fand ein Liebender oder eine Liebende an einem Rosenzweig drei Blüten, war das ein gutes Zeichen dafür, dass der Angebetete/die Angebetete die Liebe erwidern würde.

Ein frisch gepflücktes Basilikumblatt in eine Kerzenflamme gehalten soll Aufschluss darüber geben, wie es um die Treue des Partners bestellt ist. Wenn es nur langsam oder gar nicht verbrennt, ist dies ein gutes Zeichen, geht es dagegen zischend in Flammen auf, sollte man sich ernsthafte Gedanken machen. Alternativ kann man auch am Johannistag einen Zweig der Fetthenne in einen Blumentopf einsetzen. Zeigen die Blätter am nächsten Morgen aufeinander, so ist der Partner treu, fallen sie aber auseinander, ist dies ein denkbar schlechtes Zeichen.

Wer ganz sichergehen will, der sollte mit einem scharfen Messer in einen Weißkohl von den Blättern bis zu den Wurzeln vorsichtig einen Schlitz schneiden, durch den ein Grünkohl, ebenfalls mit Wurzeln, so durchgezogen wird, dass man beide Pflanzen gemeinsam einpflanzen kann. Vorher gibt man jedoch einen Stein in das Pflanzloch. Wachsen beide Pflanzen an, deutet alles auf eine glückliche Zukunft hin, welkt eine der beiden Pflanzen, ist der Beziehung kein Glück beschieden. Der Weißkohl symbolisiert dabei die Frau und der Grünkohl den Mann.

Andere Liebesorakel beziehen sich auf die Person des zukünftigen Ehepartners. Wollte ein heiratsfähiges Mädchen wissen, wie ihr Zukünftiger aussehen werde, so zerschnitt sie zu Weihnachten eine weiße Zwiebel und streute Salz darüber. Mit etwas Glück sollten sich am nächsten Morgen die Gesichtszüge des Heiratskandidaten auf der Schnittfläche abzeichnen.

Das Orakel von Delphi

Das berühmteste Orakel der Geschichte ist das von Delphi im antiken Griechenland. Es war eine der wichtigsten Kultstätten der hellenistischen Welt. Ob Politiker, Feldherren oder Herrscher, niemand wagte es, das Orakel zu umgehen. Es war dem Gott Apollon geweiht, der hier bis ins 4. Jahrhundert nach Christus durch seine Priesterin, die Pythia, sprach. Dem Mythos nach saß sie auf einem Dreifuß und atmete Dämpfe ein, die aus einer Erdspalte austraten und sie in eine Art Trance versetzten, in der sie ihre Weissagungen machte. Einer anderen Auffassung folgend warf sie die Samen und Blätter des giftigen Bilsenkrauts in ein Feuer, dessen Dämpfe beim Verbrennen den gleichen Effekt hatten und einen Zustand der Trance hervorriefen (siehe Seite 59 f.). Die Orakelsprüche der Priesterin waren jedoch oft rätselhaft und bedurften der Interpretation durch Priester. Die Weissagungen entbehrten auch nicht einer gewissen Doppeldeutigkeit. Krösus, König von Lydien, fragte einst das Orakel um Rat, bevor er um 546 v. Chr. gegen den Perserkönig Kyros II. aufbrach. Die Antwort des Orakels war, dass ein großes Reich zerstört werde, wenn Krösus einen bestimmten Fluss überschreite. Was Krösus nicht ahnen konnte, war, dass es sich um sein eigenes Reich handeln sollte.

Das gemeine Volk musste mit einer einfacheren Ausführung des Orakels von Delphi vorliebnehmen. Sie durften nur Fragen stellen, die sich mit Ja oder Nein beantworten ließen. Die Phytia griff dann in einen Behälter mit weißen und schwarzen Bohnen. Weiß bedeutete Ja, Schwarz Nein.

Orakelpflanzen

Besonders Pflanzen wurden und werden gerne verwendet, um das Orakel zu befragen. Es handelt sich dabei gleichermaßen um Wild- wie auch um Kulturpflanzen. Die wichtigsten sind Obstbäume und deren Früchte, Getreidearten, Erbsen, Bohnen, Hanf, Leinsamen, Zwiebel, Klee, Fetthenne, Hasel, Hauswurz, Weide, Palmkätzchen, Feld- und Gartenblumen, Flieder, Gänseblümchen, Klee, Kamille, Löwenzahn, Rose, Rosmarin und Schmiele.
Die beliebtesten Orakeltage sind dabei der Weihnachts-, Silvester-, Andreas-, Thomas- und Dreikönigsabend.

Glücksklee

Der vierblättrige Klee ist in Sachen Liebe und Glück die Orakelpflanze schlechthin. Jeder kennt die Pflanze als Glückssymbol, denn in der Regel hat der heimische Weißklee *(Trifolium repens)* wie die meisten anderen echten Kleepflanzen nur drei Blätter – daher auch der botanische Gattungsname Trifolium (= Dreiblatt). Durch eine Laune der Natur kommt es jedoch hin und wieder vor, dass eine Kleepflanze ein vierteiliges Blatt hervorbringt. Ein solches Blatt zu finden ist im wahrsten Sinne des Wortes reine Glückssache und ausgesprochen selten. Weil der moderne Mensch sein Schicksal aber ungern dem Zufall überlässt, wird heutzutage gezielt vierblättriger »Klee« zum Verkauf gezüchtet. Bei diesen Pflanzen handelt es sich meist um den aus Mexiko stammenden Sauerklee *(Oxalis tetraphylla syn. O. deppei)*. Diese Zwiebelpflanze besitzt von Natur aus vierfiedrige Blätter – und hat damit sozusagen das Glücksversprechen einprogrammiert. Vor allem an Neujahr werden dann kleine Blumentöpfchen mit solchem vierblättrigen »Klee« oder wenigstens Grußkarten mit aufgedruckten Kleeblättern und den entsprechenden Wünschen an die Menschen verschenkt, denen man Glück wünscht. Auch wenn dies die Kraft des Klees als Orakelpflanze etwas verwässert hat, ist das echte vierblättrige Kleeblatt nach wie vor etwas ganz Besonderes.
Schon den keltischen Druiden galt es als Glückssymbol, das vor böser Zauberei und Hexerei schützen sollte. Das Christentum sah in der Kreuzform des vierblättrigen Kleeblattes natürlich einen Hinweis auf den Erlöser, wodurch die heidnische Symbolik zwar überlagert, aber nicht verdrängt wurde. Im Volksglauben hat sich die Überzeugung gehalten, dass ein vierblättriges Kleeblatt unter dem Kopfkissen als Liebesorakel benutzt werden kann. Das Glückssymbol unter dem Schlummerkissen bewirkt, dass einem heiratswilligen Mädchen der zukünftige Bräutigam im Traum erscheint.

Knaben- und andere Kräuter

In Oberfranken pflückten die ledigen Mädchen am Johannistag (24. Juni) neun Blumen oder Kräuter in neun verschiedenen Gärten. Daraus flochten sie einen Kranz, den sie durch die Tür oder ein Fenster ins Haus warfen. Noch in derselben Stunde sollte ihnen dann der zukünftige Bräutigam verraten werden. Trugen die Jungfern den Kranz einfach über die Türschwelle ins Haus, blieb das Liebesorakel jedoch stumm.

Ein in ganz Europa verbreitetes Orakel war das Leinsäen. Um den Namen des zukünftigen Bräutigams im Traum zu erfahren, mussten die Jungfern an bestimmten Tagen – manchmal an Fastnacht, in anderen Regionen in der Christ- oder Neujahrsnacht – Leinsamen unter das Kopfkissen streuen. Träume sind zwar Schäume, aber dennoch wurde von Liebenden immer wieder versucht, sie zu den eigenen Gunsten zu beeinflussen.

In Böhmen nähten heiratswillige junge Frauen die hodenähnlichen Knollen mancher Knabenkräuter (Orchis-Arten) in ihre Kopfkissen ein. Die im Volksmund deshalb auch Johannishändchen, Heirats- oder Liebeswurzel genannten Pflanzen sollten den verliebten Mädchen in der Johannisnacht einen Blick in die Zukunft gewähren und ihnen verraten, wer sie später einmal zum Traualtar führen werde.

In manchen Regionen Süddeutschlands und der Alpenländer bediente man sich auch der Großen Fetthenne *(Sedum maximum)*, um sich in Fragen der Liebe und Ehe schlau zu machen. Hieronymus Bock schreibt in seinem »New Kreutterbuch« von 1539 über diese Form des Liebesorakels, dass man dabei das Kraut in die Kammern hängt oder in die Ritzen zwischen die Wände stopft, sobald der Johannistag da ist, und hofft, dass es grün bleibt. Wenn man zwei Pflanzen dieses Dickblattgewächses nimmt, ihnen die Namen von zwei Verliebten gibt und sie nebeneinander hängt, kann man aus dem weiteren Gedeihen oder Vergehen der Pflanzen angeblich die Zukunft der zarten Liebesbande ablesen: Bleiben die Kräuter grün und wachsen aufeinander zu, dann wird es in naher Zukunft eine Hochzeit geben. Verdorren sie dagegen, sieht es schlecht für die Liebenden aus.

Schicksalsorakel

Schicksalsorakel wurden bevorzugt um das Jahresende befragt. Dabei galten ungewöhnliche Wuchsformen oder Pflanzen, die außerhalb der Blütezeit plötzlich zu blühen begannen, als Künderinnen von Unheil. So war der Glaube weit verbreitet, dass panaschierte Blätter an Gartenpflanzen, also solche mit hellen Flecken auf der Blattfläche, den Tod eines Hausbewohners ankündigen sollten. Das gleiche Unglück drohte, wenn Petersiliensaat nicht aufging oder die Hauswurz auf dem Dach plötzlich blühte.

Brach der Liebste zu einer langen, beschwerlichen Reise auf oder zog er in die Ferne, pflanzte man ein Rosenbäumchen. Solange das Bäumchen wuchs und gedieh, war alles in Ordnung, zeigten sich aber Anzeichen einer Krankheit, drohte dem Reisenden Gefahr.

Auch anderen Pflanzen sagte man nach, dass sie auf drohendes Unheil aufmerksam machen konnten, etwa der Holunderbaum. Der Tod stand vor der Haustüre, wenn er nach der eigentlichen Blütezeit noch einmal aufblühte.

Wetterorakel

Neben den Dingen der Liebe war es vor allem auch das Wettergeschehen, das man beeinflussen oder zumindest vorhersagen wollte. So wurden in Bayern am 21. Dezember Gerstenkörner in einen Blumentopf voll Erde gesät. An der Art, wie die Saat bis Weihnachten aufgegangen war, wollte man erkennen können, wie Wetter oder Ernte im nächsten Jahr ausfallen. Eine andere Methode, das Wetter im Jahresverlauf vorherzusagen, war, am Heiligabend zwölf Knospen der Christrose in eine Vase zu stellen. Jede Knospe wird dabei einem Monat des kommenden Jahres zugeordnet. Öffnete sich die Knospe, sollte dies auf günstiges Wetter hindeuten, blieb sie geschlossen, so drohten Unwetter.

Eine ähnliche Funktion hatte das Zwiebelorakel. Hierfür schnitt man zu Neujahr sechs Zwiebeln durch und legte die zwölf Hälften in eine Schüssel, die nur für dieses Orakel verwendet wurde. Jede Zwiebelhälfte steht dabei für einen Monat

Das »keltische« Baumorakel

Zur Vorhersage der Zukunft dienen Zweige von etwa 20 heimischen Baumarten, kurze, etwa fingerdicke Stöcke, auch als Coelbren bezeichnet. Die Rinde am unteren Teil wird abgeschabt und ein Zeichen eingeritzt, das die Identifizierung der jeweiligen Baumart ermöglichen soll. Jeder Baum versinnbildlicht dabei ein Thema oder bestimmte Eigenschaften. Anschließend werden die Stöcke in einem Behältnis verstaut und ausgeschüttet oder geworfen. Aus der Lage und Position ergibt sich die Deutung. Dabei spielen der Abstand des Stocks vom Werfenden eine Rolle, aber auch die Art und Weise, wie sich die Coelbren kreuzen und berühren. Liegen die oberen Enden abgewandt vom Werfer, bedeutet dies ein gutes Omen. Zeigen die markierten Enden dagegen nach vorn, weist dies auf ein Problem bezüglich des Themas hin, das die jeweilige Baumart symbolisiert.

Das keltische Baumhoroskop lässt sich weder durch antike noch durch mittelalterliche Quellen über keltische Religion und Bräuche belegen. Es handelt sich vielmehr um eine neuzeitliche Entwicklung und erfreut sich besonders in Deutschland großer Beliebtheit.

Den einzelnen Bäumen werden dabei folgende Themen zugeordnet:

Ahorn Liebe, Handwerk und Arbeit, Sorgfalt und praktisches Geschick

Apfelbaum Eine Entscheidung steht an, Erwerb von Wissen und Weisheit, überlebt den Tod, schützt den Träger, Schönheit, Jugend, Frohsinn

Birke Neubeginn, Wechsel, Reinigung, Baum mit Bezug zu den Ahnen

Buche Neue Erfahrungen, Neuanfang

Eberesche Kontrolle über das Leben, Schutz gegen Kontrolle anderer, wendet Schaden ab

des kommenden Jahres, und so wie die einzelnen Hälften Feuchtigkeit aufnehmen und austreiben, so soll der Regen und die Fruchtbarkeit des entsprechenden Monats sein. Auch Äpfel standen im Dienst der Vorhersage. Schnitt man einen Apfel in zwei Hälften, so konnte man an den Kernen ablesen, was die Zukunft bereithielt. Stehen sie gleichmäßig oder bilden gar einen Stern, bedeutet dies Glück und Gesundheit für die ganze Familie. Sind alle Kerne heil geblieben, wird es ein gutes Jahr. Mancherorts dienten die Barbarazweige der Vorhersage. Wenn diese am Barbaratag (4. Dezember) geschnittenen Zweige zu Weihnachten aufblühten, stand ein gutes Jahr bevor. Schlecht stand es um die Ernte, wenn es viele Pilze gab: »Viel Schwamma, viel Jamma« heißt die dazugehörige Bauernregel. Die Grenze zwischen diesen Wetterorakeln und den Bauernregeln ist oft fließend. Die Bauern haben zu allen Zeiten die Pflanzen im Jahreslauf genau beobachtet, und hinter den Bauernregeln stehen die Erfahrungen von Jahrhunderten.

Efeu Zeit, seine Seele zu suchen, Gefahr, eine falsche Entscheidung zu treffen

Eibe Ewiges Leben, Tod und Wiedergeburt, Veränderungen in der Struktur der Dinge, hohes Alter, langfristige Stabilität und Geduld, Wechsel im Leben

Eiche Sicherheit, Stärke, Autorität, Ausdauer, Macht, Überfluss, Schutz

Esche Schutz auf Reisen, Baum des Wissens, Sicherheit, verstärkte Sensibilität und höheres Bewusstsein

Haselnuss Kreative Energien, verborgene Weisheit

Heide Heilung und Entwicklung auf der spirituellen Ebene, Heilung von innen, Unsterblichkeit

Holunder Das Ende eines Problems, Prophezeiungen, Visionen, Geburt und Tod

Kiefer Wünsche werden erfüllt, Reisen, Schutz, Ruhe, Langlebigkeit, Ausdauer

Lorbeer Ende des Streits, Konzentration auf das Wesentliche

Pappel Probleme, Zweifel, Ängste

Rosskastanie Hoffnung, Leben, Reisen

Schilfrohr Es wird eine überraschende Wendung geben

Schwarzdorn Ärger, Verwirrung, Verweigerung, die Wahrheit zu sehen

Stechpalme Energie und Führung, um Problemen entgegenzutreten, Symbol des Opfers und des wiedergeborenen Lebens, Schutz, Wut

Tanne Von Fehlern aus der Vergangenheit lernen, gib Acht auf deine Entscheidungen

Weide Ausgleich, Harmonie, Genesung, seelische Heilung, klärender Blick in die Zukunft, Bescheidenheit

Wein Eine innere Entwicklung ist im Gange, Zeit zur Besinnung, Magie, Heilung, innere Vision und Träume

Weißdorn Freude, Spaß, Ausflüge

Moderne Orakel

Manche der alten Orakel sind als Kinderspiel erhalten geblieben. Wer ahnt schon, dass das Gänseblümchenorakel auf die Kelten zurückzuführen ist. Auch der Brauch des Windens von Kränzen aus Blüten geht auf magische Orakel aus früher Zeit zurück. So dienten Kränze aus den Blüten des Gänseblümchens nicht der Zier, es wurde ihnen vielmehr heilende Wirkung bei bestimmten Nervenleiden zugesprochen.

Blumensträuße spielen ebenfalls eine Rolle. Seien es die geweihten Kräutersträußchen (siehe Seite 50), wie sie noch heute im Brauchtum der katholischen Landbevölkerung Süddeutschlands eine Rolle spielen, oder der Brautstrauß, den die Braut hinter sich wirft und dem- oder derjenigen, der oder die ihn auffängt, signalisiert, als Nächstes unter die Haube zu kommen.

Durch und durch zeitgemäß und modern sind jedoch das »Gummibärchenorakel«, das Internetorakel oder das Buch der Antworten. Letzteres erteilt Antworten auf Fragen, die mit Ja oder Nein zu beantworten sind. Man konzentriert sich auf die Frage, schlägt das Buch an einer beliebigen Seite auf und erhält bisweilen eine verblüffende Antwort. Auch das Internet mit seinen vielfältigen Möglichkeiten dient als Orakel. Fast jede Suchmaschine bietet eine entsprechende Website an. Hier tippt man eine Ja/Nein-Frage ein und erhält prompt die Antwort.

Aber auch Bräuche wie das Bleigießen zu Silvester, das Werfen einer Münze, Tarotkarten, Wunschpüppchen, Geldorakel zur Ermittlung der Gewinnzahlen oder Weisheitsorakel für Menschen, die Trost und Zuspruch suchen, dienen der Zukunftsschau und sind wieder absolut gesellschaftsfähig.

Die Umstände, die Menschen zum Orakeln veranlassen, sind sicher ebenso vielfältig wie die unterschiedlichen Formen des Orakels selbst. Oft handelt es sich um Konfliktsituationen, in denen Menschen bewusst oder unbewusst höhere Mächte befragen und auf eine Antwort hoffen. Der Sinn liegt natürlich nicht darin, die Münze so lange zu werfen, bis die Antwort so ausgefallen ist, wie man sich das gewünscht hat.

Wie auch immer, der Zweck heiligt die Mittel. Psychologen gehen heute davon aus, dass Menschen in großer Not oder in Konfliktsituationen die Lösung ihrer Probleme bereits in sich tragen, sie aber in diesem Moment noch nicht bewusst wahrnehmen können oder wollen. Das Orakel wäre in diesem Fall ein probates Hilfsmittel, letztendlich als Stütze für den Prozess der Bewusstwerdung zu dienen.

Lotto-Orakel

Mit Hilfe von Zwiebeln lassen sich angeblich die Lottozahlen voraussagen. Dazu wird bei Vollmond eine Zwiebel in Wasser gelegt und dann eingepflanzt. Nach neun Tagen gräbt man sie wieder aus und kann dann angeblich in den Wurzeln die Glückszahlen der nächsten Ziehung erkennen. Doch hier gilt wie auch bei der Ziehung selbst: ohne Gewähr!

Wunderkräuter, Hexensalben und magisches Wissen

Pflanzen müssen unseren Vorfahren allmächtig vorgekommen sein. Sie haben die Macht, zu heilen und zu töten. Sie haben Macht über den Geist und die Macht, das Bewusstsein zu verändern. Seit alters finden sie daher auch Verwendung in magischen Ritualen und werden zur Heilung verwendet. Es ist als sicher anzunehmen, dass schon unsere Ahnen in der Steinzeit Kenntnisse über Giftpflanzen und Heilpflanzen hatten. Da sie sich als Jäger und Sammler nicht nur von tierischer Kost ernährten, war ein solches Wissen überlebenswichtig.

Das Wissen über die Wirkungsweise der Pflanzen verschafft aber auch Macht. Die Entstehung von Kulten und Ritualen, die von spezialisierten Priestern, Schamanen oder Eingeweihten durchgeführt wurden, ging mit Sicherheit Hand in Hand mit der zunehmenden Kenntnis und dem geheimen Wissen, das nur an Berufene weitergegeben wurde. Wissen bedeutet Macht. Es verleiht in diesem Fall die Macht zu heilen, die Macht als Mittler zwischen den Göttern und Menschen aufzutreten, und auch die Macht, ein Leben auszulöschen.

Psychoaktive Pflanzen

Ein ganz wesentlicher Aspekt der Anwendung von Pflanzen im Ritual, wie er uns in vielen Kulturen und vor allem auch im Schamanismus begegnet, ist die Tatsache, dass Pflanzen als magisches Mittel einen Schlüssel für den Zugang zur geistigen Welt darstellen. Es sind Pflanzen, die dazu in der Lage sind, die menschliche Wahrnehmung derartig zu verändern, dass sie mit unserem alltäglichen Hören, Denken und Sehen nicht mehr viel gemein hat. Heute weiß man, dass wir mit den Pflanzen Substanzen aufnehmen, die eine chemische Wirkung auf unser Gehirn ausüben. Unsere Vorfahren dagegen mussten der Überzeugung gewesen sein, dass den Pflanzen göttliche heilvolle oder unheilvolle Kräfte innewohnen. Pflanzen waren daher schon immer auch Bestandteil religiöser Rituale und dienten dazu, direkt mit den Gottheiten in Kontakt zu treten. Die Pflanzen waren aber nicht nur Hilfsmittel bei Kulten oder Gottesdiensten, oft waren sie auch selbst Gegenstand der Verehrung. Welchen Einfluss Visionen, die auf den Genuss von halluzinogenen Pflanzen zurückzuführen sind, auf die religiöse Vorstellungswelt und den Volksglauben auch unserer Gesellschaft hatten, lässt sich nur spekulieren.

Eines der wirkungsvollsten Pflanzengifte, das mit Sicherheit einen bedeutenden Einfluss auf Religion und Rituale unserer Breiten ausübte, sind die im Fliegenpilz *(Amanita muscaria)* enthaltenen Alkaloide (siehe auch Seite 136 f.). Der auffällige Pilz mit seiner leuchtend roten, weiß gefleckten Haube ist heute schon für Kinder der Inbegriff des Giftpilzes schlechthin. Der Pilz wurde von Schamanen und Priestern benutzt, um tranceähnliche Zustände herbeizuführen. Vermutlich war er der Zauberpilz Europas überhaupt. Einige Wissenschaftler sind sogar der Auffassung, dass sich manche Elemente des Christentums aus dem Gebrauch des Pilzes herleiten könnten, da er denjenigen, die ihn zu sich nahmen, die Gabe eines Propheten verlieh. So könnte die Idee der Kommunion, die Einverleibung des Leibes Christi, auf die Vorstellung zurückzuführen sein, dass der Pilz selbst als Gott angesehen wurde.

Das Wissen der weisen Frauen

Auch ein düsteres Kapitel europäischer Geschichte, der Hexenwahn und die damit verbundenen Hexenverfolgungen, stellt sich bei genauerer Betrachtung in einem anderen Licht dar. Religiöse Fanatiker verfolgten die so genannten Hexen unerbittlich, da Hexerei als gegen das Christentum gerichtet, vom Teufel persönlich angestiftet angesehen wurde. Es besteht jedoch Grund zu der Annahme, dass Hexen als weise Frauen Kenntnis uralter Rituale hatten, die trotz der Ächtung durch die Gesellschaft hartnäckig weitergeführt wurden. So wurde vermutlich das geheime Wissen über halluzinogene und heilkräftige Pflanzen über die Generationen von Frau zu Frau weitergegeben. Es waren diese Frauen, Hebammen und Heilerinnen, die als Hexen auf dem Scheiterhaufen verbrannt wurden. Und mit ihnen ging auch das uralte, reiche Wissen über die Verwendung heilender und halluzinogener Pflanzen verloren.

Insbesondere die Kenntnis und die Anwendung heimischer Giftpflanzen war es, die den Zorn der Obrigkeit auf sich zogen. Hexen verwendeten die Alraunenwurzel, Tollkirschen, Schierling, Stechapfel und Bilsenkraut. Dies waren auch die Bestandteile der legendären Flugsalben, die es ihnen angeblich ermöglichten, auf einem Besen durch die Luft zu reisen, um zum alljährlichen Hexensabbat auf den Blocksberg zu fliegen. Bekannt wurden diese Flugsalben aus den penibel geführten Protokollen der Hexenprozesse, in denen sich die Frauen unter den Schmerzen der Folter dazu bekannten, diese Salben zu benutzen, um dem Teufel zu begegnen. Man kann nur vermuten, dass es sich hierbei um uralte schamanistische Traditionen gehandelt hat.

Die ersten Flugversuche

Ein wagemutiger deutscher Forscher wollte es Anfang des 20. Jahrhunderts ganz genau wissen. Im Selbstversuch bestrich er sich mit einem Brei aus den genannten Pflanzen, die, einer uralten Rezeptur folgend, im richtigen Verhältnis miteinander vermischt worden waren. Er fiel

in einen lang anhaltenden Schlaf und träumte von ausgelassenen Tänzen und wilden Riten, wie sie sich fast gleichlautend in den Protokollen der Hexenvernehmungen wiederfinden. Ein anderer Forscher, Gustav Schenk, schrieb nach dem Einatmen des Rauchs von verbrennendem Bilsenkraut: » (...) gleichzeitig überkam mich das berauschende Gefühl des Fliegens. Die erschreckende Gewissheit, dass durch die Auflösung meines Körpers mein Ende nahe sei, wurde ausgeglichen durch die Freude am Fliegen.«
Hexen haben also diese Pflanzen gezielt angewendet, um andere Bewusstseinszustände zu erreichen. Die Alkaloide der Pflanzen wurden dabei über die Haut aufgenommen oder inhaliert. Sie wussten um die Herstellung von Zaubertränken und Salben, die in der Lage waren, religiöse Empfindungen oder Halluzinationen zu erwecken . Sie waren die Hüterinnen des Wissens um die Pflanzen, das aus einer anderen Zeit an sie weitergegeben worden war.
Spannend bleibt die Frage, wo genau die Ursprünge dieses Wissens liegen und wer die Menschen waren, die sich als Erste die verborgenen Kräfte der Pflanze zunutze machten.

Hexensalben

Echte Hexen- oder Flugsalben sind starke Rauschmittel. Sie enthalten in aller Regel hochgiftige, halluzinogene Pflanzen und dienten der Erweiterung des Bewusstseins zur Kontaktaufnahme mit anderen Sphären. Es waren diese Salben, auf denen die magischen Fähigkeiten der Hexen begründet waren und deren psychoaktive, heilende oder auch aphrodisierende Wirkung gezielt eingesetzt wurde.

Die Salbe macht den Hexen Mut,
Ein Lumpen ist zum Segeln gut,
Ein gutes Schiff ist jeder Trog,
Der flieget nie, der heut nicht flog.
J. W. von Goethe
Faust 1, Walpurgisnacht

Wer diese Salben anwenden möchte, sei jedoch eindringlich gewarnt. Es bedarf mehr als nur eines Rezepts, um die Salbe herzustellen. Denn schon hier taucht das erste Problem auf. Die meisten Rezepte und damit die über Jahrhunderte gesammelten Erfahrungen in der Anwendung sind unwiderruflich verloren gegangen. Moderne Flugsalbenrezepte stammen teils aus ungesicherten Quellen – von Erfahrungsberichten ganz zu schweigen.
Doch gravierender ist das zweite Problem. Alle heimischen Giftpflanzen schwanken im Gehalt ihrer Wirkstoffe, und die wirksame Dosis liegt oft ganz nahe an der tödlichen. Das Kunststück besteht darin, eine Dosis zu finden, welche die gewünschte magische Wirkung hat, aber nicht gleichzeitig eine Fahrt in die nächste Intensivstation erforderlich macht.

Moderne Hexen verzichten heute eher auf die Anwendung dieser Mittel. Letztendlich liegen ja auch genügend Berichte über die Wirkung vor, und es ist nicht unbedingt nötig, bereits gemachte Erfahrungen noch einmal selbst zu machen oder bereits bestehende Erkenntnisse noch einmal zu sammeln. Damit sind wir aber bei der Frage der Intention. Was erwarten Sie von einem Experiment?

Besser keine Selbstversuche!

Natürlich kann man niemanden davon abhalten, am eigenen Leib die Wirkung psychoaktiver Pflanzen erleben zu wollen. Aber Vorsicht: Das Motiv und das Wie spielen eine große Rolle. Es ging und geht nie darum, sich zu berauschen oder Drogen zu missbrauchen. Diese Mittel wurden stets mit großer Sorgfalt und viel Vernunft angewendet. Sie dienten lediglich dem Zweck, Verbindung zu höheren Welten aufzunehmen und Antworten auf konkrete Fragen zu bekommen. Die Anwendung war daher streng ritualisiert und wurde nur von berufenen Händen durchgeführt. Erst in neuester Zeit ist das Thema Drogenmissbrauch ein gesellschaftliches Problem geworden.

Nach sorgfältiger Überlegung kamen Verlag und Verfasserin zu dem Schluss, einige Rezepte der Vollständigkeit halber abzudrucken. Die Rezepte wurden nicht überprüft, die Anwendung erfolgt daher ausdrücklich auf eigene Gefahr.

Moderne Hexen sind aber auf vielen Gebieten aktiv. Es geht nicht nur darum, magische Rituale durchzuführen, bei denen halluzinogene Pflanzen eine Rolle spielen. Vielmehr mischen Hexen auch Salben und Arzneien aus vielerlei harmlosen Heilpflanzen und Kräutern. Im Folgenden wird daher auch erläutert, wie eine Salbe hergestellt wird. Einige Rezepte veranschaulichen die Bandbreite des Spektrums hilfreicher »Hexensalben« heute.

Herstellung einer Salbe

Salben bestehen aus fetten oder fettverträglichen Anteilen. Die Herstellung ist denkbar einfach und soll am Beispiel einer Ringelblumensalbe erläutert werden:

Rühren Sie zwei Hände voll frischer Blüten in 500 Gramm etwa 50 bis 60 °C warmes Schweineschmalz ein; den Topf zudecken und die Masse zwei Stunden bei dieser Temperatur warm halten. Dann durch ein Sieb abgießen, in Gläser füllen und im Kühlschrank aufbewahren.

Anstatt des Schweineschmalzes können Sie auch Lanolin, eine Wollwachs-Öl-Mischung, verwenden (z. B. 30 Milliliter Ringelblumenöl und 20 Gramm Woll- oder Bienenwachs, das über dem Wasserbad geschmolzen und vermischt wird).

Streichfähiger wird die Salbe durch die Zugabe von etwas Kakaobutter; ein Tropfen Lavendelöl bzw. ein Lavendelzweig verleihen der Salbe einen angenehmen Duft.

Die Ringelblumensalbe kann als Allroundsalbe eingesetzt werden. Sie eignet sich bei schlecht heilenden Wunden, Blutergüssen, Geschwüren, Quetschungen, Zerrungen sowie Ekzemen.

Grundrezept zur Herstellung einer Creme

Die Herstellung einer Creme ist etwas komplizierter als die einer Salbe. Das Kunststück besteht darin, eigentlich unmischbare Substanzen so zu mischen, dass sie eine homogene Masse bilden und sich nicht sofort wieder in zwei Phasen trennen.

Bestandteile einer Creme sind, ganz einfach gesprochen, Wasser und Fett. Diese müssen in einer Emulsion vereinigt werden, was allerdings nicht ganz ohne Hilfsmittel möglich ist. Sie brauchen dazu einen so genannten Emulgator (beispielsweise Tegomuls). Haben Sie anfangs etwas Geduld, und gehen Sie sorgfältig bei der Herstellung vor, sonst trennen sich die öligen und wässrigen Substanzen, so dass die Creme unansehnlich wird und nicht zur Hautpflege verwendet werden kann.

Cremes haben den Vorteil, dass sie leichter in die Haut eindringen als Salben. Sie sind aber nicht lange haltbar und sollten im Kühlschrank aufbewahrt werden. Je nach Verwendungszweck können Sie bei der Herstellung einer Creme Kräutermischungen, Tee-Extrakte oder Elixiere derjenigen Kräuter untermischen, deren heilende Wirkung Sie sich zunutze machen wollen.

30 Milliliter Kräuteröl (Ölauszug der gewünschten Kräuter, z. B. Ringelblumenöl, Calendula-Rosen-Gesichtsöl, Arnikaöl usw.) ✂ 10 Gramm Bienenwachs ✂ 12 Gramm Emulgator (z. B. Tegomuls) ✂ 50–100 Milliliter Wasser ✂ 1 Milliliter Teebaumöl

1. Kräuteröl, Bienenwachs und den Emulgator in eine Metallschüssel geben und auf ein heißes Wasserbad (ca. 60 °C) setzen; die Substanzen unter Rühren auflösen.

2. Sobald das Fett völlig geschmolzen ist, das erwärmte Wasser dazugießen, die Schüssel vom Wasserbad nehmen und die Masse zu einer glatten, geschmeidigen Creme kalt rühren. Das kann bis zu 1 Stunde dauern.

3. Das Teebaumöl zur Haltbarmachung oder andere ätherische Öle nach Wahl zufügen. Dann abfüllen und gut gekühlt aufbewahren.

Flugsalbe

Dieses Rezept soll nicht als Aufforderung verstanden werden, die Salbe auszuprobieren. Es ist lediglich der Vollständigkeit halber abgedruckt und soll veranschaulichen, wie sich eine Flugsalbe zusammengesetzt haben könnte. Unbedingt unter Verschluss und außer Reichweite von Kindern aufbewahren!
(Hirsch/Grünberger: Die Kräuter in meinem Garten)

1 Teil Taumellolchsamen ✂ 1 Teil Bilsenkrautsamen ✂ 1 Teil Schlafmohnsamen ✂ 1 Teil Giftlattichwurzel ✂ 1 Teil Portulakwurzel ✂ ¼ Teil reife Tollkirschenbeeren ✂ 1 Teil Öl ✂ Schaffett

Die Zutaten in einem Mörser zerkleinern, bis daraus ein Brei entstanden ist. Das Öl zugeben und weiter zerreiben. Reines Schaffett schmelzen und einige Tropfen der Masse zufügen.

Inspirationssalbe

Die folgende Salbe hilft, die Inspiration wieder anzuregen und den Blick in die Zukunft zu öffnen.

50 Milliliter Lanolin ✂ 30 Milliliter Weizenkeimöl ✂ 20 Milliliter Glyzerin ✂ 3 Tropfen Rosenöl ✂ 5 Tropfen Verbenaöl ✂ 10 Tropfen Bergamotteöl ✂ 20 Tropfen Rosengeranienöl

Schmelzen Sie das Lanolin im Wasserbad, und geben Sie unter Rühren das Weizenkeimöl, das Glyzerin und die ätherischen Öle dazu. Achten Sie darauf, dass die Mischung nicht kocht. Wenn alle Zutaten zu einer cremigen Masse vermengt sind, lassen Sie diese unter Rühren abkühlen. Füllen Sie dann die Creme in eine Dose ab. Betupfen Sie bei Bedarf die Handgelenke am Puls mit der Creme, und geben Sie auch etwas Creme auf Ihr »drittes Auge« zwischen den Augenbrauen. Entspannen Sie sich, und warten Sie, bis die Inspiration zu fließen beginnt.

Herstellung von Kräuter-Heilöl

Bei Schmerzen reiben Sie die entsprechenden Hautpartien leicht massierend mit dem Öl ein.

5 Gramm Beinwellwurzel ✂ 3 Gramm Schafgarbenkraut ✂ 3 Gramm Kamillenblüten ✂ 2 Gramm Ringelblumenblüten ✂ 2 Gramm Thymiankraut ✂ 150 Milliliter Oliven-Öl

Füllen Sie die Kräuter in ein Schraubdeckelglas und gießen Sie das Olivenöl darüber, so dass die Kräuter gut bedeckt sind. Das verschlossene Glas an einem warmen Ort zwei bis drei Wochen ziehen lassen und durch einen Kaffeefilter abfiltern. Das Kräuteröl in eine dunkle Flasche füllen und kühl aufbewahren.

Kräuter-Heilcreme

Diese Kräuter-Heilcreme können Sie als Allround-Heilcreme verwenden.

30 Milliliter Kräuter-Heilöl ✂ 10 Gramm Bienenwachs ✂ 12 Gramm Tegomuls ✂ 80 Milliliter Wasser ✂ 20 Milliliter Hauttinktur ✂ 20 Tropfen Benzoeöl ✂ 20 Tropfen Lavendelöl ✂ 20 Tropfen Thymianöl ✂ 20 Tropfen Teebaumöl

Vermischen Sie in je einem Glas Öl, Wachs und Tegomuls zur Fettphase und separat Wasser und die Hauttinktur zur Wasserphase. Erhitzen Sie sie, bis die festen Bestandteile der Fettphase geschmolzen sind. Nun die Wasserphase unter ständigem Rühren in die Fettphase gießen. Unter Rühren auf Handwärme abkühlen lassen und die ätherischen Öle tropfenweise zugeben. Die Creme abfüllen und kühl aufbewahren.

Pappelsalbe

Pappelsalbe hilft bei Hautproblemen, lindert Gelenkschmerzen, Verrenkungen und Verzerrungen, und ist auch bei Hämorrhoiden hilfreich. Für die Salbe werden die Pappelknospen verwendet, die man im Frühjahr sammeln kann, bevor sich die Blätter entfalten.

Zubereitung von Pappelöl:
Füllen Sie die Pappelknospen in ein Glas, und füllen Sie dieses mit Olivenöl auf. Nach zwei bis drei Wochen an einem warmen Ort abfiltern und kühl aufbewahren.
Zubereitung der Pappel-Salbe
30 Milliliter Pappelöl ✂ 2 Gramm Bienenwachs ✂ 3 Tropfen Bach-Blüten-Notfalltropfen

Vermischen Sie Öl und Wachs in einem Glas, und stellen Sie dieses in ein heißes Wasserbad. Nachdem sich das Wachs aufgelöst hat, die Mischung abkühlen lassen und die Bach-Blüten-Notfalltropfen (Rescue Remedy) unterrühren. Dies ist eine Mischung aus 5 Bachblüten, die bei akuten Notfallsituationen helfen. Die Salbe abfüllen und kühl stellen.

Efeusalbe

Hilft bei Orangenhaut und lindert Schmerzen, fördert die Durchblutung und wirkt antibakteriell.

80 Milliliter Efeuöl ✂ 6 Gramm Bienenwachs ✂ 1 Teelöffel Honig ✂ 10 Tropfen Rosmarinöl ✂ 10 Tropfen Thymianöl ✂ 10 Tropfen Zimtöl
Vermischen Sie Öl und Wachs in einer Schüssel, und stellen Sie diese in ein Wasserbad. Sobald das Bienenwachs sich aufgelöst hat, gut rühren, einige Tropfen auf einen Teller geben und erkalten lassen. Nun werden die ätherischen Öle eingerührt und die Salbe abgefüllt. Zum Schluss den Honig unterrühren.
Durch den klebrigen Honig zieht die Salbe schwer ein. Rühren Sie den Honig in abgekühltem Zustand ein, damit er sich nicht von der fettigen Salbe absondert.

Hexensalbe

Auch hier sei noch einmal darauf hingewiesen, dass eine Verwendung tödlich enden kann. Verzichten Sie auf einen Selbstversuch!

Je 4 Teile Samen von Taumelloch ✂ Bilsenkraut ✂ Schierling ✂ Rotem und schwarzem Mohn ✂ Giftlattich ✂ Portulakana ✂ sowie 1 Teil Tollkirschenbeere ✂ Öl
Die Samen mit dem Öl gründlich zu einer Salbe verreiben.
(Quelle: G.W. Gessmann: Aus übersinnlicher Sphäre, Leipzig 1921)

-Spezial

Rauschpflanzen der Welt

Die im Folgenden kurz vorgestellten Pflanzen haben allesamt die Macht, das Bewusstsein zu verändern, wirken also direkt auf den menschlichen Geist. Manche sind giftig, andere, je nach Dosierung, auch tödlich. Viele von ihnen wurden und werden für magische Praktiken, religiöse Riten und Heilungen verwendet. Die Art und Weise, wie diese Pflanzen auf das Gehirn einwirken, bleibt im Detail bis heute geheimnisvoll. Auch ist die Wirkung höchst individuell – den einen zwingen sie in die Sucht und Abhängigkeit, andere können ohne weiteres auf die Droge verzichten oder diese in Maßen konsumieren.

Wege in die Sucht

Viele dieser Rauschdrogen sind seit Tausenden von Jahren bekannt und wurden von Schamanen und Priestern im Rahmen religiöser Riten konsumiert. Damit war jede Form von Missbrauch ausgeschlossen, da nur Eingeweihte die Geheimnisse der Zubereitung kannten. Oft waren die Pflanzen auch selbst Gegenstand der Verehrung.

Es ist ein interessanter Gedanke, sich einmal vorzustellen, was die Menschheit dem Konsum von Drogen wie Opium, Kokain oder Haschisch verdankt. Seien es Visionen, Prophezeiungen, aber auch bis in die heutige Zeit Kunst und Literatur. Etliche Künstler und Schriftsteller waren bekannt dafür, dass sie ihre im Rausch erlebten Erfahrungen künstlerisch verarbeitet haben.

Die Drogenpflanzen halfen den Menschen auch, friedlich miteinander zu leben. Überall auf der Welt gehören sie zum Leben dazu, sind Ausdruck von Freude und religiöser Überzeugung. Sie bringen Visionen, Ekstasen und öffnen den menschlichen Geist für andere Sphären.

Kritikloses Konsumieren von Rauschmitteln, also Drogen als Mittel zur Realitätsflucht stellen allerdings ein ernsthafteres Problem dar. Es würde hier zu weit führen, auf gesellschaftliche Rahmenbedingungen, Milieustudien und psychologische Feinheiten einzugehen. Faktum ist, das der Missbrauch von Drogen in vielen Gesellschaften ein Problem darstellt.

Der Weg in die Sucht ist – allen individuellen Unterschieden zum Trotz – meist vorprogrammiert. In der Regel muss die Drogenmenge nach und nach gesteigert werden, um den gleichen Effekt zu erzielen, den sie beim ersten Mal ausgeübt hat. Es tritt eine Gewöhnungsfunktion ein, der Körper hat sich an die regelmäßige Zufuhr gewöhnt, und schließlich sind die Wirkstoffe für die normalen Routinefunktionen genauso wichtig wie körperei-

gene Botenstoffe. Bricht man die Zufuhr der Droge vom einen auf den anderen Tag ab, ist dies ein Schock für den Körper, mit dem er nur unter größten Schwierigkeiten fertig wird – Entzugserscheinungen stellen sich ein. Dieses Dilemma macht es dem Drogenabhängigen so schwer auszusteigen.
Zum Abschluss sei lediglich angemerkt, dass der maßvolle Genuss von natürlichen Rauschdrogen sicherlich weniger Schaden anrichtet als synthetische Drogen, wie sie heute in großer Menge hergestellt werden und die besonders bei Jugendlichen beliebt sind. Ihr Konsum erfolgt ohne Ehrfurcht vor einer Pflanze oder der Natur, es sind lediglich Genussdrogen, die für äußerst profane Zwecke aufputschen sollen. In jedem Fall stehen hier das Geschäft und der schnelle Rausch oder das Dem Alltag-entfliehen-Wollen im Vordergrund. Bei synthetischen Drogen besteht zudem die Gefahr der Verunreinigung, oft mit tödlichen Folgen.

Peyote *(Lophophora williamsii)*

Der kleine graugrüne Kaktus wächst vorwiegend in Nord- und Mittelamerika. Die Blüten sind blassrosa. Der Name Peyotl stammt aus dem Nahuatl, der Sprache der Azteken.
Die amerikanischen Indianer verzehren die Rosetten roh und machen ihn durch Speichel geschmeidig. Die Köpfe können aber auch in Wasser eingeweicht und dieses dann getrunken werden.
Der knollige Kaktus enthält Meskalin. Meskalinräusche werden oft als Formen- und Farbenorgie beschrieben. Einer anfänglichen Ruheperiode folgen farbenprächtige Bilder, Farben und geometrische Formen, wobei vertraute Gegenstände oft groteske Assoziationen hervorrufen. In Nordamerika spielte die Pflanze eine wichtige Rolle bei dem Kampf der Indianer, ihre angestammten Sitten und Gebräuche ausüben zu dürfen (siehe dazu auch Seite 43).

Kokastrauch *(Erythroxylum coca)*

Der markante Strauch hat rotes Holz und fleischige Blätter. Er gedeiht auf den Osthängen der Anden sowie im Quellgebiet des Amazonas. Der Strauch trägt kleine weiße Blüten und fleischige rote Früchte. Der Wirkstoff Kokain kommt hauptsächlich in den Blättern vor.
Nachweislich wurde die Pflanze schon vor mehr als 4000 Jahren von den Ureinwohnern der südamerikanischen Anden als Heilmittel und für Stammesrituale benutzt.
Die Inka nutzten die berauschende Wirkung der »göttlichen Pflanze« für ihre Kulthandlungen und verteilten sie mit der täglichen Essensration an Land- und Minenarbeiter. Das in den Blättern enthaltene Kokain verdrängt Hunger und Durst und erleichtert die Strapazen tagelanger Märsche oder schwerer Arbeit in den extremen Höhenlagen der Anden. Die getrockneten Blätter werden dabei mit Holzasche oder ungelöschtem Kalk vermischt

Rauschpflanzen

und gekaut oder als Tee zubereitet. Beim Kauen der Blätter treten keine Suchterscheinungen auf, da das Kokain durch den Kalk nicht in das Sucht erregende Ekgonin umgesetzt wird. Übermäßiger Genuss führt jedoch zu einer Verkalkung der Arterien, zu Herzproblemen und akuter geistiger Verwirrung.

Bätter, Blüten und Frucht des Kokastrauches (Erythroxylum coca).

Die Pflanze aus den Bergen Südamerikas ist nicht identisch mit der Modedroge des Westens. Bei dieser handelt es sich korrekt um Kokain-Hydrochlorid, das über einen chemischen Prozess aus den Blättern gelöst und in hochkonzentrierter Form in den Handel gebracht wird. Sein Wirkstoffanteil liegt bei über 90 Prozent.

Der Wirkstoff Kokain, ein Esteralkaloid, wurde1860 erstmals chemisch von Albert Niemann isoliert und als Betäubungsmittel eingesetzt. Die Wirkung beruht auf einer vermehrten Ausschüttung der Neurotransmitter Dopamin und Noradrenalin. Gleichzeitig hemmt Kokain die Wiederaufnahme von Transmittern, was zu einer Erhöhung des Botenstoffes in den Synapsen führt. Schon damals setzte der Missbrauch als Rauschgift ein; in den »Goldenen Zwanzigern« des letzten Jahrhunderts wurde Kokain zur Modedroge der industriellen Welt. Die Gefährlichkeit der Substanz wurde jedoch erst langsam und sehr spät erkannt.

Zunächst setzte ein wahrer Boom ein: Neben der Anwendung als Narkotikum versetzte man Zigaretten, Elixiere, Stärkungsmittel, Limonaden, Kopfschmerzmittel und Weine mit dem Zaubermittel. Kein Geringerer als Sigmund Freud empfahl das Mittel zur Therapie Opiumsüchtiger, und das Erfrischungsgetränk Coca-Cola enthielt bis 1903 einen Extrakt aus Kokablättern, denen es seinen Namen verdankt.

Seit ca. 1930 ist Kokain in Deutschland dem Be-

täubungsmittelgesetz unterstellt und verboten. Das Alkaloid ist Sucht erregend und führt bei Süchtigen zu völligem körperlichen und geistigen Verfall.
Der illegale Handel und Anbau von Kokain stieg mit der Zeit weltweit in einem beängstigenden Ausmaß an. Millionen Hektar Regenwald wurden gerodet, um für Koka-Monokulturen Platz zu schaffen. Eine Konsequenz war das Verbot der Pflanze in den Hauptanbaugebieten, wo diese seit Tausenden von Jahren traditionell genutzt wird.

Ololiuqui *(Rivea corymbosa)*

Die unscheinbare Kletterpflanze treibt trichterförmige weiße Blüten, die Winden ähneln. Heimisch ist sie in Mittelamerika, vor allem in Mexiko, und auf den Westindischen Inseln. Der Verzehr der Samen ruft Halluzinationen hervor.
Traditionell spielte die Pflanze in den religiösen Riten der indianischen Kulturen Mittelamerikas eine zentrale Rolle. Dazu wurden die zermahlenen Samen zunächst in Wasser aufgeweicht, dann abgesiebt und das Wasser anschließend getrunken. Die Samen galten als Wohnstatt einer Gottheit. Die Azteken verbrannten sie, bevor sie den Göttern opferten. Dann vermengten sie die Asche mit Extrakten anderer Pflanzen und tierischen Substanzen und trugen den Brei auf den Körper auf, um den Betreffenden furchtlos zu machen und auf seine Aufgabe vorzubereiten.
Erst viel später entdeckte der Schweizer Wissenschaftler Albert Hofmann, dass in der Rivea die gleichen Inhaltsstoffe vorhanden sind wie in dem von ihm untersuchten Mutterkornpilz. Es sind Alkaloide, denen die Pflanzen ihre halluzinogenen Eigenschaften verdanken. Hauptbestandteil ist das psychoaktive Lysergsäurediäthylamid, besser bekannt als LSD.
Die Folgen des Konsums sind Visionen und das Schwinden von Schmerzen. Das Bewusstsein erweitert sich, Gegenstände erscheinen viel klarer, phantastische Visionen, kaleidoskopartige Bilder, intensive Farben und Halluzinationen folgen. Bei Experimenten mit der Droge stellte sich zur Überraschungen der Wissenschaftler sogar heraus, dass sich die Probanden an Vorgänge bei ihrer Geburt erinnerten und darüber hinaus sogar von Erfahrungen in früheren Inkarnationen berichten konnten.

Betelnuss *(Areca catechu)*

Die Betelpalme wächst auf den Inseln des Südpazifiks, in Nordaustralien, Malaysia und Indien. Die Blüten hängen in langen Dolden herab, jede befruchtete Blüte bringt eine etwa 5 Zentimeter lange, rötlich-orangefarbene Nuss hervor. Diese wird mühsam zerkleinert, mit Kalk, Kardamom und Gelbwurz vermischt, in ein Blatt der Schlingpflanze Piper betel eingewickelt und gekaut. In Indien ist dieses Betelkauen schon in 2000 Jahre alten Sanskrittexten erwähnt. Im Mittelalter breitete es sich über sämtliche arabischen Länder aus, und noch heute kauen Millionen Menschen in Fernost und Südasien das Gemisch.

Es handelt sich um ein mildes Stimulans, das besonders in Asien zum täglichen Leben gehört. Die euphorisierende Wirkung ist auf das Alkaloid Arecolin zurückzuführen. Der zugesetzte Kalk bewirkt, dass spätestens im Mund alles Arecolin in Arecaidin umgewandelt wird. Die Wirkung soll mit der des Nikotins vergleichbar sein. Doch im Vergleich zur Nikotinsucht lässt sich das Betelkauen leichter einstellen als das Rauchen.

Eine positive Nebenwirkung ist, dass die in der Nuss enthaltenen Alkaloide Darmparasiten abtöten. Unangenehmer Nebeneffekt ist aber, dass sich die Zähne eines Betelkauers mit der Zeit schwarz verfärben.

Die Betelnuss (Areca catechu), die in Asien heimisch ist, wirkt als mildes Stimulans.

Zauberpilz *(Psilocybe mexicana)*

Der Pilz gehört zu einer Familie mit insgesamt 25 Arten, von denen viele vergleichbare Wirkungen haben. Nur wenige enthalten aber halluzinogene Wirkstoffe; die Pilze finden sich meist in Mexiko, Guatemala und Honduras. Verspeist werden die Pilze roh, wobei die Einnahme bei den zentralamerikanischen Indianern mit komplizierten Ritualen verbunden ist.

Der Hauptwirkstoff, Psilocybin, ist in der chemischen Zusammensetzung dem Meskalin sehr ähnlich. Zunächst kommt es zu einer Entspannung der Muskulatur, gefolgt von Konzentrationsschwierigkeiten, unkontrollierbarem Gekicher oder Gelächter, und je nach Dosierung, zu Halluzinationen. Die Visionen reichen von einem Gefühl der totalen Getrenntheit vom eigenen Körper bis zum Sehen imaginärer Gegenstände und dem Hören von Klängen. Der Gebrauch war Priestern und

Schamanen vorbehalten, die auf diese Art mit den Gottheiten in Verbindung traten.
Die Pilzreligion in Mexiko ist uralt. Der Versuch der spanischen Konquistadoren, diesen Kult zu unterdrücken, führte lediglich dazu, dass er unter dem Deckmantel des Christentums weiterpraktiziert wurde.

Iboga *(Tabermanthe iboga)*

Der bis zu zwei Meter hohe Ibogastrauch stammt aus Äquatorialafrika, vor allem aus Gabun und dem Kongo. Die schmalen Blätter werden bis zu 14 Zentimeter lang, die weißen Blüten treten in lockeren Dolden auf. Die Wirkstoffe gewinnt man aber aus der gelblichen Wurzel. Diese wird mit anderen Pflanzen zusammen gekocht und die Flüssigkeit dann getrunken. Je nach Verwendung und je nach Ritual werden die Zutaten für den Trank sorgfältig ausgewählt.
Der Ibogastrauch steht im Mittelpunkt der Religion verschiedener Stämme in Gabun und im Kongo und gilt dort als mächtige Zauberpflanze. Der Strauch soll die Kommunikation mit dem Reich der Geister ermöglichen. Das Wissen um die Wirkung und um die Zusammensetzung der unterschiedlichen Gemische wird von den Medizinmännern bis in die heutige Zeit streng gehütet. Als Entdecker der Wirkung des Ibogastrauchs gelten die in den westafrikanischen Wäldern lebenden Pygmäen.

Der Zauberpilz (Psilocybe mexicana) aus Zentralamerika enthäl halluzinogene Wirkstoffe.

Hauptwirkstoff der Wurzel ist das Ibogaine. Der Genuss der Wurzel verleiht das Gefühl, plötzlich über zusätzliche Energie zu verfügen. Der Iboga-Konsument kommt auch mit deutlich weniger Schlaf aus als üblich. In starken Dosen führt Ibogaine zu einem tranceähnlichen Zustand, und es können Symptome auftreten, die einem epileptischen Anfall gleichen.

Rauschpflanzen

Ayahuasca *(Banisteriopsis caapi)*
Das riesige Lianengewächs, das die Quetschua-Indianer »Ranke der Seele« nennen und von dem sie glauben, das seine magische Kraft dazu verhilft, dass sich die Seele zeitweise vom Körper lösen kann, wächst in den Regenwäldern Südamerikas. Es breitet sich hoch in den Baumkronen aus, wo es rosafarbene Blüten bildet, aus denen sich geflügelte Früchte entwickeln.
Die wirksamen Inhaltsstoffe sind jedoch in der Rinde enthalten. Diese wird in einem Mörser zerstoßen, mit Wasser und anderen Zutaten vermischt, abgesiebt und dann getrunken.
Die Pflanze gilt den Indianern als heilig und stand immer in Verbindung mit Zauberei und Prophetentum; die unterschiedlichen Rezepte wurden von Schamanen streng gehütet.
Der Trank wurde zur Krankenheilung und zur Erzeugung hellseherischer Trancen eingenommen. Ein Reisender im Ekuador des 19. Jahrhunderts beschrieb, dass er Menschen in den Zustand versetzte, »die Zukunft vorauszusagen und schwierige Fragen zu lösen«.
Die Pflanze besitzt zudem die außerordentliche Fähigkeit, demjenigen, der sie zu sich nimmt, eine Steigerung des Sehvermögens zu verleihen. Indianer können so nachts durch den Urwald laufen, ohne zu straucheln oder zu stürzen. In höheren Dosen genommen treten Visionen von merkwürdigen Tieren und fremden Ländern auf.

Hanf *(Cannabis sativa)*
Ein Kraut, dessen zum Teil bekannte Beinamen für sich sprechen: Bang, Canape, El-keif, Das Geheime, Glückspflanze, Gras, Grüne Göttin, Habibabli, Hampa, Hanif, Haschisch, Kif, Knaster, Kräutlein, Malak, Maria Juana, Marihuana, Opium der Armen, Rauch der Ahnen, Rauschgiftpflanze, Siddhi, Weed und Yama – um nur einige zu nennen.
Seit über 6000 Jahren macht sich der Mensch die Hanfpflanze zunutze. Als Faserlieferant, vielseitiges Nahrungsmittel sowie Rausch- und Genussdroge spielt er eine gleichermaßen wichtige Rolle.
Einer altindischen Legende zufolge war Hanf ein Geschenk des Gottes Shiva an die Menschen, damit sie sich am »Heiligen Kraut der Ekstase« erfreuen könnten. Tatsächlich bezeugen Grabbeigaben aus Hanf und zahlreiche Überlieferungen von der kultischen Bedeutung dieser Pflanze.
Aber auch seine heilkräftige Wirkweise war bekannt und ist mittlerweile wieder Gegenstand zahlreicher Forschungen. Hanf galt als Aufbaumittel nach Erkrankungen und zur Regeneration des allgemeinen Wohlbefindens. Seine Inhaltsstoffe sind Cannabinoide, das sind Harze, welche die rauschhaften Zustände hervorrufen. Einer davon hat große Bekanntheit erlangt, nämlich der Hauptwirkstoff, das Tetrahydrocannabinol, kurz THC. Hanf wirkt schmerzhemmend, krampflösend, entspannend, antibiotisch und vor allem stimmungsaufhellend. Außerdem wird die Einnahme

von Hanf von vielen Menschen auch als stark erotisierend empfunden.
Hanf steht auf der Liste der verbotenen Betäubungsmittel; sowohl Anbau als auch Nutzung sind somit untersagt. In der Homöopathie werden Präparate mit Hanfdosierungen verwendet.

Seit langem gibt es Bestrebungen, den Anbau von Hanf wieder zu legalisieren. Der Nutzen der Pflanze überwiege bei weitem die Nachteile, sprich die Gefahr des Missbrauchs als Droge, so die Befürworter von Cannabis, unter ihnen auch einige Politiker im Bundestag.

Hanf (Cannabis sativa) kann rauschartige Zustände hervorrufen, ist aber auch eine wertvolle Heilpflanze, die schmerzlindernd, krampflösend und entspannend wirkt.

Geheimes Hexenwissen heute

Der Begriff »Hexe« wurde im Wesentlichen während der Zeit der Hexenverfolgung geprägt und versinnbildlicht seitdem das Böse und Dämonische. Bis heute ist es die böse Hexe aus den Märchen, welche die Kinder das Fürchten lehrt. Bis heute assoziieren wir mit dem Begriff eine böse alte Frau mit Warzen auf der großen krummen Nase, einer schwarzen Katze auf der Schulter und knochigen Händen, die sich an einem Besen festklammern, mit dem sie durch die Luft reitet.

Die Inquisitoren haben ganze Arbeit geleistet. Nicht nur weil das Image der Hexen bis heute ein negatives ist, nein auch in der Hinsicht, dass völlig vergessen wurde, wer eigentlich »Hexen« waren und sind: nämliche weise, heilkundige Frauen mit dem Wissen um die Wirkung von Kräutern und einer großen Verbundenheit mit der Natur.

»Denn wenn es keine Hexen gäbe,
Wer Teufel, möchte Teufel sein!«
Goethe, Faust

So war es in früheren Zeiten, und so ist es auch noch heute. Einziger Unterschied ist, das der Begriff »Hexe« in den letzten Jahren fast schon wieder salonfähig geworden ist; trotz des schlechten Images bezeichnen sich viele Frauen selber als Hexe und sind stolz darauf.

Sie leben in ganz normalen Verhältnissen und in normalen Familien, gehen ganz normalen Berufen nach, oft medizinischen, sehen ganz normal aus und tragen ganz normale Kleidung. Ihre Utensilien sind beispielsweise Zauberstäbe, Kerzen, Kräuter, Öle, Hölzer und Harze. Sie führen magische Rituale durch und helfen anderen Menschen in schwierigen Lebenslagen. Sie helfen heilen, beraten, schützen und helfen, wo sie können.

Und doch gibt es etwas, was diese Frauen von anderen unterscheidet. Das ist zum einen ihre tiefe Verbundenheit mit der Natur, zum anderen besitzen die meisten eine mediale Gabe und praktizieren magische Rituale, die nicht mit Zaubererei verwechselt werden dürfen. Was aber bedeutet medial begabt? Medial begabte Personen sind sehr sensible, hellsichtige Menschen. Die einen können Geschehnisse in der Zukunft wahrnehmen, andere haben Visionen, können mit geistigen Welten in Verbindung treten und Dinge sehen, die sich der Mehrzahl der Menschen entziehen.

Damit beantwortet sich auch automatisch die Frage, wie man eine Hexe wird. Den Beruf der Hexe kann man nicht erlernen, man wird als solche geboren. Oft braucht es eine Weile, bis Hexen sich ihrer besonderen Gabe bewusst werden. Der Weg dahin ist oft steinig, da er bedeutet, sich gegen konventionelle Meinungen durchsetzen zu müssen. Hexen, die ihre Fähigkeiten bereits im Kindesalter entdecken, werden oft von Erwachsenen nicht ernst genommen oder ihnen wird der Eindruck vermittelt, nicht »normal« zu sein. Sie werden als Träumer und Phantasten abgestempelt.

Moderne Hexen sind also »Powerfrauen«, die ihren eigenen Weg gehen, ohne sich von anderen beeinflussen zu lassen. Sie gehen mit offenen Augen durchs Leben, beobachten die Natur und lernen von ihr.

Schwarze und weiße Magie

Bei der Hexerei handelte es sich nach mittelalterlicher Auffassung um die Ausübung Unheil bringender »schwarzer«, also bösartiger Magie mithilfe von Zaubersprüchen, Beschwörungen und Zubereitungen, beispielsweise von Salben, Tinkturen, Pulvern und Räucherwaren aus Pflanzen, Tieren und anderen Naturprodukten. Allgemein galt die Ausführung böser Taten unter Ausnutzung einer außergewöhnlichen, geheimnisvollen, okkulten, übernatürlichen Macht als »maleficia«, also Hexerei, die mehr magisch als religiös und eher Schaden stiftend als wohltätig war. Die wirksame Kraft dazu stammte von den Hexen und Magiern selbst, nicht von Geistern oder Göttern, wie dies in der Regel bei Religionen der Fall ist. Die Ziele des magischen Wirkens sind, anders als bei religiösen Riten der Priester, nicht auf das Jenseits, sondern auf sehr irdische Dinge wie Wohlstand, Genuss, Macht und Einfluss gerichtet.

Neben dieser so genannten schwarzen Magie gibt es auch die weiße Magie, die Gutes für die Hexe, den Magier oder andere Personen bewirken soll. Sie soll beispielsweise bewirken, dass die Ernte gut ausfällt, die Frauen fruchtbar und Kranke geheilt sowie Unheil abgewendet und böse Hexen abgewehrt werden.

Unterschieden wird auch zwischen niederer und hoher Magie. Die hohe Magie erfordert ein gewisses Maß an Bildung (z. B: Alchemie, die Kenntnis von magischen Büchern und Traktaten, Wahrsagerei und Beschwörung). Die niedere Magie kommt nahezu ohne Bildung und mit einem geringen Maß an spezifischen Kenntnissen aus, kann durch mündliche Überlieferung, die Lehrzeit bei einem Magier oder einer Hexe oder auch durch Selbstversuche und Experimentieren erlernt werden.

Die meisten der im Zeitalter der Hexenverfolgung verurteilten Personen stammten aus den unteren Gesellschaftsschichten und wurden beschuldigt, niedere Magie praktiziert zu haben.

Das Selbstverständnis moderner Hexen

Jede Hexe arbeitet anders und hat ihre eigenen Rituale. Auch ist nicht jede Hexe hellsichtig.
Hexe zu sein bedeutet vor allem eins: im Einklang mit der Natur zu leben. Und mit den lebendigen Kräften und Energien derselben zu arbeiten. Hexen gehen einen spirituellen Weg, das heißt, sie stehen streng genommen in der Tradition der Schamanen und Heiler, die im Einklang mit der Natur arbeiten und den Kosmos als ein Ganzes begreifen. Sie fühlen sich in die Natur ein und überschreiten dabei unsichtbare Grenzen. Sie arbeiten mit ihrem inneren Auge und versuchen, das uralte Wissen über den Zusammenhang aller Dinge am Leben zu erhalten oder wieder neu zu entdecken. Sie ersetzen nicht den Arzt, sie helfen aber bei Erkrankungen und in Lebenskrisen und versuchen, mit Hilfe der Natur die innere Harmonie und das innere Gleichgewicht wiederherzustellen.
Sicherlich gibt es auch zahlreiche schwarze Schafe in der boomenden Branche der esoterischen Lebenshilfe. Wie soll man auch unterscheiden, ob jemand über echte mediale Fähigkeiten verfügt oder nur geschickt vorgibt, solche zu besitzen und für fragwürdige Ratschläge kräftig zur Kasse bittet? Hier mag nur der Hinweis angebracht sein, dass »echte« Hexen nicht mit ihren

Mitten unter uns leben moderne Frauen, die sich zu ihrer Berufung als Hexe bekennen.

Fähigkeiten prahlen und auch nicht über ihre Rituale und magischen Handlungen reden. Sie sind auch weit davon entfernt, sich zu vermarkten und in Szene zu setzen, um ihre Produkte zu verkaufen. Hexe zu sein bedeutet auch, helfen zu wollen, ohne dafür eine Gegenleistung zu verlangen. Sie jagen keinen äußerlichen Erfolgen nach und stehen mit beiden Beinen fest in der Tradition der weisen Frauen, die sich ihrer geistigen Energien voll bewusst sind, und versuchen, diese zum Wohle anderer in die richtigen Bahnen zu lenken.

Magische Räucherungen

Das Räuchern blickt auf eine lange Tradition zurück: Seit der Mensch das Feuer kennt, verwendet er Rinden, Kräuter oder verschiedene Sorten Holz, um einen angenehmen Geruch zu erzeugen. Natürlich erkannte man schnell, dass verschiedene Düfte auch unterschiedliche emotionale Zustände beeinflussen konnten – und schon wurden Räucherbeigaben wichtige Ingredienzen für kultische und religiöse Zeremonien. Mit den in den Himmel steigenden duftenden Rauchspiralen traten die Menschen mit Göttern und Naturgeistern in Verbindung, oder sie vertrieben Dämonen und böse Geister.

Räucherzeremonien wurden zum festen Bestandteil von Kult und Religion – bereits im alten Ägypten und Griechenland wie auch in indischen und amerikanischen Kulturkreisen – und begleiteten die Menschen durch das gesamte Leben. Nach einer Geburt, bei der Hochzeit und vor der Hochzeitsnacht, während religiöser Zeremonien und nach dem Tod wurden mittels Räuchern böse Geister vertrieben und den Göttern gehuldigt. Kranken- und Sterbezimmer wurden damit gereinigt (heute weiß man um die desinfizierende Wirkung), und man erreichte in der rauchgeschwängerten Luft regelrechte Trancezustände, um beispielsweise das Orakel zu befragen, die Zukunft zu ergründen oder Kontakt zu den Ahnen aufzunehmen. Bei den Räucherungen kamen vor allem die aus Afrika und Arabien stammenden Harze Weihrauch und Myrrhe zum Einsatz, die zu enormen Preisen gehandelt wurden. Das einfachere Volk griff ebenfalls auf wirkungsvolle Kräuter zurück, beispielsweise den Wacholder, der in den Raunächten zum Einsatz kam und zu seiner heilfördernden Wirkung auch noch böse Geister vertrieb und verirrten Seelen wieder auf den rechten Weg verhalf. Sein Volksname »Weckholder« bezieht sich noch darauf, da man glaubte, dass die Seelen Verstorbener damit herbeigerufen werden konnten. Mit Salbei wurden Krankenzimmer und Küchen ausgeräuchert,aber auch Räume, in denen man einen unguten Geist vermutete. Auch Baldrian, Dost und Dill dienten der Ausräucherung von Räumen; eine Tätigkeit, die man vornehmlich im Februar vornahm – ein beliebter Tag zum Ausräuchern von Haus und Stall war Mariä Lichtmess am 2. Februar, aber auch den Karfreitag nutzte man traditionell für Reinigungsrituale. Die Räucherungen sollten Dämonen und Hexen vertrei-

Räucherpflanzen für magische Räucherungen

Viele Kräuter und Gewürze, vor allem die mit einem hohen Anteil an ätherischen Ölen, eignen sich zum Räuchern. Und natürlich gilt: Je frischer, desto besser. Bei Kräutern wie Baldrian, wo die Wurzel verwendet wird, ist hingegen das Trocknen ein erwünschter Prozess.

Ackergauchheil Wurde früher zum Ausräuchern von Häusern verwendet, in denen eine Bluttat verübt worden war

Alant Stimmungsaufhellend; eine wichtige Wurzel bei Sonnwendräucherungen

Angelikawurzel Belebend; soll böse Geister vertreiben

Baldrian Herb, bitteraromatischer Rauch; wirkt beruhigend und die Gedankengänge loslassend; wird aufgrund seines starken Duftes nur in kleinen Mengen beigegeben; sollte früher böse Geister austreiben

Beifuß Wie Baldrian auch eine der ältesten Ritualpflanzen; wirkt allgemein kräftigend; durfte bei keiner Sonnwendräucherung fehlen; sollte früher ebenfalls böse Geister vertreiben und gegen die Mächte der Finsternis schützen

Dost Dost oder auch Oregano galt als eine wirksame Pflanze zum Schutz vor bösen Einflüssen und Hexen, sogar der Teufel soll ihn meiden. Der Überlieferung nach soll er in allen Reinigungsritualen gute Dienste tun, dies gilt besonders für Räucherungen.

Geißklee Räucherpflanze zum Schutz und zur Reinigung

Günsel, Kriechender Ruft als Räucherpflanze gute Geister herbei

Johanniskraut Würzig, an Heu erinnernder Rauch; wirkt stimulierend, daher auch sein Einsatz bei Liebesorakeln; wichtig bei Sonnwendräucherungen

Koriander schützt vor Geistern und bannt negative Kräfte

Lavendel Wirkt erotisierend und belebend; aufgrund seiner antiseptischen Wirkung wird er auch gerne zu Reinigungsräucherungen angewandt

Lorbeer Stark aromatischer Rauch; wirkt belebend, stimmungsaufhellend und kräftigend, wurde schon früh zu Heilzwecken eingesetzt; eines der Räucherkräuter des delphischen Orakels; aufgrund des hohen Fettgehaltes der Blätter sollte Lorbeer nur in Mischungen geräuchert werden

Myrte Zur Reinigung von Räumen und zur Vorbereitung von Ritualen

Pestwurz Als Räucherpflanze zur Vorbereitung von magischen Ritualen

Salbei Würzig frischer Rauch, der belebend wirkt; er hat eine stark desinfizierende Wirkung

Thymian Intensiver Krautgeruch, wirkt wärmend und desinfizierend

Wacholder Intensiv duftender Rauch; eines der ältesten Räuchermittel; wirkt stark desinfizierend

ben und die Abwehrkräfte gegen bösen Zauber stärken. Der Spruch »Baldrian, Dost und Dill, da kann die Hex' nicht, wie sie will« erinnert an diese Praxis.

Diese Wirkkraft kennt man übrigens nicht nur in Europa – auch auf dem nordamerikanischen Kontinent, in Indien und Nepal wurde Baldrian als Räucherwerk zu kulturellen Zeremonien verwendet. Heute weiß man, dass die Wirkstoffe dieses Krauts Stress und Angstzustände sowie Erregungszustände abbauen und somit für eine insgesamt beruhigende und harmonisierende Wirkung sorgen.

Heute kennt man die heilenden Wirkstoffe, die von geräucherten Kräutern ausgehen; die keimabtötende Wirkung spezieller Räuchereien wurde zu einem wichtigen Mittel in der Volksheilkunde, um nach Geburten, Tod oder in Krankenzimmern allgemein die Räumlichkeit zu reinigen und sich damit des alten Geruchs zu entledigen. So ist es nicht verwunderlich, dass sich sowohl die Medizin als auch die Religion gleichermaßen dieser Vorgehensweise annahm. Hildegard von Bingen sagte dazu: »Mit den Augen erkennt der Mensch seinen Weg, mit der Nase begreift er ihn.«

Wie räuchert man mit Kräutern?

Wenn man selbst räuchern möchte, sollte man sich Zeit und Muße nehmen. Räuchern geht recht einfach, wenn man die dazu nötigen Utensilien hat. Diese sind mittlerweile in vielen Geschäften erhältlich. Man benötigt eine flache,

Für ein Räucherritual verwendet man ein spezielles Gefäß, das man in verschiedenen Formen und Größen kaufen kann.

feuerfeste Schale oder ein Räuchergefäß, in dem gleichmäßig Sand verteilt wird. Mit Hilfe einer Kerze entzündet man Räucherkohle (früher nahm man dafür den so genannten Zunderpilz), die man mit einer Zange über die Flamme hält. Die glühende Kohle legt man in die Mitte des Sandtellers und fächelt ihr etwas Luft zu, so dass sie richtig gut glüht. Darauf gibt man die gewünschten Kräuter und wedelt den aufsteigenden Rauch mit einem Fächer oder einer Feder in den Raum hinein. Bei manchen Räuchertellern legt man ein metallenes Sieb obenauf, auf dem man die Kräuter verteilt; sie werden dann von unten von der Holzkohle befeuert.

Räucherharze

Räucherharze, die arabische Händler nach Europa brachten, waren zu allen Zeiten begehrt und galten als besonders kostbar. Weihrauch und Myrrhe zählten immerhin neben Gold zu den Geschenken der Heiligen Drei Könige an das Jesuskind. Allen ist gemeinsam, dass ihnen eine starke spirituelle Kraft innewohnt und dass sie über hohe Schwingungen verfügen.
Mit Räucherharzen sollte man sparsam umgehen, nicht nur wegen des hohen Preises. Einerseits sind die Harze sehr ergiebig, andererseits rußen sie teilweise recht.

Copal stammt aus Südamerika. Es ist ein Sammelbegriff für verschiedene bernsteinfarbene Harze, die von unterschiedlichen Bäumen stammen können. Copal wurde in den mittelamerikanischen Hochkulturen, also Azteken und Maya, bei religiösen Zeremonien verwendet und hatte dort den gleichen Stellenwert wie bei uns Weihrauch. Man verehrte es als »Speise der Götter«. Es heißt, das Harz habe hohe magische und heilende Kräfte. Copal wird traditionell bei Zeremonien geräuchert, die der Reinigung und dem Schutz dienen.

Fichtenharz Die Fichte *(Picea abies)* gehört zu den ältesten Bäumen der Erde. Ihre spitzen Nadeln sollen vor negativen Kräften schützen. Fichtenharz wirkt sehr erdend und verströmt einen waldigen kräftig-würzigen Geruch, der kräftigt und stärkt. Burgunderharz (gereinigtes Fichtenharz) galt früher als preisgünstiger Ersatz für Weihrauch. Aufgrund seiner keimtötenden Eigenschaften wurde es im Mittelalter zur Desinfektion von Räumen und gegen die Ausbreitung von Seuchen geräuchert.

Kiefer Das Harz der Kiefer *(Pinus sylvestris)* tritt aus der Rinde aus und lässt sich das ganze Jahr über sammeln. Ihr balsamisch duftender Rauch schenkt Ruhe und Freude, wirkt besänftigend und entspannend und soll auch vor magischen, vor allem krank machenden Einflüssen schützen.

Bernstein ist ein fossiles Harz, das schon vor 260 Millionen Jahren von Bäumen ausgeschieden wurde. Aus dem zähflüssigen Harz damals lebender Bäume wurde im Laufe der Zeit eine feste Substanz. In der Antike wurde es als »Gold des Nordens« oder auch als »Tränen der Sonnentöchter« verehrt. Seinen harzigen Duft, der teils pinienartig, teils etwas schwer und myrrhenähnlich anmutet, entfaltet Bernstein nur, wenn er langsam verglimmt, z.B. auf einem Räucherstövchen mit Stahlsieb. Sein Rauch ist ideal zum Verarbeiten und Integrieren alter Themen geeignet. Bernstein reinigt die Raumluft.

Weitere Räucherharze werden auf den Seiten 160/161 beschrieben.

Räuchermischungen für Rituale

Vorbereitend und begleitend zum Ritual sind Räucherungen unverzichtbar (siehe auch Seite 93ff.). Inzwischen gibt es hierfür fertige Räuchermischungen zu kaufen. Sie können aber natürlich Ihre eigenen Mischungen herstellen, je nach persönlichen Vorlieben und Geschmack. Räuchern kann man alle duftenden Pflanzenteile, Heilkräuter, Hölzer, Tannennadeln, Harzkügelchen, getrocknete Schalen von Zitrusfrüchten, Gewürze wie Zimt, Nelke, Koriander oder Anis. Was dem einen angenehm und wohltuend ist, befindet eine andere Nase als störend, eventuell sogar Kopfschmerz erzeugend. Probieren Sie aus, was Ihnen zusagt.

Zur Besänftigung und Harmonisierung

- Lavendel, Nelke, Salbei, Kiefer, Zedernholz zu gleichen Teilen vermischen und räuchern.
- Salbei und Thymian zu gleichen Teilen vermischen und räuchern.
- Kamille, Lavendel, Rose, Majoran, Jasmin, Salbei zu gleichen Teilen vermischen und räuchern.
- Je 1 Teil Anissamen, Johanniskraut und Lorbeer und 1/2 Teil Baldrianwurzel vermischen und räuchern.

Zum Schutz

- 33 Teile Weihrauch, 1 Teil Salbei, 1 Teil Engelwurz, 1 Teil Anis

Für Geldrituale

- 3 Teile Weihrauch, 1 Teil Muskat, 1 Teil Nelke, 1 Teil Basilikum, 1 Teil Majoran

Für Liebesrituale

- 2 Teile Weihrauch, 2 Teile Myrrhe, 1 Teil Lavendel, 1 Teil Malve, 1 Teil Liebstöckel
- Myrrhe, Lavendel und Rose zu gleichen Teilen vermischen, die anderen Bestandteile hinzufügen und räuchern.

Für Erfolgsrituale

- 2 Teile Weihrauch, 2 Teile Myrrhe, 1 Teil Lorbeer, 1 Teil Johanniskraut, 1 Teil Thymian

Für Glücksrituale

- 2 Teile Weihrauch, 2 Teile Myrrhe, 1 Teil Lavendel, 1 Teil Rosmarin

Für Reinigungsrituale

- 2 Teile Weihrauch, 1 Teil Myrrhe, 1 Teil Lavendel, 1 Teil Alant
- Rosmarin, Wacholder mit der doppelten Menge an Weihrauch vermischen und räuchern.
- 1 Teil Rosmarin, 2 Teile Salbei, 1/2 Teil Wacholder und 2 Teile Weihrauch vermischen und räuchern.
- Salbei und Kalmus zu gleichen Teilen vermischen und räuchern.

Amulette und Talismane

Es ist nicht leicht zu sagen, was der Unterschied zwischen einem Amulett und einem Talisman ist. Ein Amulett ist ein Anhänger oder geweihter Gegenstand, der als ein magischer Schutz vor bösen Einflüssen wirken soll. Als Talisman hingegen wird ein aktiv wirkender Gegenstand bezeichnet, der seinem Träger zu Glück, Reichtum und Erfolg verhelfen soll.

Entscheidend beim Talisman ist, dass er als Glücksbringer auf einen zukommen muss, sprich, Sie müssen ihn für sich entdecken. Als Glücksbringer steht er im Gegensatz zum Amulett, das auch als Abwehrzeichen getragen wird. Schutzamulette können gegen böse Geister bzw. negative Energien genauso wie gegen unliebsame Menschen verwendet werden. Sie dienen vor allem der Abwehr von Schadenszaubern, schützen aber auch die Lebenskraft, wirken positiv auf die Liebe und fördern romantische Gefühle. Die Grenzen zwischen Amuletten und Talismanen sind jedoch fließend, da auch Amulette Positives für den Träger bewirken können und Glück bringen sollen. Im Folgenden soll daher der Einfachheit halber nur von Amuletten die Rede sein.

Was ist ein Amulett?

Amulette sind bei fast allen Kulturen und Völkern der Erde seit alters in Gebrauch. Ursprünglich entwickelten sich Amulette aus Schmuckstücken. Jäger schmückten sich beispielsweise mit Teilen der erschlagenen Beute, wie Zähnen, Klauen oder Fellteilen, um sich die Kraft und Eigenschaften dieser Tiere anzueignen Ein Amulett ist also ein mit »Kraft« erfüllter Gegenstand, dessen Wirkung sich dort zeigen soll, wo er befestigt ist.

Im alten Ägypten waren die wichtigsten Amulette der Skarabäus und das Horusauge; die Chinesen verwendeten Münzen, die eine in Geheimschrift verfasste Zauberformel trugen und ein quadratisches Loch in der Mitte hatten. Die Indianer Nordamerikas trugen ihren Medizinbeutel. Ein Medizinbeutel wird benutzt, um den Träger zu schützen und seine Lebenskraft (Medizin) zu speichern.

In dem Beutel werden Steine, kleine Geschenke der Natur, beispielsweise Muscheln und getrocknete Blumen, vor allem aber schützende Pflanzen, wie wilder Salbei und Schwarze Zedernnadeln aufbewahrt.

Im christlichen Kulturkreis wird das Kreuz als Schutzsymbol getragen, früher wurden auch Reliquien im Sinne von Amuletten verwendet. So wurden Pflanzen, die den Gräbern toter Heiliger entnommen waren, als Reliquien behandelt und zum Schutz auf Reisen mitgeführt. Pflanzen bzw. Pflanzenreste, die sich als Grabbeigabe fanden, sind Moos, Salbei, Blätter oder Zweige vom Maulbeer- und Birnbaum und ganz besonders Lorbeerblätter. Bei Grabungen in der Augsburger Kirche St. Ulrich und Afra wurde eine Reliquiarschnalle aus dem 6. Jahrhundert gefunden, die unter anderem unbestimmbare Pflanzenreste enthielt.

Die christliche Kirche wandte sich jedoch sehr früh gegen jede Form von Aberglauben, zu dem auch die Amulette gerechnet wurden. Doch auch hier machte die Not erfinderisch, und im Volksglauben überlebten viele Amulette, die nun lediglich einen christlichen Bezug hatten. Ein Beispiel ist die Christophorus-Plakette, die ihren Träger auf Reisen schützen soll.

Noch heute sind Amulette allgegenwärtig, die Vielzahl ist schier unüberschaubar. Sehr beliebt sind Schmuckanhänger, die ein vierblättriges Kleeblatt nachahmen – der Glücksbringer schlechthin.

Das Amulett wird für gewöhnlich an einer Kette um den Hals getragen. Es ist aber ebenso in der Geldbörse, am Armband, an Fußkettchen, am Gürtel oder Schlüsselbund hängend zu finden. Weitere bekannte Amulette der Jetztzeit sind Hufeisen, Glückspfennige, Marienkäfer, Schlüssel, Anker, Münzen, Tierkreiszeichensymbole sowie Korallenanhänger. Die Koralle gilt schon von jeher als zaubermächtiges Mittel gegen das Böse – magische Augen, die vor dem bösen Blick schützen sollen. Dazu kommen Perlen, Schmucksteine und vieles andere mehr.

Magische Amulette selbst herstellen

Wie für alle magischen Praktiken gilt auch bei der Herstellung eines Amuletts, dass Sie sich darüber im Klaren sein sollten, für welchen Zweck das Amulett gefertigt wird und was es bewirken soll. Je klarer und bewusster Sie hierin sind, umso wirkungsvoller wird das Amulett später sein – egal, ob Sie es für sich selbst oder für andere herstellen. Wenn der Gebrauch nur für Sie persönlich bestimmt ist, sollten Sie darauf achten, dass niemand anderer es mit den Händen berührt.

Das Material, aus dem Sie ein Amulett anfertigen, kann im Grunde beliebig sein. Ob ein Metallanhänger, ein Säckchen, in dem Dinge eingenäht sind, ein beschriebenes Stück Papier, das mit einem Bindfaden zusammengeschnürt ist, Holz, Stein oder Stoff. Entscheidend ist die dem Amulett innewohnende Kraft; dabei kann es sich im Prinzip um jeden Gegenstand handeln, von dem Sie glauben, dass ihm eine solche Kraft innewohnt. Amulette sollten immer aus einem reinen Naturstoff gefertigt werden. In diesen ist die Schwingung und Energie der Natur enthalten. Das Material sollte Ihnen zudem zusagen, damit Sie leichter eine persönliche Verbindung herstellen können. Diese können Sie schon alleine dadurch aufbauen, wenn Sie das Material selbst aussuchen und verarbeiten.

Pflanzenteile, wie Wurzeln, große Früchte oder Samen, und »Glückspflanzen« sollten mit gebührender Achtung an bestimmten Tagen oder sogar zu bestimmten Tageszeiten gewonnen werden, um ihre Zauberkraft später wirken lassen zu können. Sie können auch die bei einem Ritual verwendeten Utensilien zu einem Amulett verarbeiten.

Die magische Kraft entfalten

Während der Arbeit am Amulett ist absolute Ruhe und Konzentration erforderlich. Seien Sie mit den Gedanken ganz bei der Sache, und visualisieren Sie immer wieder den Zweck des Amuletts. Je mehr Gedanken Sie sich machen, desto wirkungsvoller wird es sein.

Vielfältig sind Materialien, Farben und Formen magischer Amulette.

Wenn Sie ein Amulett nicht nur als Schmuckstück tragen wollen, sondern es einem bestimmten magischen Zweck dienen soll, wird es mit Energie aufgeladen und anschließend geweiht. Zum Aufladen können Sie das Amulett verborgen vor den Blicken anderer einige Zeit am Körper tragen. Denken Sie in dieser Zeit immer daran, welchen Zweck es erfüllen soll.
Entwerfen Sie Ihr eigenes Ritual zur Weihe des Amuletts. Die längste Tradition hat das Räuchern. Die Methode ist bereits von Paracelsus überliefert, der geweihte und den Gestirnen zugeordnete Amulette zu Heilzwecken verwendet hat. Hierfür gibt es heute einen speziellen Amulettweihrauch. Sie können aber auch ihre eigene Räuchermischung herstellen (siehe Seite 93 ff.). Zünden Sie in einem Räuchergefäß den Weihrauch an, halten Sie dabei das Amulett in den Händen, und visualisieren Sie dessen zukünftige Bestimmung. Nun können Sie die Energien wählen, mit denen Sie das Amulett laden wollen. Lassen Sie Ihre Energie in das Amulett fließen, oder rufen Sie die Elementarenergien oder Planetenkräfte hinzu. Für Letzteres sollte der Zeitpunkt des Rituals entsprechend dem Planeten samt seinem Tag und seiner Tagesstunde gewählt werden.

Die magische Kraft erhalten

Die Wirkung eines Amuletts schwächt sich mit der Zeit ab, daher sollte es von Zeit zu Zeit wieder geladen werden. Sie können es zu diesem Zweck eine Weile unter fließendes Wasser hal-

Pflanzenamulette

Pflanzen wurden und werden zu Amuletten verarbeitet, um die ihnen innewohnende magische Kraft zu nutzen und dem Träger dienstbar zu machen. Ein Amulett aus Eibenholz sollte beispielsweise vor jedem Zauber schützen. Die verwendeten Pflanzen sind daher in der Regel identisch mit denen, die für Schutz- und Abwehrzauber verwendet wurden. Aber Amulette aus Pflanzen sollten auch ihren Träger von allerlei Leiden kurieren.

Im Mittelalter galten beispielsweise Amulette aus Wegwarte als hilfreich bei Augenkrankheiten und Impotenz. Teufelsabbiss und das Kleine Habichtskraut sollte bei Augenleiden helfen, die Meisterwurz bei Schlaganfall und gegen die Pest, Herzgespann, wie der Name verrät, bei Herzleiden. Immergrün, als Amulett getragen, sollte gar das Leben verlängern.

Eine weitere wichtige Funktion von Amuletten war der Schutz vor bösen Einflüssen von außen, egal ob Dämonen, Hexen, dem bösen Blick oder neidische Gedanken böser Nachbarn. Hierfür dienten beispielsweise Amulette aus Labkraut (gegen böse Einflüsse auf Reisen), Kapuzinerkresse (gegen Hexerei), Kiefernharz (gegen den bösen Blick), Dost (gegen böse Verwünschungen), Braunwurz (gegen bösen Zauber), Benediktendistel (gegen böse Geister), Siegwurz (bewahrt Kinder vor Unglück), Blutwurz und Gamander (gegen böse Einflüsse) oder Bärlapp (gegen jeden Schaden).

Aber auch gegen andere Widrigkeiten des Lebens wurden die magischen Kräfte von Pflanzen in Amuletten gebündelt. Sonnentau und Bärlapp sollten hilfreich sein beim Gewinnen eines Prozesses, Hauhechelwurzel schützt angeblich vor Dieben und Räubern, Haselwurz vor ungewollter Schwangerschaft, Eisenkraut sollte seine Träger bei allen Mitmenschen beliebt machen.

ten, es aber auch zwischen den Fingern reiben und anschließend mit den Lippen berühren. Letztere Methode ist besonders wirkungsvoll.

Wichtig für die Schutzwirkung eines Amuletts ist auch die Art und Weise seiner Anbringung. Häufig wird für das Amulett ein eigenes Band geflochten (Nestelknüpfen), um seine magische Wirkung zu verstärken. Rote Bänder gelten dabei als besonders wirksam. Sie können das Amulett aber auch lose in der Kleidung, Tasche oder Geldbörse tragen oder unter das Kopfkissen legen. Früher nähte man auch Amulette, die Rosmarin enthielten, in der Hochzeitsnacht in die Bettdecke ein, was einen glücklichen Verlauf der Ehe bewirken sollte.

Jede Hexe und jeder Magier schützt sich mit einem Amulett. Besonders wirksam sollen Amulette sein, die das Pentagramm enthalten. Es schützt vor negativen Einflüssen im Alltag und in der Magie.

Hexenrituale

Rituale verstärken magische Handlungen und helfen, die Energie zu bündeln. In vielen Kulturen entwickelten Magier und Hexen daher Riten und Symbole, die kosmische Energieströme nützen und diese damit hochwirksam machen. Durch Rituale werden einfache Handlungen erhöht. Alle Sinne sind ausschließlich auf die rituelle Handlung fixiert, alle Energie auf ein Ziel gerichtet. Das Ritual dient als Konzentrationshilfe, um die eigene innere Energie zu bündeln und an die allgegenwärtige kosmische Energie anzukoppeln. Durch häufige Wiederholung und die richtige innere Einstellung zeigen diese Rituale große Kraft.

Die Frauenmagie gehört zu den stärksten Mächten der Magie, da sie auf dem Gefühl basiert, einem der entscheidenden Elemente bei der Ausübung von Magie. Daher ist es bei Durchführung der Rituale sehr wichtig, dass Sie sehr starke Empfindungen bezüglich dessen haben, was Sie erreichen wollen. Magie bedeutet, durch die Kraft des Willens die Wirklichkeit zu beeinflussen.

Positive Energien einsetzen!

Wenn Sie selbst einen Zauber ausführen, stärken Sie das magische Ritual mit Ihren eigenen emotionalen, spirituellen und psychischen Schwingungen. Setzen Sie die Magie immer weise, mit Sorgfalt und positiv wirkend ein. Denn jede Art von Magie ist eine ernst zu nehmende Angelegenheit und sollte nicht missbraucht, nie nur als ein Spaß angesehen werden.

Auch über einige andere Dinge sollten Sie sich im Klaren sein. Entscheidend für das Ritual sind zunächst Ziel und Absicht – was wollen Sie bewirken? Geht es Ihnen eher um die eigene spirituelle Weiterentwicklung, des Einsseins mit dem Kosmos, um daraus Kraft für bevorstehende Aufgaben zu schöpfen? Oder ist es Ihre Absicht, anderen Menschen, die in Not sind, Energie zu senden?

Wie bereits erwähnt, spielt neben der Absicht auch die Qualität der Gedanken bei der Ausübung magischer Praktiken eine große Rolle. Die Grenzen zwischen schwarzer und weißer Magie sind fließend (siehe Seite 91), und es sollte sich von selbst verstehen, dass die verantwortungsbewusste Hexe von heute eine weißmagische Hexe ist. Weißmagische Praktiken dienen dem Wohlergehen aller oder bestimmter Personen. Weiße Magie hilft, fördert, heilt und reinigt. Schwarze Magie ist immer mit der Durchsetzung egoistischer Ziele und einem Machtanspruch verbunden. Sie schadet anderen, zerstört, verschleiert, schafft Disharmonien und schadet letztendlich demjenigen, der sie ausübt. Medial begabte Menschen warnen eindringlich vor der Ausübung schwarzmagischer Rituale. Also probieren Sie es erst gar nicht aus!.

Die Vorbereitung von Ritualen

Zur Ausübung eines Rituals bedarf es einiger Vorbereitung und letztendlich der Ruhe. Zeitdruck ist Gift, und ohne innere Ruhe ist es nicht möglich, sich der alles umfassenden elementaren Energie zu öffnen, die alles miteinander verbindet und durchdringt, oder sich höheren Sphären zuzuwenden. Es braucht vielleicht etwas Training zur Sensibilisierung, um sich auf die Energie einzustimmen. Nur so können wir an den großen Kräften teilhaben. Die Gedanken müssen gesammelt sein und sich auf den Zweck des Rituals konzentrieren. Hierbei helfen Gegenstände, Mandalas oder Räucherungen.

Erden Sie sich vor dem Ritual, nur so können die aufgenommenen Energien wieder abfließen. Folgen von mangelnder Erdung können Kopfschmerzen oder Schwindel sein.

Stellen Sie sich für eine Erdung mit leicht gespreizten Beinen fest auf den Boden, und stel-

Rituale sollten gut vorbereitet werden. Räucherungen helfen dabei, sich auf den Zweck des Rituals zu konzentrieren.

len Sie sich dabei vor, wie Ihr Körper zu einem festen Baumstamm wird und von den Füßen aus langsam Wurzeln in die Erde hineinwachsen. Arme und Beine werden zu Ästen und Blättern. Stellen Sie sich vor, wie die Energie über die Wurzeln und Blätter in den Körper fließt und umgekehrt, wie negative Energien auf diesem Weg abfließen.

Die magische Energie lenken!

Die nächste Übung besteht darin, die gesammelte Energie in die richtige Richtung zu lenken. Stellen Sie sich diese als eine leuchtende Kugel vor, die sie in den Händen halten. Visualisieren Sie dann einen weit entfernten Punkt, und schleudern Sie die Kugel dorthin, zuletzt so weit, dass die Kugel schließlich aus dem Blickfeld verschwindet.

Visualisieren ist wichtiger Bestandteil des Rituals und gehört zum Handwerkszeug jeder Hexe. Einige Übungen helfen dabei. Stellen Sie sich beispielsweise vor, wie Sie gegenwärtig morgens aufstehen, zur Arbeit gehen oder eine bestimmte Tätigkeit ausüben. Im nächsten Schritt stellen Sie sich die Dinge so vor, wie Sie diese zu-

Ein kleiner Altar sowie Kerzen gehören zu einem Ritual.

künftig gerne hätten, beispielsweise in einem neuen Job oder in einem anderen Haus. Sie werden erstaunt sein, was einfaches Visualisieren bewirken kann!
Wichtig ist ein Platz, an dem Sie ungestört sind. Das kann daheim in den eigenen vier Wänden sein, noch besser aber ist ein Platz in der Natur, in einem Wald oder an einem anderen abgelegenen Ort, an dem Sie sicher sein können, vor neugierigen Blicken geschützt zu sein. Spüren Sie in den Ort hinein: Fühlen Sie sich wohl und entspannt, dann ist es der richtige Platz.
Zu einem Ritual gehören auch verschiedene Hilfsmittel sowie eine Art kleiner Altar, auf dem Sie diese Dinge ausbreiten können. Dies können beispielsweise Gefäße für Räucherungen – idealerweise aus Kupfer – sein, Kerzen, ein Tuch, Wasser, Messer oder Dinge aus der Natur, die Ihnen gefallen. Es sollte sich bei all diesen Gegenständen um Naturstoffe handeln. Wichtig sind vor allem Kerzen und Räucherwerk (siehe auch Seite 93ff.).

Die Durchführung eines Rituals

Der Ablauf eines Rituals sollte möglichst immer gleich sein, vor allem was die textliche Gestaltung angeht. Die Dauer sollte etwa eine Stunde betragen.
Beginnen Sie mit einer rituellen Reinigung durch eine Räucherung. Selbstverständlich können Sie auch eine Dusche nehmen und sich frisch einkleiden. Beim Ritual selbst tragen Sie

Magische Symbole markieren den Platz des Rituals.

eine rituelle Kleidung, beispielsweise einen farbigen Umhang. Sauberkeit spielt bei allen Ritualen eine große Rolle.
Nun ziehen Sie mit Kreide einen magischen Kreis oder markieren einen solchen mit Steinen. Gemäß dem Verlauf des Sonnenstandes beginnen Sie im Osten und gehen dann nach Süden, nach Westen und nach Norden – ohne Unterbrechung. Der Kreis ist wichtig, damit zum einen keine Energie verloren geht und zum anderen während des Rituals nichts von außen hineinkommt. Nach Schließen des Kreises ist es wichtig, diesen nicht mehr zu verlassen bzw. zu betreten, bis er nach Ende des Rituals wieder aufgelöst wird.

Nun bereiten Sie den Ritualplatz vor. Errichten Sie einen kleinen Altar, den Sie mit den für das jeweilige Ritual benötigten Gegenständen schmücken. Außen können Sie Kerzen aufstellen, ein Räuchergefäß in der Mitte platzieren und die benötigten Gegenstände auf dem Tisch verteilen.

Als Nächstes werden die vier Himmelsrichtungen – wieder in der schon erwähnten Reihenfolge Osten, Süden, Westen und Norden – angerufen:

Ein einsamer Ort draußen in der Natur ist ein idealer Platz für rituelle Meditationen.

Osten, Herrscher der Luft. Herr der Winde.
Gebieter über die Kraft der Stürme.
Leben spendender Atem.
Ich rufe dich in diesen Kreis.

Süden, Herrscher des Feuers. Herr der Wärme. Gebieter über die Kraft der Flammen.
Wärme spendende Quelle.
Ich rufe dich in diesen Kreis.

Westen, Herrscher des Wassers. Herr der Meere. Gebieter über die Kraft der Wellen.
Aus deinen Quellen trinken wir. Ich rufe dich in diesen Kreis.

Norden, Herrscher der Erde.
Herr der Berge. Gebieter über die Kraft der Steine. Aus deinen Wurzeln nähren wir uns.
Ich rufe dich in diesen Kreis.

Markieren Sie dabei die vier Himmelsrichtungen: Wasser für den Westen, Rauch für den Osten, Erde für den Norden und Feuer für den Süden.

Voraussetzungen zur Durchführung von Ritualen

In ihrem Buch »Hexenrituale« nennt die Münchner Hexe Sandra zehn wichtige Punkte, die sie für die erfolgreiche Durchführung eines Rituals als notwendig empfindet:

1. Ein Ritual wird nur durch häufige Wiederholung zum wirksamen Ritual. Jedes Ritual sollte mindestens neunmal in drei Dreierrhythmen mit je einer Woche Pause dazwischen durchgeführt werden.
2. Texte sollten bei jeder Wiederholung exakt im Wortlaut wiederholt werden. Bei der äußeren Gestaltung sind Freiheiten erlaubt.
3. Das Ziel des Rituals muss klar formuliert sein, das Ziel selbst positiv und nicht eigennützig sein.
4. Alle inneren Energien sollten auf dieses Ziel konzentriert sein. Ablenkende Gedanken sollten gleich vertrieben werden.
5. Rituale sollten in meditativer Stimmung abgehalten werden. Hierbei helfen Entspannungsübungen und Reinigungszeremonien vor Beginn.
6. Stimmen Sie sich positiv ein, und erleben Sie, wie sich diese positiven Schwingungen zu einem Energiekraftfluss bündeln.
7. Beginnen Sie mit einer positiven Einstellung zum Ritual. Zweifel am Ergebnis wirken störend.
8. Missbrauchen Sie Rituale nie zum Erreichen egoistischer Ziele. Nicht nur fordern oder verlangen, sondern auch einmal Dankeschön sagen.
9. Gehen Sie aktiv und mit innerer Anteilnahme an das Ritual heran, bleiben Sie nicht als Beobachter vor der Tür.
10. Verabschieden Sie sich von der Logik, wenn Sie ins Ritual eintauchen.

Zünden Sie die Kerzen und die Räucherkohle an, und bauen Sie Energie auf. Geeignete Hilfsmittel hierfür sind beispielsweise Gesänge, Summen, Trommeln.

An dieser Stelle folgt nun die eigentliche magische Arbeit, das Visualisieren. Sprechen Sie die für ihren Wunsch zuständigen Planeten an, und verwenden Sie immer wieder die gleiche Frage. Der Ablauf des Rituals kann sowohl vorher genau geplant sein, aber auch ganz intuitiv erfolgen. Entscheidend ist in jedem Fall, die Energie durch Visualisieren an ihr vorbestimmtes Ziel zu schicken.

Danken Sie abschließend den vier Himmelsrichtungen in umgekehrter Reihenfolge und verabschieden Sie sie. Danken Sie den Planeten und den zuvor herbeigerufenen Schutzgeistern. Lösen Sie nun den Kreis, indem Sie ihn entgegen dem Uhrzeigersinn abschreiten und dabei sagen: »Ich löse diesen Kreis«.

Spezial

Warum Hexen verbrannt wurden

Zu den grausamsten und unrühmlichsten Kapiteln der europäischen Geschichte gehören die Verfolgung, Verurteilung und Verbrennung von vermeintlichen Hexen im ausgehenden Mittelalter und der frühen Neuzeit. Eine große Bedeutung hatte die Hexenjagd in Europa zwischen 1450 und 1750, wobei der Höhepunkt im späten 16. und frühen 17. Jahrhundert lag. Die uralte Angst vor Hexen und Magiern war in ganz Europa verbreitet, von Schottland bis nach Spanien, von Finnland bis nach Ungarn und Rumänien, sie erfasste sowohl das einfache Volk wie auch die gebildeten Schichten, den Adel wie den Klerus.

Magie und Hexerei sind weltweit verbreitete Phänomene, die zu allen Zeiten und in allen Gesellschaften vorkommen. Überall auf der Welt fürchten Menschen, durch Hexerei ins Unglück gestürzt oder krank gemacht zu werden. Auch heute noch kommt es in manchen Gesellschaften zu Lynchmorden, die von den Tätern mit dem Verdacht auf Hexerei begründet werden. Einzigartig aber ist die Hysterie, mit der vermeintliche Hexen in Europa und Neuengland zwischen dem 15. und dem 18. Jahrhundert verfolgt wurden. Weit mehr als 100 000 Menschen wurden wegen Ausübung schwarzer Magie angeklagt, etwa die Hälfte starb auf dem Scheiterhaufen.

Der Pakt mit dem Satan

Theologische Schriften behaupteten seit dem 4. Jahrhundert, dass Magie und Zauberei nur durch dämonische Kräfte ausgeübt werden könnten. Später vertraten Scholastiker die These, dass Magier und Hexen mit dem Satan persönlich paktierten und deshalb Häretiker und Abtrünnige seien, die es zu verfolgen gelte. Ihnen wurde unterstellt, dass sie sich zum Hexensabbat träfen, wo sie dem Antichrist huldigten und sich gemeinsam lustvollen, obszönen, kindermörderischen und kannibalischen Praktiken hingeben würden. Dieser vermutete Satanskult sowie der Verstoß gegen gesellschaftliche Normen durch sexuelle Ausschweifungen galt als Verbrechen.

Dies war Grund genug für eine Verfolgung durch die weltliche Gerichtsbarkeit. Selten wurden Hexen oder Hexer wegen konkreter, nachweisbarer Einzeltaten, eines einzelnen magischen Aktes oder eines erfolgten Zaubers verurteilt. Die meisten Urteile wurden damit begründet, dass die Beschuldigten am Hexensabbat teilgenommen und einen Pakt mit dem Leibhaftigen geschlossen hätten, was in den Augen der Richter für die Verurteilung als Hexe völlig genügte. Das Erzwingen eines Geständnisses mittels Folter war dann nur noch Formsache.

Der Hexenhammer

Einen wesentlichen Anteil an der Ausbreitung des Hexenwahns hatte der so genannte »Hexenhammer«. Diese Schrift, von zwei Inquisitoren des Dominikanerordens, Heinrich Krämer (der seinen Namen zu Institoris latinisierte) und Jakob Sprenger, verfasst, wurde im Jahr 1487 unter dem Titel »Malleus maleficarum« in Straßburg erstmals veröffentlicht, später viele Male nachgedruckt und ins Französische, Italienische und Englische übersetzt. Der Hexenhammer war zwar nicht der einzige Hexentraktat, aber einer der folgenreichsten. (Bereits im Jahr 1484 hatte Papst Innozenz VIII. die Hexenbulle »Summis desiderantes« veröffentlicht, in der er die Verfolgung der Hexen legitimierte.) Diese unheilvolle Schrift wurde im Zeitalter der Hexenverfolgung bei Richtern aller Konfessionen in ganz Mitteleuropa bis weit ins 17. Jahrhundert hinein zum Strafkodex der Gerichtspraxis. Im Hexenhammer wurde der Gebrauch der Folter zum Erzwingen von Geständnissen angeraten und vor allem Frauen als potenzielle Hexen verdächtigt. Die Boshaftigkeit der Frauen und die Gefahr, die von ihnen angeblich ausging, wurde immer wieder durch Bibelzitate untermauert.

Die Befragung durch den Hexenhammer erfolgte in Form einer scholastischen Disputation. Außerdem gab es darin juristische Hinweise, wie man vermeintliche Hexen vor Gericht bringen könnte. Darüber hinaus wurde darin behauptet, dass jeder, der die Existenz von Hexerei leugne, ein Häretiker sei – damals ein fast so schwerer und folgenreicher Vorwurf wie der, selbst eine Hexe oder ein Hexer zu sein.

In den Klauen der Inquisition

Etwa die Hälfte aller als Hexen oder Hexer angeklagten Menschen wurde hingerichtet. Meistens wurden die Opfer verbrannt, häufig nach dem Erwürgen, Erhängen oder Enthaupten, oft aber auch bei lebendigem Leib, denn man glaubte, dass der Feuertod den Schadenszauber aufheben würde. Die Verurteilung von Hexen erfolgte nicht nur durch die Kirche, sondern vor allem durch weltliche Gerichtshöfe, die entsprechende Verfahren betrieben. Die weltlichen Richter versuchten durch die Hexenprozesse, die Hexerei im Allgemeinen und sozial abweichendes Verhalten im Besonderen abzuschaffen. Das Wesentliche bei der Bekämpfung der Hexerei war herauszufinden, wer eine Hexe oder ein Hexer war. Zu diesem Zweck versuchten sich außer den Gerichten auch professionelle Hexenjäger und Beauftragte der Kirche im Aufspüren und Überführen von Hexen. Hinzu kamen Anschuldigungen und Denunziationen von Nachbarn. In den Hochzeiten der Hexenverfolgung genügten schon bloße Gerüchte, um Menschen zu unschuldigen Opfern der Hexenjäger werden zu lassen.

Hexenverbrennung

Hexen und Heiler

Als Hexen wurden nicht nur Menschen bezeichnet, denen man einen Pakt mit dem Teufel nachsagte. Auch Hebammen, Köchinnen, Gesundbeter, Hellseher, Wahrsager und Heiler waren in den Zeiten des Hexenwahns ständig der Gefahr ausgesetzt, wegen Hexerei angeklagt zu werden. Missgünstige Köchinnen konnten zauberkräftige Kräuter, Mineralien und andere Substanzen sammeln, in ihren Töpfen und Kesseln zu Elixieren und Pulvern verarbeiten, sie den Speisen beimischen und so die Menschen vergiften. Außerdem traute man den Heilern zu, dass sie ihr Wissen nicht nur zum Wohl der Menschheit, sondern auch zum eigenen Vorteil einsetzen könnten. Wenn heilkräftige Kräuter und Substanzen als Salbe, Trank oder in anderer Form zusammen mit Gebeten, Sprüchen oder Formeln verabreicht wurden (auch wenn es sich dabei oft nur um die Maßangabe und Reihenfolge der Verabreichung in Form eines Reimes handelte), dann kam rasch der Verdacht der Hexerei auf. Solange die Behandlung eine wohltuen-

Zeitgenössische Darstellung eines Hexenprozesses im Mittelalter.

de Wirkung hatte, brauchten die kräuterkundigen Heiler nichts zu befürchten. Trat aber keine Besserung der Leiden ein oder verschlimmerten sie sich nach der Behandlung gar, dann drohte dem Heiler eine Anklage wegen Hexerei.

Warum in der Mehrzahl Frauen?

Die Berufe, die mit Geburt, Kinder- und Krankenpflege sowie mit der Heilkunst zu tun hatten, wurden vor allem von Frauen ausgeübt. Deshalb waren sie auch im Fall eines möglichen Misserfolgs bei diesen Tätigkeiten rasch einer Anklage als Hexe ausgeliefert. Bei einer Totgeburt oder einem missgebildeten Säugling, bei zögerlicher oder ausbleibender Heilung von Krankheiten oder bei plötzlich auftretenden gesundheitlichen Komplikationen wurde als Erstes vermutet, dass die verantwortliche Frau eine Hexe sei, die ihre magischen Fähigkeiten zum Leid der betroffenen Menschen eingesetzt habe. Auch die Empfängnisverhütung lag damals in den Händen heilkundiger Frauen. Aborte wurden bevorzugt durch Präparate aus Kräutern hervorgerufen. Oft kam es nicht nur zum Abgang der Leibesfrucht, sondern auch zum Ableben der Schwangeren. Wenn herauskam, wer hinter der folgenschweren Abtreibung stand, folgte häufig eine Anklage der verantwortlichen Frau als Hexe.

Hinzu kommt der im Mittelalter und der frühen Neuzeit in einer ausgesprochenen Männergesellschaft ausgeprägte Frauenhass (Misogynie), bei dem den Frauen alles Schlechte zugetraut wurde. Man glaubte, dass Frauen, die weder über die körperliche Kraft noch die politische Macht der Männer verfügten, sich mit Hilfe der Magie und Hexerei Einfluss und Geltung verschaffen könnten. Besonders schlimm traf es Frauen, die ein selbst bestimmtes Leben führen wollten oder auf irgendeine Art ihre Unabhängigkeit von Männern erreicht hatten. Witwen kamen besonders schnell in den Verdacht, Hexen zu sein. Man unterstellte ihnen nicht nur, ihren Gatten mit Hilfe von Hexerei ins Jenseits befördert zu haben. Da sie auch nach dessen Ableben materiell oft unabhängig waren und frei über sich, ihr Vermögen und nicht zuletzt auch über ihre Sexualität verfügen konnten, waren sie der Männergesellschaft mehr als suspekt. Außerdem unterstellte man Frauen, die in dieser Zeit ohnehin als zügellos und lüstern angesehen wurden, dass sie ohne die einschränkende Hand des Ehemannes zu einer Bedrohung für die Gesellschaft werden könnten, die damals noch sehr repressiven Regeln unterworfen war.

Der Hexenflug

Ein wesentlicher Aspekt der Hexenverfolgung war der Glaube daran, dass Hexen fliegen könnten. Die Vorstellung von nächtlichen Hexenritten auf Besen beruht wohl auf der Behauptung, dass Hexen sich zum Hexensabbat an weit entfernt liegenden Orten träfen. Irgendwie, so sagte man sich, mussten sie die großen Strecken in Windeseile zurücklegen – was lag da näher als der Ritt auf dem Besen durch die Luft? Der Luftreise von Hexen liegen wohl auch vorchristliche Dämonenvorstellungen zugrunde, wonach sich Frauen nachts in Eulen (»strigae«) verwandeln konnten, um Kinder zu fressen. Die im Althochdeutschen als »Hagazussa« oder »Zaunreiterin« bezeichnete Hexe bediente sich für ihre nächtliche Reise nicht nur eines Reisigbesens, sondern auch der berüchtigten Hexensalbe, die sie sich entweder auf bestimmte Körperpartien strich oder den Besen damit präparierte. Für diese auch als »Schmier« bezeichnete Hexensalbe existieren bis heute verschiedene Rezepturen. Viele enthalten Tollkirsche, Bilsenkraut, Stechapfel und andere alkaloidhaltige Pflanzen, die durch ihre narkotisierende oder giftige Wirkung zu Rauschzuständen und Bewusstlosigkeit führen können, was dann von den Betroffenen als wilder Ritt durch die Lüfte interpretiert werden konnte (siehe Seite 76 f.).

Niedergang und Ende der Hexenverfolgung

Die Hexenverfolgung fand erst im Zeitalter der Aufklärung ein Ende. Nach einem letzten Aufflackern des Hexenwahns gegen Ende des 17. Jahrhunderts nahmen die Fälle ab, in denen Menschen in Europa als Hexen verurteilt wurden. Urkundlich verbürgt fanden die letzten Hexenprozesse mit anschließender Hinrichtung in Würzburg (1749), Endingen am Kaiserstuhl (1751), Kempten im Allgäu (1775), Glarus (1782) und Posen (1793) statt. Obwohl die Zeit des Hexenwahns im aufgeklärten Europa vorbei ist, gibt es in einigen Kulturen noch immer die Angst, von Hexen verwünscht und ins Unglück gestürzt zu werden. Besonders in synkretistischen Religionen wie dem afroamerikanischen Voodoo-Kult und in einigen afrikanischen Gesellschaften existiert bis heute der Glaube an schwarze und weiße Magie und die unheilvolle Kraft der Hexen, die mit Hilfe von Kräutern, Amuletten und Zaubersprüchen den Menschen Krankheiten anhexen oder sie heilen können. Man glaubt an Hexen, die bereit sind, Menschen in Liebesdingen zu helfen, sie reich und mächtig werden zu lassen oder ihnen das Leben schwer zu machen.

Und auch heute noch gibt es nach wie vor Menschen, die schwarze oder weiße Magie praktizieren. Manche schließen sogar bewusst und freiwillig einen vermeintlichen Pakt mit dem Satan. Man kann einwenden, dass solche Personen einer Selbsttäuschung unterliegen und an etwas glauben, das nicht existiert (Autosuggestion). Dennoch können die Auswirkungen solcher magischen oder satanischen Praktiken für die Gesellschaft und die unmittelbare Umgebung aus verschiedenen Gründen wirklich schädlich sein – und wenn es nur der gestörte soziale Frieden in der Familie oder der Nachbarschaft ist. Dies macht es vielleicht verständlich, wenn auch nicht entschuldbar, dass Hexen und Magier einst von Gerichten verfolgt wurden, weil sie von der damaligen Gesellschaft tatsächlich als Bedrohung der Gemeinschaft empfunden wurden.

Unschuldige Opfer

Es dürfte schwer zu beweisen sein, ob die damals der Hexerei angeklagten Menschen tatsächlich magische Kenntnisse und Fähigkeiten besaßen und angewendet haben. Hexen- und Zauberbücher oder magische Gerätschaften wurden von den Gerichten nicht als Indizien aufbewahrt. Die heute noch in den Urkunden vorliegenden Geständnisse der Angeklagten wurden oft unter Folter erpresst und die Beschuldigungen meist von Nachbarn mit zweifelhaftem Interesse am Wohl der Angeklagten erhoben. Solche »Beweise« sind somit für die Historiker nahezu wertlos, wenn sie auch einen gewissen Aufschluss über die damls herrschende Hysterie zu geben vermögen. Dennoch kann es sein, dass ein Teil der angeklagten und verurteilten Personen Praktiken ausgeübt hatte, die dem gewöhnlichen Volk als »magisch« erschienen. Schließlich war einigen Menschen schon damals die Wirkung heilkräftiger wie auch giftiger Pflanzen und Substanzen bekann und wurde von ihnen zu bestimmten Zwecken eingesetzt. In den meisten Fällen waren die Angeklagten aber Opfer von Intrigen oder ihr Name kam auf die Liste der Inquisition, weil andere Angeklagte unter den Qualen der Folter die Namen von Unbeteiligten nannten. Die Gefolterten gestanden alles, solange die Tortur nur grausam genug war. Die Opfer bekannten sich schließlich schuldig, um die Zeit ihrer Leiden zu verkürzen und rasch hingerichtet zu werden .

Der Feuertod auf dem Scheiterhaufen drohte allen, die als Hexen oder Hexer »überführt« waren.

Die Volksmedizin des Mittelalters

Das seit der Antike gepflegte und überlieferte Wissen um die Wirksamkeit von Heilkräutern und Therapien drohte im Mittelalter in den Wirren der Völkerwanderung verloren zu gehen. Nur einzelne Quellen blieben erhalten und wurden an den Höfen der Mächtigen und in Klöstern bewahrt. So übersetzte z. B. der Hofkanzler Cassidor des Ostgotenkönigs Theoderich des Großen (453 – 526) medizinische Traktate aus dem Griechischen.

Der Hofarzt Anthimus versuchte gleichzeitig, das theoretische Wissen bei der Behandlung seiner Patienten praktisch zu nutzen. Ab dem 5. Jahrhundert entstanden auch einige anonyme Texte und Traktate, die für die Entwicklung der späteren Klostermedizin und den Umgang mit Heilkräutern von Bedeutung waren. Manches Mal wurde eine einzelne Pflanze in den Stand einer Wunderdroge erhoben, die für jedes Leid und Weh hilfreich sein sollte. Solche »Wunderdrogentraktate« wurden bis weit in das 10. Jahrhundert wieder und wieder abgeschrieben, bis sich allmählich die Klostermedizin etablierte.

Der gebildete Arzt

In den Genuss einer medizinischen Behandlung kam zu dieser Zeit aber nur die Oberschicht, denn das Wissen um die Wirkungen der verschiedenen Heilpflanzen war der gebildeten, lesekundigen Minderheit vorbehalten. Nur sie hatte Zugang zu den antiken und zeitgenössischen Schriften, in denen nicht nur die bisher bekannten Drogen und Heilmittel, sondern auch die verschiedenen Theorien über die Entstehung von Krankheiten festgehalten waren. Die einfache Bevölkerung musste sich wohl oder übel mit den Fertigkeiten der traditionellen Heiler behelfen, die ihr Wissen aus mündlicher Überlieferung bezogen. Aberglauben, Magie und Hexerei bestimmten die Volksmedizin des Mittelalters, bis die Klöster mit ihren Apotheken und Kräutergärten zu Heilstätten wurden, die auch einfachen Menschen offen standen.

Der Orden des heiligen Benedikt

Besonders der Orden des heiligen Benedikt sah es als seine Aufgabe an, Kranke zu pflegen und zu heilen. In der »Regula Benedicti«, der Ordensregel des heiligen Benedikt von Nursia (480 – 547), der im 6. Jahrhundert in Monte Cassino bei Neapel das Stammkloster der Benediktinermönche gründete, heißt es im 36. Kapitel: »Für die Kranken muss man vor allem und über alles besorgt sein. Man soll ihnen dienen wie Christus selbst, dem man ja wirklich dient.« Außerdem wird in der »Regula Benedicti« ausdrücklich darauf hingewiesen, dass sich alles Nötige zum Leben innerhalb der Klostermauern befinden soll. Dazu gehörten auch ein Heilkräutergarten und eine Kräuterkammer zur Aufbewahrung der Heilpflanzen. Diese Kräuterkammern mit ihren aus Pflanzen bereiteten Pülverchen, Salben und Elixieren können als Vorläufer der späteren Klosterapotheken angesehen werden.

Das Lorscher Arzneibuch

Eine der ältesten mittelalterlichen Handschriften medizinisch-pharmazeutischen Inhalts ist das so genannte Lorscher Arzneibuch, das wohl um 795 im Kloster Lorsch bei Worms auf 150 Pergamentseiten geschrieben wurde. In diesem Buch geht es nicht nur um die Anleitung zur richtigen Krankenpflege und um die Arbeit der Mönchsärzte. Auch Pflanzenlisten und über 500 Rezepte für Heilmittel sind in diesem frühen Meilenstein der Medizingeschichte versammelt. Viele der Rezepte im Lorscher Arzneibuch stammen aus antiken Quellen, wie z. B. den Schriften von Plinius d. Ä. Außerdem wird aus einem Brief des griechischen Arztes Anthimus an den Frankenkönig Theuderich I. (511 – 533) zitiert, in dem über die richtige Ernährung berichtet wird. Neben einfachen Rezepten, die quasi als Hausmittel gelten können und für reiche und arme Patienten gleichermaßen verfügbar sind, wird in anderen Rezepturen auch die Verwendung von Drogen aus dem Orient empfohlen, die natürlich nur einer zahlungskräftigen Klientel zur Verfügung standen. Auch eine Verteidigungsschrift, die »Rechtfertigung der Heilkunde«, gehört zum Lorscher Arzneibuch. Darin wird die Medizin gegen den Vorwurf verteidigt, in den göttlichen Heilsplan einzugreifen. Aus Bibelstellen wird abgeleitet, dass es sowohl ein Recht wie auch eine Pflicht zur Behandlung der Kranken mit den durch den Heiligen Geist gegebenen Kenntnissen und den von Gott zur Verfügung gestellten Mitteln gibt.

Karl der Große

Das zur Zeit Karls des Großen (747 – 814) entstandene Lorscher Arzneibuch ist ein deutlicher Hinweis auf eine Art Zeitenwende: Der ehrgeizige Kaiser förderte Bischofsschulen und Klöster, holte Gelehrte an seinen Hof und sorgte dafür, dass die Früchte dieser hohen Kultur auch im Land Verbreitung fanden. Diese kulturelle Erneuerung des Reiches, die auch als Karolingische Renaissance bezeichnet wird, verschmolz das antike Erbe mit der christlichen Religion und der germanischen Gedankenwelt. Man darf davon ausgehen, dass zu dieser Zeit das Wissen aus diesen drei Quellen zusammengeführt wurde mit dem Willen, den Menschen das jeweils

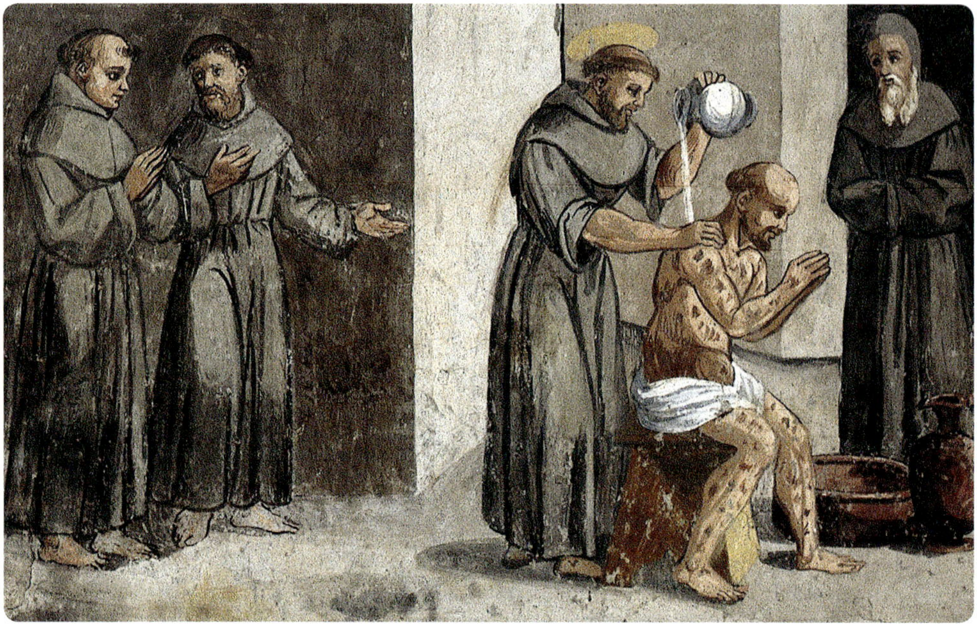

Im Mittelalter waren es oft die Mönche in den Klöstern, die über das medizinische Wissen der Zeit verfügten und Kranke heilten.

Beste daraus zugänglich zu machen. Dass dabei manches heidnische Gedankengut in christliche Gewänder gekleidet wurde und so weiter existierte, ist sehr wahrscheinlich.
Eine Neuerung Karls des Großen mit weit reichender Wirkung war die Landgüterordnung, das so genannte »Capitulare de villis« aus dem Jahr 794. Darin legte Karl die Vorschriften für die Krongüter verbindlich fest und schrieb u. a. den Anbau von Heilpflanzen und Kräutern wie Rosen, Lilien, Iris, Mohn, Malve und Eibisch vor. Die Kräuter wurden in speziellen Räumen getrocknet und aufbewahrt, um im Bedarfsfall als Arznei Verwendung zu finden. Das »Capitulare de villis« war ein erster Schritt hin zu dem, was später in fast allen Klöstern die Regel war: eine Selbstversorgung mit allen lebenswichtigen Gütern und Einrichtungen einschließlich der Gesundheitspflege.

Der Sankt Galler Klosterplan

Einen Eindruck vom Kloster als Selbstversorger bekommt man, wenn man den zwischen den Jahren 820 und 830 entstandenen Sankt

Galler Klosterplan studiert. Der original erhaltene Plan zeigt eine weitläufige Anlage, die das Ideal eines Benediktinerklosters abbildet. Zu den empfohlenen Einrichtungen gehören u. a. eine Apotheke, eine Arztwohnung, ein Spital, ein Haus für Aderlässe, Einläufe und ambulante Krankenbehandlungen und selbstverständlich auch ein Apothekergarten *(Herbularius)*, in dem zahlreiche heilende Kräuter angebaut wurden. Auf dem Plan ist nicht nur die Anzahl und die Lage der Beete angegeben, er nennt auch genau die Art der Kräuter, die dort kultiviert werden sollten. Ergänzt wurde der Kräutergarten durch einen Obst- und Küchengarten, von deren Früchten sicher auch einige heilenden Zwecken dienten.

Weil aber das Wissen um die Heilkraft der Kräuter nicht nur mündlich weitergegeben wurde, spielte außerdem die Klosterbibliothek im Mittelalter eine große Rolle für die Medizin. Neben theologischen Schriften wurden auch antike Werke, etwa die von Aristoteles, Plinius d. Ä., Dioskurides oder Hippokrates, von den Mönchen wieder und wieder abgeschrieben, um sie zu vervielfältigen (den Buchdruck gab es damals noch nicht; er wurde erst um 1440 von Johannes Gutenberg erfunden) und so das Wissen anderen zugänglich zu machen und zu verbreiten. Viele dieser Bücher enthalten wichtige Erkenntnisse über die Heilkunst und den Umgang mit Kräutern und heilkräftigen Substanzen. Nur durch die Mönche konnte das Wissen der Vergangenheit für die Gegenwart genutzt und für die Zukunft bewahrt werden. Schließlich waren die Klöster damals die Zentren der Bildung und Gelehrsamkeit, denn Lesen und Schreiben war eine selten verbreitete Kunst.

Betäuben und Schmerzen lindern

Viele Krankheiten sind schmerzhaft, und auch Heilungsprozesse verlaufen nicht immer ganz schmerzlos, besonders wenn ihnen chirurgische Eingriffe vorausgehen. So verwundert es kaum, dass in der mittelalterlichen Klostermedizin auch Narkotika zur Linderung von Schmerzen sowie betäubende Pflanzengifte als Narkose- und Schlafmittel bekannt waren.

So wurde in der damaligen Zeit beispielsweise das aus dem Milchsaft des Schlafmohns *(Papaver somniferum)* gewonnene Opium recht häufig eingesetzt und galt manchen gar als universales Schmerzmittel. Der schöngefärbte Name »Mohntränen« für das Opium täuscht darüber hinweg, dass es sich um ein gefährliches Gift handelt, das schwer zu dosieren ist und heftige Nebenwirkungen haben kann. Weitere Zutaten von schmerzstillenden und betäubenden Arzneien sowie von Schlaftränken waren das Schwarze Bilsenkraut *(Hyoscamus niger)* und die Alraune *(Mandragora officinarum)*. Auch Auszüge aus Stechapfel *(Datura stramonium)*, Efeu *(Hedera helix)* und Schierling *(Conium maculatum)* kamen hin und wieder zum Einsatz. Mit diesen Substanzen wurden beispielsweise so genannte Schlafschwämme getränkt und dann den Patienten unter Mund und Nase gehalten, bis ihnen durch die benebelnden Düfte die Sinne schwanden. Räucherungen mit den genannten Substanzen wurden gegen Schlaflosigkeit empfohlen, was unweigerlich an die Opiumhöhlen des 19. Jahrhunderts denken lässt. Aus der Narkose erweckt wurden die Betäubten dann mit Hilfe von reinem Essig oder Fenchelsaft. Mitunter wurde auch Niespulver eingesetzt, um die Patienten wieder aus Morpheus` Armen zu reißen.

Magische Praktiken in Klöstern

Meistens beruhte die Heilkunst der Ordensleute auf medizinischen Erkenntnissen und nicht auf magischen Praktiken. Dennoch lebte auch die magische Medizin innerhalb der Klostermauern weiter und wurde dann meist unter einem christlichen Mäntelchen verborgen. Besonders in der Zeit des Niedergangs der Klostermedizin gewannen solche Praktiken an Bedeutung, was sicher auch mit der gleichzeitigen Ausbreitung von tödlichen Epidemien wie Cholera, Pest und Typhus zu tun hatte, bei deren Behandlung die traditionelle Klostermedizin an ihre Grenzen stieß. Auch die Empfehlung an vermeintlich »Besessene«, Weihwasser zu trinken, gehört zweifellos zu den nicht medizinisch begründeten magischen Praktiken. Auch das Auflegen von Händen zum Zwecke der Heilung, das Tragen von Amuletten und Teufelsaustreibungen zählen dazu und sind über die Jahrhunderte, zum Teil sogar bis in die Gegenwart, bezeugt. Ob die Beachtung der Mondphasen bei der Sammlung, Zubereitung und Einnahme von Heilkräutern zu den magischen Praktiken gehört oder eine sinnvolle Sache ist, mag dem Urteil jedes Einzelnen überlassen bleiben.

Die ersten weltlichen Apotheken

Parallel zur Klostermedizin entwickelte sich eine weltliche, so genannte scholastische Medizin, die an nichtgeistlichen Hochschulen gelehrt und von Kaiser Friedrich II. (1194 – 1250) gefördert wurde. Ein frühes Zentrum dieser Medizin war die von den Mönchen des Klosters von Monte Cassino gegründete Universität von Salerno in Süditalien. Dort durften – damals sogar auch schon von Frauen – die antiken Schriften von Hippokrates und Galen studiert werden, dort wurde auch Anatomie und Chirurgie gelehrt.

Besonders bewandert in Fragen der Arzneimittellehre war der aus Nordafrika stammende, 1087 gestorbene Mönch Constantinus Africanus. Als ehemaliger Händler von Gewürzen und Drogen war er ein kundiger Übersetzer von medizinischen Texten aus dem Griechischen und Arabischen ins Latein des Mittelalters. Das von ihm selbst verfasste »Liber graduum« behandelt die Heilwirkung von 209 verschiedenen Pflanzen und Mineralien.

Von Salerno aus wurde auch die aus der Antike übernommene Lehre von den vier Säften verbreitet, die fast das gesamte Mittelalter hindurch die Auffassung von der Entstehung und

Behandlung von Krankheiten bestimmen sollte. Die fertig ausgebildeten Ärzte waren als Staatsbeamte dem Kaiser verpflichtet und stellten eine Alternative zu den Heilern dar, die mit Hilfe von magischen Praktiken und Ritualen die Kranken zu behandeln versuchten.

Feinde des Wissens

Doch die Macht des Wissens hat auch schon damals Feinde gehabt. Noch schlimmer war, dass sie im Fall der Klostermedizin aus den eigenen Reihen kamen. Einer der wesentlichen Kritikpunkte gegen die Verwendung des Heilwissens aus der Antike war, dass diese Quellen heidnisch waren und in einer christlichen Gemeinschaft nichts verloren hätten. Das Konzil von Clermont verbot schließlich im Jahr 1130 den Klosterärzten die Ausübung der medizinischen, vor allem der chirurgischen Praxis. Dies geschah ausgerechnet zu einem Zeitpunkt, als angesichts des Versagens der ärztlichen Kunst bei Epidemien wie Pest und Cholera, bei denen Tausende starben, sich das Volk aus Verzweiflung wieder dem Aberglauben zuwandte. Statt den Krankheiten mit bewährten Heilmitteln und Therapien zu Leibe zu rücken, vertrauten die Menschen nun im Angesicht der verheerenden, meist tödlich verlaufenden, hoch ansteckenden

Eine prachtvoll eingerichtete und reichhaltig ausgestattete Klosterapotheke.

Epidemien wieder lieber auf die Wirksamkeit von Amuletten und anderen Zaubermitteln und glaubten bei einer zufälligen Genesung an Wunderheilung.
Doch nicht alle Klöster hielten sich an das Verbot des Konzils von Clermont. Den Klosterbrüdern musste im Konzil von Tours 1163 und von der vierten Lateransynode im Jahr 1215 erneut verboten werden, ihre medizinischen Kenntnisse anzuwenden.

Tradition und Weiterentwicklung

Allen Verboten zum Trotz existierte die Klostermedizin weiter. Obwohl sie in den meisten Klöstern nur wortgetreu, aber ohne erkennbare Fortschritte überliefert wurde, erfuhr sie in manchen Klöstern in den folgenden Jahrhunderten auch eine Weiterentwicklung, die dem Heil der Menschheit zugute kommen sollte. Wahrscheinlich kamen zwar hauptsächlich die

Die Signaturenlehre

Die Signaturenlehre basiert auf dem Gedanken, dass sowohl das Universum als auch die uns umgebende Natur einen einheitlichen Aufbau haben. Seit der Antike zeigte man zahlreiche Entsprechungen zwischen den Dingen und den Lebewesen auf, ein Beweis dafür, dass es eine Sympathie – Gleiches zieht Gleiches an – geben muss. Der Grundgedanke war nicht nur in Europa, sondern u. a. auch in Indien bekannt, wo z. B. die Gelbsucht mit Pflanzen behandelt wurde, die gelbe Blüten trugen.
In Europa gilt der berühmte Arzt Paracelsus (1494 – 1541) als Begründer der Signaturenlehre. Er definiert diese wie folgt: »Die Natur zeichnet ein jegliches Gewächs, so es von ihr ausgeht, zu dem, dazu es gut ist. Darum, wenn man erfahren will, was die Natur gezeichnet hat, so soll man es an den Zeichen erkennen, was seine Tugend ist. Ihr seht, dass alle Körper Formen haben, in denen sie sich befinden. Also haben auch die Formen ihre Arznei. Also wenn sie die Form der Füße hat, so ist sie im Fuß. Hat sie die Form der Hände, so ist sie in den Händen. Genauso verhält es sich mit dem Kopf, Rücken, Bauch, Herz, Milz, Leber. Alles was die Natur gebiert, das formt sie nach dem Wesen der Tugend, so in ihm ist.«
Mit anderen Worten heißt das, dass z. B. Pflanzen, deren Blätter nierenförmig sind, gegen Nierenleiden verwendet wurden, herzförmige bei Herzproblemen, der gelbe Saft des Schöllkrauts und die gelben Blüten machen es zum Heilmittel bei Gelbsucht. Das Blatt des Tüpfel-Johanniskrauts gegen Licht betrachtet lässt die eingelagerten Sekretbehälter als helle Punkte erkennen, so als ob die Blattfläche durchlöchert sei. Dies deutete auf die Verwendung des Johanniskrauts gegen Stichverletzungen hin. Der Geruch des Beifußes legte die Behandlung eiternder Wunden mit diesem Kraut nahe.

Mönche des Klosters in den Genuss der Heilbehandlung, es kann aber davon ausgegangen werden, dass auch das gemeine Volk das gesamte Mittelalter hindurch von den Kenntnissen und den heilkräftigen Kräuterelixieren der Ordensmänner und -frauen profitierte. Einen Hinweis darauf findet man im Sankt Galler Klosterplan (siehe Seite 116 f.), wo nicht nur eine Herberge für kranke Pilger *(Hospitum)*, sondern auch ein Krankenhaus für Arme *(Hospitale pauperum)* eingezeichnet ist.

Das Wissen der Mönche um heilkräftige Substanzen stand zwar lange Zeit noch in Konkurrenz mit magischen Heilzaubern und Ritualen, konnte sich aber mit der Zeit gegen Aberglauben und Hexerei durchsetzen. Zum einen mag das christliche Weltbild dafür gesorgt haben, dass die magischen Heilpraktiken an Einfluss verloren, zum anderen überzeugte wohl die zuverlässige Wirkung der auf Kräutern basierenden Klostermedizin selbst den einfachen Mann und fand nach und nach Eingang in die Volksmedizin. Wild gesammelte oder im Garten angebaute Kräuter waren über Jahrhunderte die einzigen Medikamente, die dem Volk zur Verfügung standen, wenn Fieber, Husten oder andere Krankheiten die Menschen plagten.

Der Glauben an die Wirksamkeit der pflanzlichen Heilmittel schlug sich in den volkstümlichen Namen zahlreicher Kräuter nieder, so etwa Augentrost *(Ephrasia officinalis)*, Beinwell *(Symphytum offficinale)* und Lungenkraut *(Pulmonaria officinalis)*, obwohl sich die tatsächliche Heilwirkung der betreffenden Kräuter nicht immer bewahrheitet hat. Auch in der wissenschaftlichen Sprache gibt es noch Hinweise auf die Herkunft oder Verwendung mancher Kräuter aus der Klosterapotheke. Der bei vielen botanischen Namen zu findende Zusatz »officinalis« bzw. »officinale« bedeutet nichts anderes, als dass die so bezeichneten Pflanzen einst im mittelalterlichen Klostergarten wuchsen und zu Heilzwecken in der Klosterapotheke Verwendung fanden.

Die Andechser Apothekenliste

Schriftliche Dokumente aus der Blütezeit der Klosterapotheken können noch heute Auskunft darüber geben, welche Heilmittel in der damaligen Zeit für welche Leiden zum Einsatz kamen. Die rund 500 Jahre alte Apothekenliste aus dem bayrischen Kloster Andechs war wohl so etwas wie das Musterbuch, nach dem auch andere Klosterapotheken eingerichtet werden sollten.

Auf dieser Apothekenliste sind 609 einfache Arzneimittel, so genannte Simplicia, aufgezählt, die meist pflanzlichen Ursprungs sind und der Bereitung von Medikamenten dienen sollten. Gebräuchlich waren schon damals Kräuter, Blüten, Früchte, Samen, Hölzer, Rinden und Harze, die meist in getrocknetem Zustand aufbewahrt wurden. Daneben verwendete man aber auch Honig, Knochen oder tierische Fette, etwa für Salben, und Mineralien wie beispielsweise Edelsteine oder auch Perlen. Mit Hilfe von Alkohol, Öl und dem Verfahren der Destillation stellte man Auszüge aus Pflanzen her, die dann zu Essenzen, Likören und Tinkturen weiter verarbeitet wurden.

Abt Walahfried Strabo

Der um 809 im Schwäbischen geborene spätere Abt des auf der Bodenseeinsel Reichenau gelegenen Benediktinerklosters kann als erster Gartenschriftsteller Deutschlands angesehen werden. Er verfasste um 840 das erste botanische Lehrbuch, das er »Liber de cultura hortorum« nannte. Bekannt wurde es unter dem Namen »Hortulus« (Gärtchen). Die in Hexametern beschriebenen 24 Pflanzen interessierten ihn in ihrer Funktion als Heilpflanzen. Besonders wichtig ist hierbei, dass Walahfried Strabo nicht nur aus antiken Quellen schöpfte, sondern seine eigenen praktischen Erfahrungen bei der Behandlung von Kranken mit einbrachte.

So, wie er über den Anbau und die Pflege der Pflanzen schrieb, spürt der Leser: Da spricht jemand, der eine große Nähe und Liebe zur Natur und den Pflanzen hat. Er lobte beispielsweise den Salbei *(Salvia officinalis)* als wahres Allheilmittel, empfahl die Eberraute *(Artemisia abrotanum)* als Mittel gegen Fieber und Seitenstechen und Fenchel *(Foeniculum vulgare)* gegen Verstopfung. Seine Erkenntnis, dass Rettich *(Raphanus sativus)* gegen Husten und Bronchitis hilft, hat bis heute nachgewirkt, denn nach wie vor gilt bei vielen Menschen ein frisch bereiteter Rettichsirup als gutes Hustenmedikament.

Hildegard von Bingen und ihre Visionen

Nur wenige Frauen des Mittelalters haben bis in die Gegenwart eine so starke Wirkung wie die heilige Hildegard von Bingen. Die Prophetissa teutonica, die »deutsche Prophetin« wurde 1098 in Bermersheim bei Alzey in Rheinfranken geboren. Ihre visionäre Begabung fiel bereits auf, als sie erst drei Jahre alt war. Mit 15 Jahren beschloss sie, das Ordensgelübde abzulegen, und wird Benediktinerin. Sie lebte fast 50 Jahre in dem Benediktinerinnenkloster Disibodenberg, 1147 gründete sie ein eigenes Kloster auf dem Rupertsberg bei Bingen.

Als hochgebildete Frau dichtete und komponierte sie, schrieb naturkundliche, hagiographische und theologische Werke und stand in Briefwechsel mit den Großen ihrer Zeit, so etwa Friedrich I. Barbarossa. Sie unternahm weite Missionsreisen, hielt öffentliche Predigten und wurde von Kaisern, Königen und sogar von Päpsten um Rat gebeten.

Im Jahr 1141, inzwischen zur Äbtissin ernannt, beginnt sie, ihre Visionen aufzuzeichnen. Nach 1150 verfasste sie die »Physica«, in der sie bestimmte Arznei- und Heilmittel beschrieb. In ihrer Heilkunde »Causae et Curae« (Ursachen und Heilverfahren) beschrieb sie Heil- und Behandlungsmethoden verschiedener Krankheiten. Die selbst über eine schwache Gesundheit verfügende Mystikerin ließ darin eigene Erfahrungen einfließen und verband so die Kloster- und Volksmedizin mit dem medizinischen

Hildegard-Rezepte aus dem Kloster Rupertsberg

Viele der überlieferten Rezepte nach Hildegard von Bingen enthalten Kräuter oder Kräutermischungen, die von Laien nicht unbedenklich verwendet werden sollten. Besonders mit alkaloidhaltigen Kräutern, wie Nachtschatten *(Solanum dulcamara)*, Alraune *(Mandragora)* und Mohn *(Papaver somiferum)*, aber auch beim Umgang mit Wolfsmilch *(Euphorbia officinarum)*, Rainfarn *(Tanacetum vulgare)* und Aronstab *(Arum maculatum)* ist äußerste Vorsicht geboten. Sie gehören eindeutig zu den Giftpflanzen und dürfen nur unter Anleitung eines Arztes eingenommen werden.

Die Verwendung des von Hildegard bei Verdauungsbeschwerden empfohlenen Hanfs *(Cannabis sativa)* war im Mittelalter durchaus üblich, ist in heutiger Zeit aber illegal und wird gesetzlich geahndet.

Sivesan-Pulver nach Hildegard

Das aus drei verschiedenen Heilkräutern bestehende Sivesan-Pulver, das auf Hildegard von Bingen zurückgeht, hat sich als universelles Stärkungs- und Heilmittel bei Migräne und zur Blutreinigung bewährt. Man bekommt es auch heute noch als fertige Mischung im Handel zu kaufen. Wer das Sivesan-Pulver selbst mischen möchte, nimmt dazu vier Teile Fenchel, zwei Teile Galgant und einen Teil Diptam (die Kräuter erhält man in Drogerien und Apotheken). Hildegard empfahl, einen Teelöffel von der Mischung in einem halben Glas warmen Weines etwa eine halbe Stunde nach dem Mittagessen einzunehmen: »Und dieses Pulver hält den Menschen, der gesund ist, gesund, den Kranken aber stärkt es (...) und verleiht ihm Kräfte, und es vermittelt eine gute und schöne Gesichtsfarbe, und jedem Menschen (...) nützt es, wenn es nach dem Essen gegessen wird«.

Hustenmedizin nach Hildegard

Gegen fest sitzenden Husten empfiehlt Hildegard, einen Teil Liebstöckel, einen Teil Salbei und vier Teile Fenchel in »gutem Wein« einzulegen. (Wegen der Bekömmlichkeit empfiehlt sich heutzutage die Verwendung eines trockenen Weißweins.) Wenn der Wein den Geschmack der Kräuter angenommen hat, entfernt man diese und trinkt am besten nach jedem Essen einen kleinen Becher des erwärmten Kräuterweins.

Schnupfenmittel nach Hildegard

Bei Schnupfen hilft laut Hildegard der Rauch von Tannenholz, der durch die Nase eingezogen wird. Das soll die Nasenhäute abschwellen lassen und den Ausfluss vermindern. Außerdem empfiehlt Hildegard, Asche von Tannenholz zu bereiten, daraus eine Lauge herzustellen und den Kopf des Patienten damit zu waschen. Das soll die »schlechten Säfte« aus dem Kopf abführen und die Augen wieder klar machen.

Wissen der Antike, mündlichen Überlieferungen und eigenen Beobachtungen. Sie gilt vielen als die erste deutsche Ärztin und vertrat eine ganzheitliche Methode: Nicht nur das kranke Organ, sondern Leib und Seele sollten geheilt werden. In erster Linie propagierte sie eine bewusste Ernährung, einen vernünftigen Lebensstil und eine ausgewogene Lebensordnung. Diese drei Säulen der Gesundheit können ihrer Meinung nach durch die Anwendung von Arzneien und, als letztes Mittel, durch Schröpfen und Aderlass unterstützt werden.

Hildegards Liebeselixiere

Heute mag es verwundern, aber zu Zeiten Hildegards wurde auch Verliebtheit als Krankheit angesehen, die mit Hilfe von Heilmitteln kuriert werden konnte. Auch bei Hildegard finden sich daher Rezepte für Liebestränke. Sie sollten dem von Liebeskummer geplagten Opfer über das Leiden hinweg helfen oder die Person des Herzens gewogen machen. Eines der damals gebräuchlichsten Mittel für den Liebeszauber war der Heilziest, auch Betonie genannt *(Stachys officinalis)*. Hildegard empfiehlt aber auch das Veilchen *(Viola odorata)* für Herzensangelegenheiten. So kann Hildegard auch als Mittlerin zwischen dem damals verfügbaren naturkundlichen Wissen über die Kräutermedizin und dem Wunderglauben an die magische Kraft der Pflanzen angesehen werden. Sie beharrte darauf, dass die gesamte Pflanze mit sämtlichen Inhaltsstoffen als gesamt wirkendes Medium und Träger göttlicher Kräfte gesehen werden muss – eine Auffassung, wie sie in der Regel auch von Magiern und Hexen vertreten wurde, wobei Hildegard die magischen durch die göttlichen Kräfte ersetzte und quasi das wilde, heidnische Element damit »domestizierte«.

Dennoch verlor Hildegard über den Glauben an die höheren Kräfte den naturwissenschaftlichen Ansatz nicht aus den Augen, als sie in ihrer »Physica« über 200 Pflanzen als Heilmittel auf natürlicher Basis beschrieb. Bis ins hohe Alter verfasste die Universalgelehrte Schriften zur Medizin und Naturkunde und bezog auch Edelsteintherapie und Metallheilkunde in ihre Untersuchungen mit ein.

Die »Posaune Gottes«, wie sie sich selbst bezeichnete, starb im Sommer 1179 im damals biblischen Alter von 81 Jahren im Kloster Rupertsberg. Ihre Heiligsprechung wurde zwar schon kurz nach ihrem Tod eingeleitet, ist aber bis heute nicht erfolgt.

Auch in der Gegenwart hat die Hildegard-Medizin ihre Anhänger, die – inzwischen unter Einbeziehung moderner naturwissenschaftlicher Erkenntnisse – nach den Prinzipien und Empfehlungen von Hildegard von Bingen Krankheiten und deren Ursachen therapieren. Mittlerweile werden sogar Kräuter wie Galgant *(Alpinia officinarum)*, Bertram *(Anacyclus pyrethrum)* oder Quendel *(Thymus serpyllum)* von Reformhäusern und Naturkostläden als so genannte Hildegard-Kräuter angeboten und haben damit einen ähnlichen Markenstatus erhalten wie die Kneipp-Medizin.

Albertus Magnus

Der als Albert Graf von Bollstädt um 1200 im schwäbischen Lauingen geborene, später unter dem Namen Albertus Magnus (Albert der Große) bekannt gewordene Scholastiker gilt als einer der vielseitigsten und einflussreichsten Gelehrten des christlichen Mittelalters. Er studierte in Padua, wo er auch in den Dominikanerorden eintrat. Nach Stationen in Köln, Hildesheim, Freiburg im Breisgau, Regensburg und Straßburg starb er hochbetagt 1280 in Köln. Im Jahr 1931 wurde er heilig gesprochen.

Als einer der größten Naturwissenschaftler des Mittelalters befasste er sich auch mit der Pflanzenwelt. Sein Buch »Naturalia« über Pflanzen und deren Züchtung ging weit über das damals allgemein Bekannte hinaus und kann als erster Versuch einer Pflanzenphysiologie verstanden werden. Albertus Magnus, dessen Ansichten vor allem auf den Lehren des Aristoteles basieren, sah aber in den Pflanzen nicht nur die Objekte naturwissenschaftlicher Studien. Er gestand ihnen auch eine Seele zu: »Das Leben der Pflanzen ist verborgen, tiefer stehend als das Leben der Tiere. Die Pflanzen besitzen eine Seele, welche des Gefühles, des Wünschens, des Schlafes und des Geschlechtes entbehrt.«

Mit seinen Ansichten schlägt der große Gelehrte eine Brücke zwischen der Antike und der

Auch heute werden die Klostergärten liebevoll gepflegt.

Neuzeit, er verbindet aber auch das Wissen um die Seele der Pflanzen mit der praktischen Nutzung der Kräuterkunde im Heil- und Gesundheitswesen.

Der Niedergang der Klostermedizin

Schon früh hatten die Klöster gegen die Verweltlichung zu kämpfen. Ab dem 12. Jahrhundert bildeten sich zahlreiche Reformklöster

Auch das im eigenen Kloster gebraute Bier wussten die Mönche als Medizin zu schätzen.

und neue Orden. Gleichzeitig wurde die scholastische Medizin als eigenständiges Fach an den neu gegründeten Hochschulen, wie z. B. Salerno gelehrt. Nach und nach nahmen auch die Klöster die Schriften der akademischen Medizin in ihre Bibliotheken auf. Mit der Erfindung des Buchdrucks Mitte des 15. Jahrhunderts erfuhren die Werke antiker und mittelalterlicher Autoren eine weite Verbreitung. Darunter waren auch viele Bücher über Heilkräuter und die Behandlung von Krankheiten, die meist aus den Quellen der Klostermedizin schöpften.

Mit der Verbreitung des Wissens über Heilpflanzen im Volk schwand das Monopol, das die Klöster bisher im Heilwesen hatten. Zudem wurden im Zeitalter der Reformation die ersten Hof- und Schlossapotheken gegründet, die das Volk mit Arzneimitteln versorgen sollten. Zwar wurden in katholischen Ländern noch bis ins 18. Jahrhundert neue Klosterapotheken gegründet, aber mit dem Vordringen der Aufklärung, besserer Ernährung, einem neuen Hygienebewusstsein und der allgemeinen Verbreitung von Wissen schwand die Bedeutung der Klostermedizin mehr und mehr. Mit dem Siegeszug der pharmazeutischen Arzneimittelherstellung im 19. Jahrhundert schien das Ende der Klostermedizin eingeläutet, doch hat sich in den vergangenen Jahrzehnten gezeigt, dass sie trotz einer milliardenschweren, fast übermächtigen pharmazeutischen Industrie keineswegs überflüssig geworden ist. Nach wie vor wird mit Heilkräutern erfolgreich behandelt, und die Naturheilkunde erfährt größeren Zuspruch denn je.

Bewährte Heilpflanzen in der Klostermedizin

Krankheit/Symptom	Hilfreiche Pflanzen
Schlafstörungen, Nervosität	Baldrian, Hopfen, Melisse, Lavendel, Johanniskraut
Angstzustände, Depression	Baldrian, Johanniskraut
Kopfschmerzen	Pfefferminze, Ackerminze, Lavendel, Weidenrinde, Pestwurz
Migräne	Pfefferminze, Ingwer, Eukalyptus, Pestwurz, Mutterkraut, Schlüsselblume, Rosmarin
Erkältungskrankheiten	Kampfer, Thymian, Kamille, Lindenblüten, Holunderblüten, Weide
Halsschmerzen	Salbei, Eibisch, Kamille, Ringelblume
Husten	Eibisch, Efeu, Süßholzwurzel, Fenchel, Andornkraut, Bibernelle, Rettich, Brunnenkresse
Bronchitis	Thymian, Eukalyptus, Anis
Herzbeschwerden	Weißdorn, Herzgespann, Baldrian, Rosmarin
Blutdruck, niedriger	Rosmarin, Lavendel, Kalmus
Bluthochdruck	Mistel
Gefäßverkalkung	Knoblauch, Artischocke, Flohsamen, Leinsamen
Hämorrhoiden	Kamille, Mäusedornwurzel, Eichenrinde, Buchweizen, Rosskastanie, Schafgarbe, Zauberstrauch
Übelkeit	Pfefferminze, Kamille, Artischocke, Kalmuswurzel, Melisse
Reizmagen	Artischocke, Angelikawurzel, Erdrauch, Ingwer, Galgant
Verstopfung	Leinsamen, Flohsamen, Aloe
Durchfall	Eiche, Blutwurz, Flohsamen
Leber und Galle	Artischocke, Erdrauch, Rettich, Schöllkraut
Nierensteine	Birke, Liebstöckel, Löwenzahn
Blasenentzündung	Brennnessel, Brunnenkresse, Preiselbeere, Spargel, Kürbissamen
Menstruationsbeschwerden	Silberkerze, Schafgarbe, Kamille, Gänsefingerkraut, Frauenmantel, Birkenblätter, Brennnessel, Borretsch, Nachtkerze, Lavendel, Melisse
Ekzem	Kamille, Weißkohl, Stiefmütterchen, Eichenrinde, Beinwell
Neurodermitis	Borretsch, Kamille, Eichenrinde, Hafer
Akne	Thymian, Kamille, Stiefmütterchen, Ringelblume
Furunkel	Thymian, Lavendel, Rosmarin, Kamille, Leinsamen
Warzen	Knoblauch, Thymian, Schöllkraut
Herpes	Melisse, Johanniskraut, Knoblauch, Ringelblume
Insektenstiche	Spitzwegerich, Arnika, Lavendel, Nelken
Sonnenbrand	Ringelblume, Kamille, Arnika, Aloe
Gicht	Weidenrinde, Herbstzeitlose

Zaubermedizin und Pflanzenmagie heute

Wege des Heilens mit Pflanzen gibt es viele. Man kann sie äußerlich oder innerlich anwenden: Die einen schwören auf die Wirkung von Kräutertees, andere verarbeiten die Pflanzen in leckeren Rezepten; wieder andere legen die Pflanzen auf schmerzende Stellen oder reiben sich mit Tinkturen ein.

Homöopathie

Spätestens seit der Entdeckung von Samuel Hahnemann, dem Begründer der Homöopathie, weiß man aber, dass es auch eine nichtstoffliche Komponente der Pflanzen gibt, die auf bestimmte Art aufbereitet ein sehr wirksames Heilmittel darstellt. Diese Auffassung steht in totalem Widerspruch zur gängigen Lehrmeinung der Schulmedizin und wird von Ärzten in das Reich des Aberglaubens und der Magie verwiesen, die Wirksamkeit mit einem bloßen Plazeboeffekt erklärt. Wie auch immer, fest steht: Die Homöopathie hat viele Erfolge vorzuweisen. Seit dem 18. Jahrhundert ist sie eine feste Größe in der großen Palette der Heilmethoden; in Indien hat sie sogar den gleichen Stellenwert wie bei uns die Schulmedizin.

Wer heilt, hat Recht

Ob es das Lösungsmittel ist, in diesem Fall Wasser, das auf unerklärliche Weise Informationen energetischer Art aufnehmen und speichern kann, oder ob der Heilungsprozess letztendlich als Plazeboeffekt auf die Selbstheilungskraft der menschlichen Psyche zurückzuführen ist, spielt eigentlich keine Rolle.

Hier schließt sich der Kreis zu den spirituellen Heilverfahren der Naturvölker und besonders der Schamanen. Selbst wenn das Ergebnis aller kritischen Reflexionen sein sollte, dass jede Heilung wie auch jede Krankheit alleine in der eigenen Psyche gründet, ist dies eigentlich ein hervorragendes Ergebnis, da dies das breite und bunte Spektrum der unterschiedlichsten Heilverfahren, egal vor welchem theoretischen oder weltanschaulichen Hintergrund, plausibel erscheinen lassen würde. Wer heilt, hat Recht. Wer oder was den Impuls zur Heilung letztendlich auslöst, spielt keine Rolle mehr.

Natürlich sollen die Errungenschaften der Schulmedizin, die sich übrigens auch des Plazeboeffekts in Form von funkelnden Apparaten, bunten Pillen und weißen Kitteln bedient, nicht in Abrede gestellt werden. In vielen Bereichen feiert sie Triumphe, und die Lebenserwartung ist im Lauf der Jahrhunderte deutlich gestiegen. Doch ihre Domäne ist die Heilung des physischen Körpers. Mit der Minimalannahme, dass es so etwas wie eine Seele oder eine geistige Ebene gibt, sind die Grenzen der Schulmedizin klar gesteckt. Der feinstoffliche Bereich der menschlichen Existenz ist ihr nicht zugänglich. Hier sind andere Methoden und Verfahren gefragt. Zur Heilung der Seele taugt kein Instrument und kein Apparat. Bejaht man dann auch noch den Gedanken des einen universalen Lebensprinzips und dass wir Menschen letztlich nur ein Teil desselben sind und mit allem in Verbindung stehen, erscheinen die folgenden und auch bereits eingangs beschriebenen Wege der Heilung vielleicht doch in einem anderen Licht.

Die Pflanzenmagie der Voodoo-Priester

Bei Voodoo denken die meisten an Zombies, Nadelpüppchen, schwarze Magie und reißerische Hollywoodproduktionen. Das Voodoo eine anerkannte Religion ist, wissen die wenigsten Menschen.

Richtig ist allerdings, dass in der Voodoo-Religion magische Handlungen und Praktiken lebendig geblieben sind. Viele dieser Vorstellungen stammen aus dem Bereich der europäischen Magie, obwohl Voodoo im Kern afrikanischen Ursprungs ist.

Für Voodoo-Gläubige ist Gott in der Natur. Voodoo ist Natur. Im Glauben dieser Menschen stehen alle Lebensformen miteinander in Verbindung, die Menschen eingeschlossen.

Die Heilkunde des Voodoo basiert auf der Überzeugung, dass Krankheiten aus einer Disharmonie von inneren und äußeren Kräften resultieren. Gesundheit ist das Ergebnis eines harmonischen Gleichgewichts. Dabei kann der Kranke selbst Verursacher dieser kosmischen »Ordnungswidrigkeit« sein, aber auch ein Opfer magischer Praktiken. Aufgabe des Priesters oder Heilers ist es, dieses Gleichgewicht wiederherzustellen.

Voodoo-Heiler, meist Priester, behandeln Kranke auf zwei Ebenen. Auf der materiellen Ebene

In der Voodoo-Religion sind uralte magische Praktiken lebendig geblieben.

verordnen sie Heilpflanzen oder Kräuterbäder, auf der spirituellen Ebene werden die Geister angerufen. Der Heiler fungiert dabei als Medium für einen Geist, der sich über ihn artikuliert bzw. durch ihn handelt. Ähnlich wie Schamanen beziehen Voodoo Priester ihre magischen Kräfte also aus dem Dialog mit den Mysterien des Unsichtbaren.
Eine besondere Bedeutung bei der Heilung Kranker kommt dabei wieder den Pflanzen zu. Ihnen wird eine spirituelle Lebenskraft zugeschrieben, und jede einzelne Pflanze verfügt über geheime magische Qualitäten. Mit Gebeten und magischen Losungsworten tritt der Priester in Dialog mit den Pflanzen.

Zombies – die lebenden Toten

Auch bei den eingangs erwähnten Zombies spielen Pflanzen eine Rolle. Die Verwandlung eines Menschen in einen Zombie erfolgte auf das Gerichtsurteil einer Voodoo-Geheimgesellschaft. Es handelte sich um Menschen, die sich gegen die Gemeinschaft vergangen hatten oder sich sonst etwas hatten zuschulden kommen lassen.
Die Zombifikation war eine Art soziale Sanktion, eine Art gemilderte Todesstrafe, die heute unter Strafe steht und wie Mord gerichtlich geahndet wird. Die verurteilte Person wurde mittels einer geheimen Rezeptur aus hochgiftigen Substanzen, vor allem Tetrodoxin, dem Gift des Kugelfisches, in einen scheintoten Zustand versetzt und anschließend bestattet. Ein innerhalb von zwei Tagen zu verabreichendes pflanzliches Gegengift erweckte die Scheintoten wieder zum Leben. Das wieder erwachte Opfer litt aber aufgrund der starken Giftwirkung unter lebenslangem Orientierungs- und Gedächtnisverlust.

Spagyrik – das Vermächtnis der Alchimisten

Die Spagyrik ist ein Begriff aus der Alchimie und bedeutet so viel wie »trennen und vereinigen«. Es handelt sich um eine spezielle Art der Arzneimittelherstellung, die schon von Para-

Herstellung einer spagyrischen Medizin

Die Herstellung einer spagyrischen Medizin z. B. aus einer ölhaltigen Heilpflanze vollzieht sich in drei Schritten:
Im ersten Schritt wird die zerkleinerte Pflanze einer Wasserdampfdestillation unterzogen, wobei sich das ätherische Öl abscheidet.
Danach wird der verbleibenden Masse Hefe zugegeben und alles vergoren, wobei Alkohol entsteht.
Der ausgelaugte Rest wird getrocknet und zu Asche verbrannt.
Durch das Zusammenfügen dieser drei Substanzen (Öl, Alkohol, Asche) entsteht dann die spagyrische Pflanzenessenz, die als Urtinktur für Heilzwecke verwendet wird.

celsus (1493–1541) verwendet und empfohlen wurde. Paracelsus nannte die Prozedur »das Falsch scheiden von dem Gerechten«.

Die mittelalterlichen Alchimisten können als die Vorläufer der heutigen Chemiker gelten. Spagyrische Verfahren zur Herstellung von Heilmitteln waren beispielsweise die Extraktion, Destillation und Mazeration, auch heute noch gebräuchliche Methoden zur Erhöhung der Konzentration einer Ausgangssubstanz. Am Ende steht eine Essenz oder ein Extrakt mit hoher Heilkraft auf stofflicher Basis.

Die Alchimie ist also gewissermaßen die Mutter der Pharmazie. Es gibt jedoch einen entscheidenden Unterschied, und das ist die Auffassung vom Wesen der Krankheit und die Anerkennung der Existenz nichtmaterieller, rein geistiger Komponenten von Pflanzen, die ihre wirksamen Heilkräfte entfalten können, wenn sie ein spezielles Verfahren durchlaufen haben. Dahinter steht die Annahme, dass alles – Pflanzen, Tiere und Menschen – von einer verborgenen Lebenskraft durchpulst wird, einer Kraft, die heilen kann.

Nach Auffassung der mittelalterlichen Philosophen und Alchimisten besitzt zudem alles Lebendige drei Wesenszüge:

1. Einen verdichtenden erdhaft-materiellen Anteil (Sal) – das Salz – der mineralische Körper der Pflanzen.
2. Einen sich ausbreitenden Anteil (Sulphur) – das Öl – die Seele der Pflanze.
3. Einen alles durchdringenden Anteil (Merkur) – den Alkohol – den Geist der Pflanze.

Diese Dreiteilung galt auch für den Menschen. Die mittelalterlichen Alchimisten sahen im Menschen nicht nur die »Physis«, den Körper, sondern auch ein »Vital«, die Seele. Die drei Grundprinzipien beim Menschen waren Sal für die Physis, Merkur für die vitale Lebenskraft und Sulfur für den ätherischen Leib.

Bei der Herstellung eines spagyrischen Heilmittels werden diese drei Anteile zunächst getrennt, einzeln verfeinert und schließlich auf einer nichtmateriellen, höheren Ebene wieder zu einer Pflanzenessenz mit nun wesentlich stärkerer Wirkkraft zusammengefügt. Heute gibt es spagyrische Essenzen von über 500 Pflanzen, insbesondere die anthroposophische Medizin bedient sich des Verfahrens. Diese Mittel sind in speziellen Apotheken erhältlich.

Die magische Kraft der Bach-Blüten

Eine besondere Form der Heilung mit nicht materiellen Arzneien ist die Bach-Blütenmedizin. Wirksamer Bestandteil ist der »Geist« verschiedener Pflanzenteile, vor allem Blüten, der geeignet ist, Blockierungen im bioenergetischen Feld des Organismus zu lösen.

Inspiriert von den homöopathischen Schriften Samuel Hahnemanns, festigte sich bei dem englischen Arzt Dr. Edward Bach (1886–1936) die Überzeugung, dass der Ursprung körperlicher Krankheiten ausschließlich in der Natur des Menschen, also in seiner Psyche verborgen

Bach-Blütenessenzen übertragen die heilende Energie der Pflanzen.

liegt. Die ideale Medizin – so hoffte er – musste also in der Natur zu finden sein. Er gab also seine Praxis in London auf, zog aufs Land und widmete sich fortan ausschließlich der Suche nach den wirksamen Heilkräften der Pflanzen.

Bach definierte 38 negative Seelenzustände, die er als Entgleisungen gegen die göttliche Ordnung verstand. Nach seiner Auffassung ist das, was uns als Krankheit erscheint, das im körperlichen Bereich sichtbare Ergebnis lange währender zerstörerischer Kräfte, die vor allem auf die Psyche wirken. Dies sind Gefühle, wie beispielsweise Hass, Neid, Angst, Habgier usw. Die logische Konsequenz hieraus war für Dr. Bach, dass eine Krankheit über die Seele geheilt werden muss, und zwar in dem Sinn, dass die Ursache und nicht die Folge behandelt werden muss.

Übertragung der Heilenergie

Durch die Anwendung spezieller Methoden (siehe unten) gelang es Bach, die heilenden Kräfte von Pflanzenblüten auf frisches Quellwasser zu übertragen. Dass Wasser Träger von energetischen Informationen sein kann, wussten schon die Homöopathen, doch erfolgt hier die Dynamisierung durch schrittweises Verdünnen und Potenzieren der Ausgangssubstanz. Offenbar spielt bei der von Bach entdeckten Methode das Licht der Sonne eine zentrale Rolle.

Die Wirkung der Blüten erklärte Bach mit der geistigen Kraft, die in der Pflanze enthalten ist. Diese Kraft soll energetische Blockaden beim Patienten lösen und ihn öffnen für die Botschaften des spirituellen Selbst. So entstanden 38 Heilmittel, mit deren Hilfe 38 unterschiedliche Seelenzustände geheilt werden können.

Obwohl die Bach-Blütentherapie wissenschaftlich nicht erklärbar ist und ihr erst kürzlich wieder »offiziell« die Unwirksamkeit bescheinigt wurde, findet sie immer mehr Anhänger und hat ihre Wirksamkeit über Jahrzehnte in der Praxis bewiesen.

Die Herstellung von Bach-Blütenessenzen

Für die Herstellung von Bach-Blütenessenzen gibt es zwei Methoden, die Sonnen- und die Kochmethode.

Bei der Herstellung nach der Sonnenmethode werden die Pflanzenblüten im Stadium der Vollreife früh morgens gepflückt und in eine flache, breite Glasschüssel gegeben, die mit unbehandeltem Quellwasser gefüllt ist. Die Blüten sollen mit dem Stiel nach unten auf dem Wasser schwimmen und in der prallen Sonne stehen. Nach etwa drei bis vier Stunden beginnen sie zu welken und werden dann mit einem Zweig der betreffenden Pflanze vorsichtig aus der Schüssel entfernt. Das Wasser wird mit der gleichen Menge 49-prozentigen Alkohols konserviert und später noch mal im Verhältnis 1:240 verdünnt. Dies ergibt die Grundessenz, die entweder pur angewendet oder weiter verdünnt wird.

Für die Aufbereitung nach der Kochmethode werden ebenfalls an einem sonnigen, wolkenlosen Tag frühmorgens ca. 120 Gramm Blüten geerntet und in einem Emailletopf mit etwa einem Liter frischem Quellwasser übergossen. Alles zusammen lässt man eine halbe Stunde sieden. Nachdem die Flüssigkeit abgekühlt ist, wird abfiltriert und weiter wie oben verfahren.

Nach der Sonnenmethode werden hergestellt: Agrimony (Odermenning), Centaury (Tausendgüldenkraut), Cerato (Bleiwurz), Chicory (Wegwarte), Clematis (Weiße Waldrebe), Gentian (Bitterer Enzian), Gorse (Stechginster), Heather (Heidekraut), Impatiens (Springkraut), Mimulus (Gefleckte Gauklerblume), Oak (Eiche), Olive (Olive), Rock Rose (Gelbes Sonnenröschen), Rock Water (Quellwasser), Scleranthus (Einjähriger Knäuel), Vervain (Eisenkraut), Vine (Weinrebe), Water Violet (Sumpfwasserfeder), White Chestnut (Rosskastanie), Wild Oat (Waldtrespe).

Mit der Kochmethode werden hergestellt: Aspen (Zitterpappel), Beech (Rotbuche), Cherry Plum (Kirschpflaume), Chestnut Bud (Kastanienknospen), Crab Apple (Holzapfel), Elm (Ulme), Holly (Stechpalme), Honeysuckle (Geißblatt), Hornbeam (Hainbuche), Larch (Lärche), Mustard (Ackersenf), Pine (Kiefer), Red Chestnut (Rote Kastanie), Star of Bethlehem (Doldiger Milchstern), Sweet Chestnut (Edelkastanie), Walnut (Walnuss), Wild Rose (Heckenrose), Willow (Weide).

Spezial

Giftpflanzen und Pflanzengifte

Giftpflanzen gibt es auf der ganzen Welt, sowohl in den gemäßigten Klimazonen wie auch in den Tropen. Sie kommen auf Wiesen und in Wäldern vor, wachsen an Flüssen, Seen und Meeresküsten, im Moor oder im Hochgebirge und nicht selten sogar im eigenen Garten. Selbst einige Zimmerpflanzen gehören zu den Giftpflanzen. Fast jede Pflanzenfamilie weist einen oder mehrere giftige Vertreter auf, und manche, wie etwa die Nachtschattengewächse, sind geradezu berühmt für ihr giftiges Potenzial.

Unweigerlich drängt sich da die Frage auf, warum manche Pflanzen giftig sind und andere nicht. Die Giftstoffe sind ja nicht am Stoffwechsel der Pflanzen beteiligt, also nicht für das Wachsen und Gedeihen erforderlich, sondern aus anderen Gründen für die Gewächse lebensnotwendig. Die Antwort ist ebenso einfach wie plausibel: Sie sollen mögliche Fressfeinde abwehren (siehe auch Seite 18). Besonders effektiv funktioniert das, wenn das Gift den Fressfeind nicht tötet, sondern ihn nach dem Verzehr durch hervorgerufene Übelkeit oder Ähnliches davon abschreckt, sich ein zweites Mal an der Pflanze zu versuchen. Besonders bei höher entwickelten Tieren, wie Vögeln und Säugetieren, funktioniert das meist gut. Manchmal wirken die Pflanzengifte aber auch tödlich und bringen den Fressfeind um. Dies ist zum einen natürlich von der aufgenommenen Menge abhängig, zum anderen auch von der Tierart und dem Zustand der Pflanze.

In bestimmten, für das Überleben der Pflanzen wichtigen Teilen konzentrieren sich die Gifte. So sind giftige Inhaltsstoffe etwa in den jungen Trieben, Zwiebeln oder Knollen und in den Samen bzw. Früchten konzentriert zu finden. Bei der Eibe *(Taxus baccata)* etwa enthält nicht nur das dunkelgrüne, nadelähnliche Laub der Pflanze, sondern auch der Samen ein tödliches Gift, aber der fleischige, rosarote Mantel, der ihn umgibt, ist essbar. Dies dient offensichtlich der Verbreitung des Samens durch Vögel, die das Fruchtfleisch der Beeren verdauen, den Samen aber unverdaut wieder ausscheiden.

Den Giften trotzen

Einige Tiere haben sich geradezu darauf spezialisiert, giftige Pflanzenteile zu fressen, ohne dabei Schaden zu nehmen. Sie sind damit der Konkurrenz einen Schritt voraus, weil sie einen vielseitigeren Speisezettel haben und Pflanzen fressen können, die von anderen Tieren verschmäht werden. Diese Anpassung gelang, weil sich im Magen der Tiere spezielle Enzyme entwickelt haben, die bestimmte Giftstoffe umwandeln und damit für den tierischen Organismus unschädlich machen können. Auch der menschliche Organismus hat im Laufe der Evolution solche Enzyme ausgebildet und kann viele schwach giftige Pflanzen zu sich nehmen, ohne ernsthaft Schaden zu erleiden.

Ob eine Pflanze giftig ist oder nicht, hängt außerdem vom Zustand der Reife der jeweiligen Pflanzenteile ab. Während der Fruchtreife werden bei manchen Pflanzen die Giftstoffe abgebaut. Der Grund ist einleuchtend: Während der Reifungsphase, also solange die Samen gebildet werden, sollen die Fressfeinde zunächst von den unreifen Früchten fern gehalten werden, sobald die Früchte aber reif sind, sollen Tiere die Früchte fressen und dadurch die Samen weiter verbreiten. Ein bekanntes Beispiel ist die Tomate. Das in den grünen Früchten enthaltene Gift Lycopersin kann zu Übelkeit und Erbrechen führen, in reifen Früchten ist es jedoch abgebaut und für den menschlichen Organismus nicht mehr schädlich.

Wunderschön, aber unter Umständen tödlich giftig – der Eisenhut enthält das Alkaloid Acotinin.

Giftpflanzen und Pflanzengifte

Typisch für die meisten Pflanzengifte ist zusätzlich ein bitterer oder scharfer Geschmack, der möglichen Fressfeinden schon beim ersten Biss in die Pflanze signalisiert, dass die Gefahr einer Vergiftung droht. Was nicht schmeckt, wird in Zukunft automatisch vom Speisezettel gestrichen.

Wie Gifte wirken

Damit ein Pflanzengift seine Wirkung entfalten kann, muss es entweder die Funktion des Nervensystems oder die Stoffwechselprozesse des Körpers beeinflussen. Einige Pflanzengifte zerstören auch die roten Blutkörperchen, hemmen die Zellbildung oder reizen die Hautoberfläche und die Schleimhäute. Manche Pflanzengifte wirken ganz speziell auf einzelne Organe und können deren Funktion kurzfristig beeinträchtigen oder dauerhaft schädigen.

Besonders heimtückisch sind jene Pflanzengifte, die genetische Veränderungen hervorrufen, also Einfluss auf die Erbinformationen der Zellen (DNS) haben. Sie zeigen ihre Wirkung nicht sofort, sondern erst längere Zeit nach der Einnahme – manchmal erst nach Jahren! Diese Gifte können Krebs, Gewebewucherungen oder eine unkontrollierte Teilung der Körperzellen auslösen, Erbinformationen schädigen und damit gefährlich für die Nachkommen sein, und stellen auch für Schwangere eine große Gefahr dar.

Alkaloide

Zu den häufigsten – und stärksten – Pflanzengiften zählen die Alkaloide. In diesen basischen Naturstoffen mit stickstoffhaltigen Ringsystemen im Molekül schlummern dämonische Kräfte. Sie kommen ausschließlich in Pflanzen vor. Man kennt etwa 1000 verschiedene Arten, deren Giftwirkung schon lange bekannt ist. Viele Alkaloide werden therapeutisch genutzt, etwa um Schmerzen zu lindern und Fieber zu senken. Sie beeinflussen durch ihre Wirkung die Funktion des zentralen und des peripheren Nervensystems, also des Gehirns und des Rückenmarks. Die Alkaloide blockieren die Nervenenden und verhindern damit die Weiterleitung von Reizen. Das kann zu einer Art Dauererregung der Nerven, zu Krämpfen oder zur Lähmung und einer Erschlaffung der Muskeln führen. Wenn das zentrale Nervensystem beeinflusst wird, kann das zu Halluzinationen, Angstzuständen bis hin zur Panik, zu Delirien und zur Bewusstlosigkeit führen. Manchmal hat eine Vergiftung mit Alkaloiden auch eine tödliche Atemlähmung zur Folge.

Die Aufzählung der Wirkungsweise von Alkaloiden weist darauf hin, dass diese Gruppe von Pflanzengiften sowohl anregend und berauschend wie auch lähmend und tödlich sein kann. So verwundert es auch kaum, dass viele Hexen- und Zauberpflanzen Alkaloide enthalten. Zu den bekanntesten Alkaloiden gehören:

Acotinin enthalten z.B. in Eisenhut *(Aconitum napellus)*

Atropin enthalten z.B. in Tollkirsche *(Atropa belladonna)* und Schwarzem Bilsenkraut *(Hyoscarpus niger)*

Coffein enthalten z.B. in der Kaffeebohne *(Coffea arabica)*

Coniin enthalten z.B. im Gefleckten Schierling *(Conium maculatum)*

Morphium enthalten z.B. in Schlafmohn *(Papaver somniferum)*

Nikotin enthalten z.B. in Virginischem Tabak *(Nicotiana tabacum)*

Scopolamin enthalten z.B. in der Alraune *(Mandragora officinarum)*

Solanin enthalten z.B. in der Kartoffel *(Solanum tuberosum)*

Alkaloide gehören zu den stärksten Giften in der Natur. Grundsätzlich dürfen deshalb alkaloidhaltige Pflanzen wegen der Vergiftungsgefahr nie ohne ärztliche Verordnung angewendet werden.

Glykoside

Neben den Alkaloiden sind Vergiftungen durch pflanzliche Glykoside am häufigsten. Glykoside sind organische Verbindungen mit einem Zucker- und einem Nichtzuckeranteil, die durch Enzyme oder Säuren in Traubenzucker und andere Spaltprodukte (z.B. Blausäure und Benzaldehyd) zerfallen. Diese Pflanzengifte beeinflussen nicht das

Giftige und schwach giftige Pflanzen

Ackergauchheil, Adonisröschen, Akelei, Almrausch, Alpenveilchen, Alraune, Ampferknöterich, Arnika, Aronstab, Bachbunge, Bärlapp, Besenginster, Bilsenkraut, Bingelkraut, Blasenstrauch, Blaustern, Buche, Buchsbaum, Buschwindröschen, Efeu, Eibe, Einbeere, Eisenhut, Engelsüß, Färberginster, Färberhülse, Faulbaum, Fetthenne, Fieberklee, Fingerhut, Forsythie, Germer, Gottesgnadenkraut, Greiskraut, Hahnenfuß, Haselwurz, Heckenkirsche, Kornrade, Kreuzdorn, Krokus, Kugelblume, Kuhschelle, Läusekraut, Leberblümchen, Lerchensporn, Liguster, Luzerne, Magnolie, Mahonie, Maiglöckchen, Meerzwiebel, Milchstern, Mutterkorn, Nachtschatten, Natternkopf, Oleander, Osterluzei, Passionsblume, Pestwurz, Pfaffenhütchen, Pfingstrose, Rainfarn, Rittersporn, Rizinus, Robinie, Sauerampfer, Sauerklee, Schattenblümchen, Schierling, Schneeglöckchen, Schneerose, Schöllkraut, Schuppenwurz, Schwalbenwurz, Seidelbast, Seidenpflanze, Wolfsmilch, Wurmfarn, Zaunrübe, Zaunwinde, Zwergholunder

Nervensystem, wirken also weder anregend noch berauschend. Bei den traditionellen Hexen- oder Zauberpflanzen spielen sie daher auch eine untergeordnete Rolle. Glykoside greifen vielmehr in die Stoffwechselkreisläufe des Körpers ein.
Die Wirkung der Substanzen ist sehr unterschiedlich. Phytopharmaka mit hohem Anteil an Glykosiden sind aufgrund ihrer starken Wirkung rezeptpflichtig. Zu den bekanntesten Glykosiden zählt die Blausäure, die z. B. in den Kernen von Pflaumen, Mandeln, Aprikosen und Pfirsichen (Prunus-Arten), in Feuerdorn *(Pyracantha coccinea)*, Lorbeerkirsche *(Prunus laurocerasus)* und anderen Rosengewächsen, aber auch in Pfaffenhütchen *(Euonymus europaeus)*, Rotem Fingerhut *(Digitalis purpurea)* oder Maiglöckchen *(Convallaria majalis)* vorkommt.

Saponine

Die in vielen Pflanzen enthaltenen Saponine sind chemisch nicht eindeutig definiert. Weil die seifenähnlichen Pflanzenstoffe beim Kochen aufschäumen, sind sie häufig in kosmetischen Präparaten enthalten. Innerlich angewendet zerstören sie jedoch die roten Blutkörperchen. Dadurch wird die Sauerstoffversorgung der Körperzellen erschwert oder ganz verhindert, was tödliche Folgen haben kann. Saponine sind z. B. in Kreuzdorn *(Rhamnus cathartica)*, Adlerfarn *(Pteridium aqulinum)* und Krokussen *(Crocus spec.)* enthalten.

Weitere Pflanzengifte

Zu den Pflanzengiften, die hemmend auf die Zellteilung wirken (so genannte Keimgifte, Mitosehemmer), gehören das im Schöllkraut *(Chelidonium majus)* enthaltene Chelidonin und das in Herbstzeitlosen *(Colchicum autumnalis)* vorkommende, hoch giftige Colchicin. Gifte, welche die Haut und die Schleimhäute reizen, etwa das im Sadebaum *(Juniperus sabina)* enthaltene, zu den Terpenen gehörende Pinen oder das in Rainfarn *(Tanacetum vulgare)* enthaltene Pyrethrum, können ihre Wirkung oft allein schon durch Hautkontakt entfalten.

Spontane Vergiftungen

Vergiftungen durch Pflanzen aus der freien Natur oder dem eigenen Garten können Menschen plötzlich und unerwartet treffen. Besonders häufig sind Kinder die Opfer, weil sie mangels ausreichender Aufklärung von den oft appetitlich aussehenden Früchten, Blättern oder Blüten mancher Giftpflanzen zum Naschen verleitet werden. Aber auch den meisten Erwachsenen fehlt heutzutage die nötige Kenntnis, um giftige von ungiftigen Pflanzen zu unterscheiden. Das ist besonders dramatisch, weil es in den letzten Jahren in Mode gekommen ist, Wildpflanzen wie Kerbel, Löwenzahn oder Sauerampfer für den Verzehr zu sammeln. In manchen Kochsendungen im Fernsehen wird aus-

Eine Verwechslung kann tragisch enden: Der essbare Bärlauch (links) und das giftige Maiglöckchen.

giebig über die geschmacklichen und gesundheitlichen Vorzüge von Wildkräutern wie Bärlauch, Brunnenkresse und Gänseblümchen doziert, und auch kaum eine Gourmetzeitschrift lässt dieses Thema aus.

Einst hatten wild wachsende Kräuter einen festen Platz in der Küche der einfachen Leute als wichtige Vitaminlieferanten und Würzmittel, denn die exotischen Früchte und Gewürze, die für uns heute selbstverständlich sind, waren damals entweder unbekannt oder für normale Sterbliche unerschwinglich. Jeder kannte die essbaren Wildkräuter von klein auf, Verwechslungen – und damit auch unbeabsichtigte Vergiftungen – waren daher so gut wie ausgeschlossen. Das ist heute leider anders. In einer Zeit, in der industriell produzierte Lebensmittel einen Großteil der Ernährung ausmachen und viele Menschen ohne Bezug zur Natur aufwachsen, nimmt die Kenntnis giftiger Pflanzen erschreckend ab. Immer wieder liest man beispielsweise im Frühjahr, dass statt des gesunden, nach Knoblauch duftenden Bärlauchs *(Allium ursinum)* die ähnlich aussehenden, aber nicht nach Knoblauch duftenden Blätter von Maiglöckchen *(Convallaria majalis)* gesammelt und verspeist wurden – oft mit tödlichem Ausgang.

Giftpflanzen und Pflanzengifte

Leichtsinn und Verwechslungen

Außer den unfreiwilligen Fällen von Vergiftungen durch Pflanzen gibt es auch durch Mutwillen oder Leichtsinn hervorgerufene Vergiftungen. So hat sich z. B.. in den vergangenen Jahren in Kreisen Jugendlicher herumgesprochen, dass die Engelstrompeten *(Brugmansia,* früher *Datura)*, eine beliebte Zier- und Kübelpflanze, berauschende Gifte enthalten sollen. Tatsächlich enthalten alle Teile der Engelstrompeten halluzinogen wirkende Alkaloide, vor allem Scopolamin. Wesentlich öfter als zum Rausch kommt es allerdings zu schweren Vergiftungen. Zahlreiche Jugendliche, die mit den Pflanzen experimentierten, wurden mit schrecklichen Krämpfen oder gar bewusstlos in Kliniken eingeliefert. Koma und Atemlähmung sind die schlimmsten Symptome. Einige der Jugendlichen überlebten ihre Experimentierfreude nicht, andere trugen schwere Schäden davon.

Leichtsinn oder Verwechslungen sind auch dafür verantwortlich, wenn Personen, die mit Heilkräutern experimentieren oder ein Leiden auf eigene Faust mit pflanzlichen Medikamenten kurieren wollen, eine Vergiftung erleiden. Viele als Heilkraut verwendete Pflanzen entfalten nur in ganz bestimmten Dosierungen und Verabreichungen eine wohltuende oder heilende Wirkung. In höheren Dosen oder in falscher Form verabreicht können auch manche an und für sich harmlose Heilkräuter körperliche Schäden bis hin zu tödlichen Vergiftungen verursachen. So dürfen manche Pflanzen nur äußerlich angewendet und niemals als Essenz oder als Tee eingenommen werden. Außerdem muss in Zeiten immer häufiger auftretender Allergien die persönliche Empfindlichkeit eines jeden einzelnen Menschen berücksichtigt werden. Ein bekanntes Beispiel, dass die Dosierung bzw. Form der Verabreichung darüber entscheidet, ob eine Pflanze giftig ist oder nicht, ist der Rote Fingerhut *(Digitalis purpurea)*, dessen Wirkstoff Digitalisglykosid traditionell zur Behandlung von Herzerkrankungen verwendet wird. Bei unsachgemäßer Anwendung kann die Pflanze zu schweren Vergiftungen bis hin zum Tod führen. Andere Arzneipflanzen mit tödlichem Giftpotenzial sind Eisenhut *(Aconitum napellus)*, Tollkirsche *(Atropa belladonna)*, Herbstzeitlose *(Colchicum autumnale)* und Gefleckter Schierling *(Conicum maculatum)*.

Symptome bei Pflanzenvergiftungen

Vergiftungen durch Pflanzen verursachen verschiedene Symptome. Bei Kleinkindern ist die Reaktion auf ein Pflanzengift meist um ein Vielfaches stärker als bei gesunden Erwachsenen. Menschen mit vorgeschädigten Organen oder Allergien können unter Umständen lebensgefährliche Vergiftungen durch Pflanzen erleiden, die für gesunde nur mäßig giftig oder harmlos sind. Die Giftigkeit einer Pflanze ist auch davon abhängig, an welchem Standort und unter welchen Bedingungen sie gewachsen ist. Auch kommt es darauf an, welchen Teil man in welcher Form zu sich nimmt. So ist beispielsweise die Knolle der Kartoffel in gekochtem Zustand ein wertvolles Nahrungsmittel, die rohe, grün verfärbte Knolle, die Keime, das Kraut und vor allem die Früchte derselben Pflanze sind aber hochgiftig.

Je nach Pflanze treten charakteristische, für den in ihr enthaltenen Giftstoff typische Wirkungen auf. Die speziellen Giftstoffe und die dadurch hervorgerufenen Symptome sind zum Teil kennzeichnend für ganz spezielle Pflanzenarten, -gattungen und -familien. So sind z. B. Nachtschattengewächse *(Solanaceae)* berüchtigt für ihren Gehalt an giftigen Alkaloiden, die hauptsächlich auf das Nervensystem wirken und neben Übelkeit und Erbrechen auch Schwindelgefühle, Lähmungen und Krämpfe hervorrufen können.

Bei Vergiftungen durch Glykoside treten u. a. Herzrhythmusstörungen, Durchfall und Kopfschmerzen auf. Die häufigsten Folgen bei allen Arten von Vergiftungen sind wohl Beschwerden im Magen-Darm-Trakt, weil die meisten Gifte durch Verschlucken in den Organismus gelangen. Zunächst treten Bauch- und Magenschmerzen auf, danach folgt Erbrechen und Durchfall. Oft kommen Fieber und Kreislaufbeschwerden hinzu. Krämpfe, Herzrhythmusstörungen, Schock und Bewusstlosigkeit können folgen. Spätestens in diesem Zustand ist es lebenswichtig, sofort einen Arzt hinzuzuziehen.

Im Fall einer Vergiftung durch Pflanzen können die ersten Symptome bereits nach wenigen Minuten auftreten. In den meisten Fällen zeigen sich die Symptome aber erst nach einer halben Stunde oder noch später. Abhängig ist dies von der aufgenommenen Art und Menge der Giftpflanze und vom Allgemeinbefinden des Vergiftungsopfers.

Allergien

Manche Inhaltsstoffe von Pflanzen sind keine Gifte im herkömmlichen Sinn. Für die meisten Menschen sind sie völlig ungefährlich, und der Umgang mit den Pflanzen hat keinerlei Auswirkungen auf ihre Gesundheit. Für Allergiker können diese Inhaltsstoffe allerdings große Gefahren bergen. Wenn jemand gegen bestimmte Stoffe allergisch ist, kann dies innerhalb von wenigen Minuten zu einer heftigen Reaktion führen. Haut- und Schleimhautreizungen, Bauch- und Kopfschmerzen bis hin zum lebensgefährlichen anaphylaktischen Schock sind möglich. Die Betroffenen wissen oft gar nicht, was mit ihnen geschieht, wenn ihr Körper auf bestimmte, scheinbar harmlose Substanzen plötzlich allergisch reagiert. Deshalb ist es wichtig, dass in Fällen, wo eine allergische Reaktion vermutet wird, sofort ein Arzt konsultiert wird. Das gilt besonders für Säuglinge und Kinder, die sich oft nicht richtig artikulieren können oder aus Angst vor Strafen verschweigen, dass sie eine Dummheit angestellt haben.

Giftalarm!

Wenn Sie vermuten, dass eine Vergiftung vorliegt, aber Ihres Wissens im Garten keine Giftpflanzen wachsen, dann denken Sie auch an Ihre Zimmerpflanzen. Viele der exotischen Gewächse, die auf der Fensterbank und in der Blumenvase blühen, enthalten stark wirksame Gifte! Wie weiter oben bereits erwähnt, muss eine Pflanze nicht einmal eingenommen werden, damit sie ihr giftiges Potenzial entfalten kann. Manche Gewächse wie Herkulesstaude *(Heracleum mantegazzianum)*, Eisenhut *(Aconitum napellus)* oder der als Kübelpflanze beliebte Oleander *(Nerium oleander)* wirken als Kontaktgifte – schon die zufällige Berührung der Pflanze kann eine Vergiftung zur Folge haben.

Manchmal wird auch nicht die ganze Pflanze, sondern es werden nur Pflanzenteile in irgendeiner verarbeiteten Form eingenommen, etwa als selbst gebrauter Tee oder Auszug. Dann muss man bei der Identifizierung des Giftes berücksichtigen, dass isolierte Inhaltsstoffe in der Regel anders wirken und sich von der Gesamtwirkung aller in der Pflanze enthaltenen Stoffe unterscheiden können. Die charakteristischen Symptome helfen den Fachleuten, die Art der Vergiftung zu bestimmen, auch wenn keine Pflanzenteile mehr vorhanden sind, die eine eindeutige Identifizierung der eingenommenen Substanz zulassen. Dies ist von entscheidender Bedeutung für eine sofortige und richtige Behandlung des Patienten, denn eine ungeeignete, vorschnelle oder nicht richtig angewendete Therapie schadet unter Umständen mehr, als sie nutzt.

Lebensrettende Erstversorgung

Bei jedem Verdacht auf eine Vergiftung durch Pflanzen ist es wichtig, so rasch wie möglich fachmännische Hilfe in Anspruch zu nehmen. In der Regel bedeutet dies, umgehend Kontakt mit einer Giftnotrufzentrale aufzunehmen. Dort wird dann entschieden, welche Schritte weiter unternommen werden müssen. Die richtige Erstversorgung eines Vergiftungsopfers ist oft lebensrettend. Oberste Maxime ist daher: Ruhe bewahren! Keinesfalls darf man versuchen, eine Vergiftung auf bloßen Verdacht hin selbst zu behandeln. Das könnte unter Umständen die Gefahr für Leib und Leben des Patienten noch erhöhen. Vermeiden Sie einen Transport des Betroffenen auf eigene Faust, weil das gefährlich ist (u. a. Gefahr eines Schleudertraumas oder des Erstickens).

Die reichliche Verabreichung von Milch, Alkohol oder Wasser kann eine Vergiftung nicht neutralisieren, sondern beschleunigt unter Umständen die Aufnahme des Giftes durch den Organismus.

Ist der Betroffene bereits bewusstlos, muss er bis zum Eintreffen des Rettungsdienstes in eine stabile Seitenlage gebracht werden, damit die Atemwege frei bleiben. Hat der Vergiftete sich erbrochen oder trägt er eine Zahnprothese, muss überprüft werden, ob die freie Atmung gewährleistet ist.

Denken Sie auch daran, eine Probe der für die Vergiftung verantwortlichen Pflanze oder Substanz aufzubewahren, damit der Arzt oder Rettungsdienst daran die Art der Vergiftung erkennen kann. Notfalls können Apotheker oder Gärtner bei der Identifizierung einer unbekannten Pflanze helfen.

Zwar sind viele Vergiftungen durch Pflanzen weniger dramatisch, als zunächst angenommen und bedürfen keiner weiteren Behandlung, weil der Körper das Gift neutralisiert und ausscheidet. Suchen Sie aber im Zweifelsfall lieber einmal zu viel einen Arzt auf, wenn Sie den Verdacht haben, dass Sie oder eine andere Person sich mit einer Pflanze vergiftet haben, oder verständigen Sie den Rettungsdienst!

Wenn Haustiere typische Symptome einer Pflanzenvergiftung zeigen, ist der Tierarzt die richtige Adresse! Auch hier gilt: Zögern Sie nicht, sofort den Rat eines Experten hinzuzuziehen.

Was tun bei Vergiftungen?

Wenn der Verdacht auf eine Vergiftung vorliegt, muss rasch Kontakt mit einer Giftnotrufzentrale aufgenommen werden. In Deutschland arbeiten in diesen Zentralen kompetente Ärzte, die wissen, was in solchen Notsituationen zu tun ist. Um den Ärzten eine Diagnose per Telefon zu erleichtern, müssen Sie möglichst genaue Angaben zu Opfer und eingenommener Substanz machen. Folgende Informationen sind wichtig:

- Wer hat das Gift zu sich genommen?
- Wie alt ist die betreffende Person?
- Welche Vorerkrankungen bzw. Allergien hat sie?
- Welcher Giftstoff wurde eingenommen (Pflanzenart)?
- Wie wurde die giftige Substanz eingenommen?
- Wann wurde die giftige Substanz eingenommen?
- Wie viel von der giftigen Substanz/der Pflanze wurde eingenommen?
- Warum wurde die giftige Substanz eingenommen (Neugierde, Zufall, Unfall, Suizidversuch?)
- Wie ist das aktuelle Befinden der betroffenen Person?

Die Pflanzen der Liebe aus Aphrodites Garten

Mit dem Namen der griechischen Göttin Aphrodite verbinden wir Anmut, Liebreiz und Verführungskunst, aber auch hemmungslose Leidenschaft und den süßen Schmerz, den die Liebe bereitet, wenn in den Herzensangelegenheiten nicht alles nach Wunsch verläuft. Die Liebe und der Wunsch nach Vereinigung gehören zu den stärksten Gefühlen, zu denen ein Mensch fähig ist. Doch die Erfüllung dieser Leidenschaften liegt oft nicht in seiner Macht, das Schicksal ist launisch und das Subjekt der Begierde nicht immer willig. So vertrauten die Menschen schon in grauer Vorzeit auf die Hilfe von Göttern und Naturkräften. Um das Feuer der Liebe stets hell flackern zu lassen oder immer wieder aufs Neue zu entfachen, bediente man sich hauptsächlich verschiedener Pflanzen.

Liebestränke und -elixiere

Bis heute kennen Eingeweihte die Geheimnisse, wie man mit bestimmten Pflanzen die Lust wecken und die Liebe zum Bleiben einladen kann. Je nach Bestimmung sollen die Pflanzen aus dem Garten der Aphrodite durch Düfte und Aromen oder durch die ihnen innewohnenden Wirkstoffe eine erotische Atmosphäre schaffen, zum Liebesspiel anregen, die Fruchtbarkeit steigern oder die Manneskraft stärken.

Dabei gibt es verschiedene Möglichkeiten, sich die aphrodisierenden Substanzen einzuverleiben. Zu den gebräuchlichsten gehören Tees und Elixiere, die meist nach überlieferten, bewährten Rezepten zubereitet werden. Noch genussvoller können die zur Liebe anregenden Pflanzen zur Wirkung gebracht werden, wenn man sie als wohlschmeckende Mahlzeiten zubereitet. Ein angenehmes Ambiente mit passender Musik, anregenden Düften und romantischer Beleuchtung tut ein Übriges, um die Sinnenfreude zu steigern.

Weil das Auge eines der wichtigsten Sinnesorgane ist, spielte stets auch die optische Stimulation des Gegenübers eine wichtige Rolle. Ein gefälliges Äußeres konnte schon immer über den einen oder anderen Makel hinwegtäuschen und dabei helfen, den begehrten Partner für sich zu gewinnen. Ganz gleich, ob es sich um Henna zum Färben der Haare und Lippen, um Gesichtsmasken und Salben aus heilenden und erfrischenden Blüten und Blättern oder um Tollkirschenextrakt zum Erweitern der Pupillen handelte – Pflanzen spielen seit jeher eine große Rolle, wenn es um Schönheit und Sinnlichkeit geht. Es scheint, als sei für jeden Zweck ein Kraut in Aphrodites Garten gewachsen!

Was sind Aphrodisiaka?

Als Aphrodisiaka werden seit der Antike all jene Mittel bezeichnet, die den Geschlechtstrieb und die Liebeslust steigern sollen. Dazu zählen vor allem Kräuter und Gewürze, viele psychoaktive Pflanzen und alkoholische Getränke, aber auch tierische Produkte wie die Spanische Fliege *(Lytta vesicatoria)*, Hörner, Krallen, Blut oder die Geschlechtsteile von Tieren sowie bestimmte Mineralien. Im europäischen Altertum waren viele der heute geschätzten Aphrodisiaka noch nicht bekannt. Das Spektrum umfasste hauptsächlich im Mittelmeerraum vorkommende oder durch Handel aus dem arabischen und asiatischen Raum erworbene, meist getrocknete Pflanzen und andere natürliche Substanzen.

Die »Kräuter der Aphrodite« lassen sich grob in drei Gruppen unterteilen: Substanzen mit physiologischer, also körperlicher Wirkung, solche mit psychologischer Wirkung, die einen Einfluss auf die Seele und auf das Bewusstsein haben, sowie suggestiv wirkende Präparate. In den ersten beiden Gruppen finden sich hauptsächlich Pflanzen, die man unter dem Sammelbegriff Drogen zusammenfassen kann, in letzterer plazeboartige Substanzen.

Physiologische und psychologische Aphrodisiaka

Die Wirksamkeit dieser Substanzen beruht auf bestimmten Inhaltsstoffen, deren Effektivität sich wissenschaftlich nachweisen lässt. Sie wirken meist direkt auf die Blutgefäße oder den Kreislauf oder regen im Gehirn chemische Prozesse an, die das Lustempfinden steigern. Be-

Aphrodite – die Schaumgeborene

Aphrodite, die griechische Göttin der sinnlichen Liebe, der Schönheit und der Verführung, ist zugleich die Verkörperung des blühenden Lebens im Reich der Pflanzen, der Tiere und der Menschenwesen. Die anmutige Göttin der Sinnlichkeit, die auch Symbol der fleischlichen Liebe, der geschlechtlichen Begierde und hemmungslosen Wollust ist, galt im antiken Griechenland als Tochter des Göttervaters Zeus und der Titanentochter Dione. Der griechische Dichter Hesiod (um 700 v. Chr.) besingt in seiner »Theogonie«, einer Art Systematik der Götterwelt, die Schaumgeburt Aphrodites. Der Titan Kronos, jüngster Sohn des Uranos und der Gaia, entmannte seinen Vater aus Machtgier mit einer Sichel und warf dessen Geschlechtsteil in die Ägäis. Dabei floss etwas von Uranos' Samen in die Fluten, wurde im Meer befruchtet und verwandelte sich in weißen Schaum, aus dem Aphrodite geboren wurde. Bei ihrer Geburt soll es weiße Rosen geregnet haben, die später, als sie das frivole Treiben der Göttin erkannten, aus Scham erröteten. Aphrodite ging nach ihrer Schaumgeburt an den Gestaden der Insel Zypern an Land, die seitdem auch den Beinamen »Insel der Aphrodite« trägt.

Es heißt, kein Gott und erst recht kein Mensch konnte dem Liebreiz Aphrodites widerstehen. Die verführerische, von ihren Leidenschaften getriebene Göttin führte ein ausschweifendes Liebesleben mit allen möglichen sterblichen und unsterblichen Männern. Ihr werden u. a. heiße Affären mit dem Kriegsgott Ares und mit dem schönen Jüngling Adonis nachgesagt.

Doch nicht nur ihre Anmut, ihr Liebreiz und ihre Schönheit machten sie bei ihren Liebesabenteuern so erfolgreich: Sie besaß einen magischen Gürtel, der alle Zauber enthielt, die selbst den vernünftigsten Männern die Sinne rauben konnten. Schon in der Antike nannte man diese Zaubermittel Aphrodisiaka. Sie gelten als das Geschenk der Göttin an die Menschen und beflügeln die erotischen Gefühle und das Liebesleben.

kannt für ihre Wirkung sind z. B. die Alraune *(Mandragora officinarum)* und andere alkaloidhaltige Gewächse wie Bilsenkraut (*Hyoscyamus niger*; siehe Seite 59 f.) und Stechapfel (*Datura stramonium*; siehe Seite 64 ff.), aber auch der Schlafmohn *(Papaver somniferum)* oder der Indische Hanf *(Cannabis sativa;* siehe Seite 88 f.). Bei richtigem Gebrauch steigern sie die sinnliche Wahrnehmung, das erotische Empfinden oder die Potenz und wirken damit unmittelbar auf den Geschlechtstrieb. Der unsachgemäße Gebrauch dieser Drogen kann jedoch zu schweren Schäden bis hin zu tödlichen Vergiftungen führen, weshalb von Selbstversuchen unbedingt abgeraten wird. Beim Konsum mancher dieser Substanzen, etwa beim Indischen Hanf, der als Haschisch bekannt ist, oder beim opiumhaltigen Milchsaft des Schlafmohns macht man sich auch strafbar. Bereits im Altertum war die Gefährlichkeit einiger Substanzen bekannt, weshalb die Alraune im arabischen Raum nicht nur als »Liebeskraut«, sondern auch als »Hoden des Dämons« bezeichnet wurde.

Auch Alkohol gehört zu den Substanzen, die – in Maßen genossen – eine körperlich nachweisbare Wirkung auf den Geschlechtstrieb haben. Dass Wein enthemmend und lustfördernd wirkt, fand in der Antike seinen Niederschlag in der Gestalt des griechischen Gottes Dionysos, der als das männliche Gegenstück zur göttlichen Aphrodite gilt. Der stets lüsterne Gott wird in der Kunst meist mit Efeublättern bekränzt dargestellt, und dies nicht ohne Grund: Efeu sollte die alkoholische Wirkung des Weins unterdrücken, damit das Gelage endlos weitergehen konnte. Der von den Römern als Bacchus bezeichnete Gott ist noch heute der Schutzpatron der Winzer.

Suggestive Aphrodisiaka

Als suggestiv bezeichnete Aphrodisiaka haben keinen wissenschaftlich nachweisbaren Einfluss auf das Lustempfinden oder die Potenz der Konsumenten. Die Wirkung ist praktisch vergleichbar mit der von Plazebos. Gemäß der mittelalterlichen Signaturenlehre, wonach jedem Heilkraut ein Zeichen verliehen ist, nach dem man auf dessen Wirksamkeit bei bestimmten Krankheiten schließen kann, wurden die betreffenden Pflanzen allein aufgrund ihres Aussehens als aphrodisierend eingeschätzt (siehe auch Seite 120).

So kam beispielsweise das in Mitteleuropa heimische Gefleckte Knabenkraut *(Dactylus maculata)* in den zweifelhaften Genuss, als Aphrodisiakum zu gelten. Grund war die kugelige Ausbildung der knollenförmigen Wurzeln (Bulben) dieser Orchideenart, die an die männlichen Hoden erinnern. Die vermeintlich sexuell stimulierende Wirkung gab der Pflanze auch ihren deutschen Namen Knabenkraut und führte in manchen Gegenden fast zu deren Ausrottung. Alte Namen für das Orchideengewächs weisen zum Teil noch drastischer auf die vermeintliche Wirkung hin: Geilwurz, Bocksgeil, Stendelwurz, Pfaffenhoden, gradrot (Gierwurzel) oder hionarot (Heiratswurzel).

Ähnlich verhält es sich mit dem Granatapfel *(Punica granatum)* und der Indischen Lotosblume *(Nelumbo nucifera)*, deren erotisierende Wirkung auf die Vielzahl der in den Früchten ent haltenen Samen zurückgeführt wurde. Schon König Salomo zog den Granatapfel in seinem Garten der Liebe, und manche Interpreten vermuten, dass es der Granatapfel war, der Adam und Eva in verhängnisvolle Versuchung brachte. Die alten Ägypter schworen auf die luststeigernde Wirkung der Lotosblume.

Zu den suggestiven Aphrodisiaka gehören darüber hinaus zahlreiche Gemüse- und Obstsorten, denen man aufgrund ihres Aussehens liebesfördernde Eigenschaften andichtete, die jedoch nie bewiesen werden konnten. Dazu zählen beispielsweise Tomaten, die im Volksmund auch Liebesapfel genannt werden, oder Pflaumen, die im Mittelalter in Bordellen geschätzt waren, weil sie angeblich eine stärkende Wirkung haben und die Lust befördern sollten. Auch der Pfirsich und rote Kirschen galten als Fruchtbarkeitssymbole, denen man eine potenzsteigernde Wirkung nachsagte. Obwohl weder Tomaten noch Pflaumen, Pfirsiche oder Kirschen eine nachweisbare aphrodisierende Wirkung haben, gibt es durchaus einige Nahrungspflanzen, die tatsächlich eine stimulierende und die geschlechtliche Begierde anregende Wirkung haben (siehe Seite 181 ff.).

War es der Granatapfel, der Adam und Eva einst im Paradies in verhängnisvolle Versuchung brachte?

Liebestöter und Lustbremsen

Waren die antiken Hochkulturen der Ägypter, Griechen und Römer noch durchaus sinnenfreudig und der Lust in nahezu jeder Form sehr zugetan, änderte sich diese Einstellung mit der Verbreitung des Christentums. Enthaltsamkeit und Askese wurden im Mittelalter zu einer neuen Tugend. Mönche und Nonnen verpflichteten sich nicht nur zur Ehelosigkeit, der Zölibat forderte sogar den vollständigen Verzicht jeglichen Geschlechtsverkehrs, damit sich die Ordensleute allein der Liebe zu Gott und dem Wohl der Gemeinschaft widmen konnten.

Um die Fleischeslust wirksam und dauerhaft zu unterdrücken, genügten wahrscheinlich jedoch schon damals den wenigsten Klosterbewohnern der feste Glaube und ein eiserner Wille. So verwundert es kaum, dass in den mittelalterlichen Klostergärten so manches Kräutlein wuchs, das der Dämpfung der Lust dienen sollte. Die Wirkung vieler der so genannten Anaphrodisiaka beruhte allerdings allein auf dem Glauben daran, aber einige haben erwiesenermaßen durchaus eine sedierende und damit die Wollust dämpfende Wirkung.

Dass die Eindämmung sinnlicher Gelüste in den Klöstern ein Dauerthema war, beweisen zahlreiche Rezepte in alten Klosterbüchern, die wortreich die Abtötung der Fleischeslust und die Förderung der Enthaltsamkeit propagieren. So heißt es beispielsweise vom Dill und vom Salbei, dass sie zwar den Gaumen kitzeln, aber lüsterne Gefühle einschläfern sollen. Ähnliches berichtet man über den Koriander. Vom Lattich, heutzutage als Kopfsalat bekannt, wurde behauptet, er vertreibe Geilheit und schandbare Träume. Auch vom Kohl sagt man, dass er die Lust dämpfe. Besonders berühmt war der wegen seiner angeblichen ernüchternden Wirkung auch »Keuschlamm« genannte Mönchs- oder Klosterpfeffer *(Vitex agnus-castus).* Der irrige Glaube, dass der zu den Eisenkrautgewächsen gezählte, im mediterranen Raum verbreitete Strauch die Keuschheit befördere, geht auf antike Quellen zurück: Es heißt, dass die Frauen im alten Griechenland auf den alljährlichen Festen zu Ehren von Demeter und Artemis auf einem Lager aus Mönchspfeffer schliefen, um vor jeden geschlechtlichen Gelüsten gefeit zu sein.

Ein ebenfalls bereits in der Antike bekanntes Anaphrodisiakum, das schon von Plinius d. Ä. zu diesem Zweck empfohlen wurde und in den Klöstern des Mittelalters zu neuem Ruhm kam, war die Weiße Seerose *(Nymphaea alba).* Ihre in Wein genossenen Samen und Wurzeln sollten kalte und heiße Liebe in schiere Gleichgültigkeit verwandeln. Der Botaniker Hieronymus Bock, genannt Tragus (1498 – 1554), empfahl in seinem »New Kreuterbuch« von 1539 den Ordensleuten sogar, den Gefleckten Schierling *(Conium maculatum)* zur Unterdrückung des Geschlechtstriebes einzusetzen. Da der Schierling jedoch ein tödliches Gift enthält, dürfte die Empfehlung in vielen Fällen das »Problem« ein für alle Mal gelöst und den Konsumenten rascher als ihm lieb war in die Nähe Gottes gebracht haben.

Galgant *(Alpinia officinarum)*

Der aus Südchina stammende Galgant führte immer ein wenig ein Schattendasein neben seinem weitaus populäreren Verwandten, dem milder schmeckenden Ingwer. Verwendet werden seine rotbraunen, schuppigen Rhizomwurzeln, die nach vier bis sechs Jahren Wachstumszeit vorsichtig vom Hauptwurzelstock entfernt werden.

Die ayurvedische wie auch arabische Medizin weiß den Galgant schon seit Jahrtausenden zu würdigen. Er senkt Fieber, wirkt krampflösend, verdauungsfördernd und appetitanregend – wofür seine Inhaltsstoffe Cineol (ein ätherisches Öl) sowie das Harz Galganol verantwortlich sind. Der arabische Arzt Ibn-al-Baytar sprach der Wurzel liebesfördernde Eigenschaften zu. Seit dem 8. Jahrhundert wird das Rizom als Aphrodisiakum verwendet.

Ginseng *(Panax ginseng)*

Eine Wurzel, die als Pendant zur Alraune angesehen werden kann. Ihrer menschenähnlichen Gestalt wegen (ginseng heißt im Chinesischen »menschenähnlich«) gilt sie als die Lebensessenz schlechthin, welche die gegensätzlichen Pole des Yin und Yang zum Einklang bringen kann – und damit für eine innere Harmonie im Körper sorgt. Sie kam zwar im 9. Jahrhundert mit den Arabern nach Europa, aber erst im 20. Jahrhundert entdeckte man ihre Wirkstoffe, die vitalisierend und ausgleichend auf das vegetative Nervensystem einwirken. Das Allheilmittel – der botanische Name der Pflanze panax bedeutet »Allheilmittel« –kann allerdings nicht das Leben verlängern, wie oft behauptet wird, dafür ist aber die lustfördernde Wirkung des Ginseng tatsächlich belegt.

Kardamom *(Elettaria cardamomum)*

Ein indischer Verwandter des Ingwers und Galgants, nur werden beim Kardamom die Samenkörner kurz vor der Reife geerntet und als getrocknete Samenkapseln in den Handel gebracht. In Europa schätzt man Kardamom besonders in Schweden, wo er Backwaren, aber auch zahlreichen Glühwein- und Punschgetränken beigegeben wird. Wie seine knolligen Verwandten entfaltet auch Kardamom eine angenehme Wärme im Magen-Darm-Bereich, wo er für eine Verbesserung der allgemeinen Verdauungstätigkeit sorgt. Bereits in der Antike wurde er als Aphrodisiakum gepriesen. Mit Zimt im Kaffee macht er Letzteren bekömmlicher und facht die Leidenschaft an. Bei uns erhält man weißen und grünen Kardamom, wobei die weißen Samen nur die gebleichte Variante der grünen sind.

Muskat *(Myristica fragrans)*

Bereits im 6. Jahrhundert brachten Araber die Muskatnuss von den sagenumwobenen Molukken in westliche Breiten und damit auch nach Europa. Seit dieser Zeit wird sie in Europa und Asien als Aphrodisiakum genutzt. Das in der Muskatnuss enthaltene Myristicin ist Ausgangsstoff für die Liebesdroge MDA. Medizinisch gesehen helfen die zahlreich vorhandenen ätherischen Öle sowie die Muskatfette bei Magen- und Darmbeschwerden und zur allgemeinen Nervenberuhigung. Muskat darf immer nur in kleinen Dosen verwendet werden; zu hohe Einnahmen bewirken Kopfschmerzen und Schweißausbrüche.

Safran *(Crocus sativu)*

Das teuerste Gewürz der Welt und eine der ältesten Gewürzpflanzen überhaupt! So benötigt man für ein einziges Kilogramm Safranfäden um die 200 000 Narben des Gewürzsafrans – auch Karkum, Kesar oder Zafran genannt –, die alle per Hand gepflückt werden müssen. Schwindler im Mittelalter, welche die beliebte Würze nur allzu oft mit Ringelblumenblüten oder Kurkuma streckten, spielten mit ihrem Leben: Ertappte man sie, wurden sie samt ihrer Ware verbrannt, Mitwisser lebendig begraben.

Die aphrodisierende Wirkung des Safrans ist legendär: Ob in der griechischen Antike Homer, die Ärzteschaft unter Hippokrates, die Phönizier und die ayurvedische Medizin – alle preisen die Manneskraft belebende Wirkung dieses Gewürzes. Eine nicht unerfreuliche Nebenwirkung wird in dem Umstand gesehen, dass »Safran (...) ein herrlicher Zusatz zu Wein (ist), (er) nimmt alle von der Trunkenheit entstandene Unordnung, gerieben dient er dazu, die Theater mit Wohlgerüchen zu erfüllen« – so kein Geringerer als der römische Naturforscher Plinius. Dafür sind seine Inhaltsstoffe verantwortlich, allen voran der Bitterstoff Picrocrocin (Safranbitter). Im Zusammenspiel aller seiner Inhaltsstoffe besitzt Safran eine leicht einschläfernde Wirkung und wirkt stimulierend und entkrampfend. Auch hier ist es wie mit allen Pflanzen: Ein Zuviel kann beispielsweise zu Abgängen führen, da die Gebärmutter zu stark stimuliert wird.

Zimt *(Cinnamomum zeylanicum)*

Ein Gewürz mit langer Tradition: Bereits vor 4500 Jahren schätzten die Chinesen Zimt als Würze wie auch als Heilmittel. Er wurde zur allgemeinen Harmonisierung, aber auch zur Entspannung der gesamten Verdauungs- und Bewegungsabläufe eingesetzt – was die ayurvedische Medizin ebenfalls empfahl. Zimt wurde immer auch als Aphrodisiakum angesehen. Auf die Genitalien gestrichenes Zimtöl soll der erotischen Stimulation dienen.

Geheimnisse aus 1001 Nacht

»Ex oriente lux – aus dem Osten kommt das Licht«, heißt es im Sprichwort. Und nicht nur das Licht kam aus dem Orient zu uns, sondern auch betörende Wohlgerüche, aromatische Gewürze und allerlei Wissen um die Wirksamkeit von Heilkräutern und Pflanzen, die dem Wohlbefinden, der Heilung, dem Genuss und nicht zuletzt der Lust dienen.

Märchen aus Tausendundeiner Nacht werden lebendig, wenn uns die Düfte von Jasmin, Rosenöl und Moschus in die Nase steigen und wenn Räucherwerk aus Sandelholz, Weihrauch und Myrrhe unsere Seele umschmeicheln. Dass aromatische Düfte und der Geschmack exotischer Gewürze die Lust und die Sinnlichkeit steigern, ist eines der Geheimnisse aus dem Orient, die wir inzwischen auch im Abendland zu genießen gelernt haben. Doch noch viel zu wenig weiß man hierzulande über die Wirkung von orientalischen Gewürzen wie Ingwer, Muskat oder Schwarzkümmel, mit denen wir oft gedankenlos unsere Speisen würzen, um ihnen einen exotischen Geschmack zu geben. Im gesamten Orient, vom Libanon über die arabische Halbinsel bis zum indischen Subkontinent, dienten Gewürze und Nahrungspflanzen nicht nur dem Genuss und dem Wohlbefinden, sondern auch der Förderung der Gesundheit und der Entfaltung der Sinnlichkeit. Diese Tradition hat sich bis heute in den regionalen Küchen dieser Länder erhalten und wird erst langsam vom Westen entdeckt.

Gewürze, die betören und heilen

Schon Hippokrates wies auf den Wert von Gewürzen als Heilmittel hin, aber erst im Mittelalter wurde in Europa nach und nach der Gebrauch von Gewürzen als anregende Stärkungs- und Heilmittel üblich. Zwischen dem 8. und 11. Jahrhundert wurden zahlreiche entweder in Europa vergessene oder bis dahin unbekannte Gewürzpflanzen durch die Araber bei uns eingeführt oder wieder bekannt gemacht. Zimt, Muskat, Gewürznelken, Kardamom, Safran und Ingwer, Orangen, Zitronen und viele andere exotische Gewürze fanden zu dieser Zeit ihren Weg auch in mitteleuropäische Küchen und Kräuterapotheken.

Gemüse wie Spinat und Artischocken (der Name stammt von der verballhornten Version des arabischen Namens dieser essbaren Distelblüte, al-charschuf), aber auch Maulbeeren, Aprikosen und das Zuckerrohr wurden von den Arabern nach Europa gebracht. Der Weg mancher dieser Pflanzen führte über Nordafrika und die damals von den Muslimen besetzte iberische Halbinsel nach Mitteleuropa, andere Gewürze gelangten mit Schiffen übers Meer in die Hansestädte und von dort aus ins Binnenland. Der Gewürzhandel war damals fast ausschließlich in den Händen von arabischen und venezianischen Händlern, die nicht selten mit dem Import von Spezereien ein Vermögen machten.

Wenn wir heute unsere Speisen wie selbstverständlich mit Pfeffer, Muskat und Zimt würzen, vergessen wir leicht, wie kostbar diese Gewürze einst waren. Ein Hauch von Luxus und Geheimnis umgab die exquisiten Handelswaren aus dem Orient, die sich nur die wohlhabende Oberschicht leisten konnte. Üppig gewürzte Speisen »nach Art der Sarazenen« galten als Ausdruck von Wohlstand und kamen bei Reichen und Mächtigen in Mode. Das gemeine Volk dagegen musste auf Pfeffer, Muskat und Nelken verzichten und würzte weiterhin mit einheimischen Kräutern. Umso mehr faszinierten die Düfte aus »Tausendundeiner Nacht« und regten zum Träumen von einer besseren Welt an, in der Genuss und Sinnlichkeit die Sorgen des Alltags vergessen lassen.

Scharf macht scharf

Feurigen Gewürzen wird eine besondere aphrodisierende Wirkung zugeschrieben. Ein raffiniertes asiatisches Essen mit reichlich Chili, Ingwer, Kardamom und Koriander wirkt stimulierend auf den Stoffwechsel und bringt den Kreislauf auf Touren. Korianderkörner im Wein steigern zusätzlich die Leidenschaft und runden den Liebeszauber ab. Eine Prise Nelken vertreibt dann noch den letzten Rest von Scheu und Schüchternheit. Der Mischung von Zimt und Ingwer wird eine besondere Wirkung zugeschrieben! Hier ist die Kreativität der Köchinnen und Köche gefragt.

Wer es lieber mit der europäischen Küche hält, kann es auch mit Senf, Meerrettich und Pfeffer probieren. Immerhin war Senf in Klöstern als Gewürz verboten.

Aber auch das Auge isst mit: Die intensiv goldgelbe Farbe des Safrans soll die Begierde zur Unkeuschheit wecken.

Arabische Ärzte

Mit den Spezereien, den Aromen und Düften des Orients gelangte im Mittelalter auch das Wissen um die Verwendung der Gewürze als Arznei nach Mitteleuropa. Arabische Ärzte schrieben schon vor über 800 Jahren Gesundheitsbücher. Hauptsächlich handelten sie von Heilmitteln, von denen sowohl einfache wie komplizierte

Schon vor mehr als 800 Jahren war die Heilkunde in den arabischen Ländern hoch entwickelt.

Rezepturen empfohlen wurden. Verbreitet waren aber auch Bücher über Gifte und Gegengifte sowie Diät- und Kochbücher und Ratgeber zu allen Fragen des Liebeslebens. Manches davon waren Übersetzungen aus dem Altgriechischen, die das Heilwissen der Antike auf diese Weise bewahrten und weiter verbreiteten. Nachhaltige Wirkung bis in die frühe Neuzeit hatten die Schriften von Gelehrten wie Averroes (Muhammad ibn Ahmad, 1126 – 1198), Avicenna (Abdallah ibn Sina, 980 – 1037), des jüdischen Arztes Maimonides (Rabbi Mose ben Maimon, 1135 – 1204) und Rhazes (Mohammed Abu Bekr ibn Sakarija al-Rasi, 850 – 923). Für die Verbreitung dieser Schriften war von Vorteil, dass sich im Abendland die Verwendung des Papiers durchsetzte, das fortan die teuren Pergamente ablöste. Die Araber hatten die Herstellung von Papier von den Chinesen erlernt und im Abendland bekannt gemacht. So konnten Rezepte für Heilmittel, aber auch für Mittel zur Steigerung der Potenz sowie Schriften zur Liebeskunst bald größere Bekanntheit erlangen.

Schmelztiegel Orient

Kein Ort der Welt war jemals dauerhaft und völlig isoliert, keine Region schöpfte allein aus sich selbst alles das, was sie vor anderen Gebieten auszeichnete. Doch in manchen Regionen konzentrierte sich das Wissen wie in einem Brennglas, so dass Wissenschaft und Künste zu voller Blüte kamen. Das gilt insbesondere für die arabische Welt der frühen Neuzeit, die zur Zeit des Propheten Mohammed und in den danach folgenden Jahrhunderten eine rasante Entwicklung durchmachte. Aus den einstigen Nomadenstämmen wurden geschickte Kaufleute und Händler, die auf ihren Reisen von Asien bis ins westliche Nordafrika nicht nur ihre Waren, sondern auch ihren Glauben, ihre Lebensart und ihre Wissenschaft verbreiteten.

Obwohl sich die arabische Kultur rasch ausbreitete, darf man jedoch den Einfluss der jüdischen, persischen und vor allem der indischen Kulturen auf die arabische Lebensart nicht verkennen. Ohne die Verdienste der Araber schmälern zu wollen, muss bedacht werden, dass viele der Kenntnisse und Rezepturen bereits eine lange Tradition hatten, bevor die Araber als Vermittler diese im Abendland bekannt machten. Bereits die Pharaonen im alten Ägypten schickten Expeditionen in das legendäre Goldland Punt (an die heutige Küste Somalias), um neben dem begehrten Edelmetall auch Weihrauchbäume, Myrrhen- und Zimtholz nach Hause zu bringen. Am Hofe des Pharaos waren diese natürlichen Pflanzenmaterialien als Räucherwerk und Duftstoffe außerordentlich geschätzt, wie ein Gedicht aus dem 2. Jahrtausend v. Chr. bezeugt: »Folge deinem Wunsch, solange du lebst/Lege Myrrhe auf dein Haupt/Kleide dich in feines Leinen/Getränkt mit köstlichen Wohlgerüchen,/Den echten Dingen der Götter,/Vermehre deine Wonne noch mehr,/Lass dein Herz nicht müde sein,/Folge deinem Wunsch nach Vergnügen!«

Ayurveda für die Liebe

Aus Indien stammen nicht nur viele der Zutaten für duftende Parfüms und anregendes Räucherwerk, sondern auch das Wissen um deren je nach Substanz betörende und heilende Wirkung. Die klassische indische Ayurvedamedizin, die in den letzten Jahren auch in Europa verstärktes Interesse erfährt, basiert u. a. auf diesem Wissen um die Heilkraft von Kräutern, Gewürzen, Harzen und Ölen.

Weniger um Heilung als um Verführung geht es im Alten Testament, wenn Duftstoffe von den Frauen zielgerichtet eingesetzt wurden: Beispielsweise machte Ruth, die Witwe Elimelechs, den reichen Großbauern Boas mit Wohlgeruch willenlos, und ebenso tat es Judith mit Holofernes, bevor sie ihn tötete. Wie sehr das Volk der Israeliten dem wohligen Duft huldigte, spiegelt sich auch im Hohen Lied Salomos wider. Dort heißt es über die Vorzüge der Geliebten: »Der Geruch deiner Salben übertrifft alle Gewürze (...) du bist gewachsen wie ein Lustgarten von Granatäpfeln mit edlen Früchten, Zypernblumen mit Narden, Narde und Safran, Kalmus und Zimt, mit allerlei Weihrauchsträuchern, Myrrhe und Aloe, mit allen feinen Gewürzen.«

Das Land der Düfte, Gewürze und der Liebeskunst

Die arabischen Länder waren nicht immer so streng und lustfeindlich, wie sie manchem Abendländer heute unter der Herrschaft von fundamentalistischen Mullahs und totalitären islamischen Diktaturen erscheinen. In der Blütezeit des Islam wussten Kalifen und Sultane ebenso wie die einfache Bevölkerung, wie sich das Leben so angenehm wie möglich gestalten ließ, ohne dabei der Völlerei zu verfallen oder die Gesetze des Propheten zu verletzen. Mäßigung und Fasten, eine sorgfältige Körperhygiene und eine bewusste, aber genussvolle Ernährung waren dabei selbstverständliche Bestandteile der muslimischen Kultur. So geht z. B. die Sitte, das Mahl mit einigen Süßigkeiten abzuschließen, einem Nachtisch also, auf arabische Tafelgewohnheiten zurück. Dass angenehme Düfte, Musik und eine geistreiche, heitere Unterhaltung das Tafeln noch angenehmer machen, dürfte ebenfalls arabischen Traditionen entlehnt sein. Keine Frage, dass ein derart lustvoll genossenes Mahl der beste Auftakt für ein zärtliches Tête-à-tête ist – dass man dies im Orient ebenfalls zu genießen wusste, beweisen die unzähligen Rezepte für Aphrodisiaka genauso wie die lustvollen, erotisch gefärbten Erzählungen aus Tausendundeiner Nacht!

Duftpflanzen aus Tausendundeiner Nacht

Die folgenden Porträts der bezauberndsten Duftpflanzen aus aller Welt stellen nur eine kleine Auswahl dar. Es gibt eine ganze Reihe weiterer Pflanzen und Pflanzenmaterialien, die als geheime Verführer bekannt sind.

Rose

Der Duft alter Rosensorten ist unvergleichlich zart und dennoch so verführerisch wie kaum ein anderer. Das aus den Blüten der Rose gewonnene Öl konzentriert diesen Duft noch einmal und fängt ihn, wenn auch nicht für die Ewigkeit, so doch für jene Momente ein, in denen wir keine duftenden Rosenblüten zur Verfügung haben. Das beste Rosenöl wird aus der Damaszener-Rose gewonnen, die in der Antike in Persien und Babylonien angebaut wurde.

Heute wird Rosenöl hauptsächlich in der Türkei, in Bulgarien und den südlichen Ländern der

ehemaligen Sowjetunion gewonnen. Die Produktion von Rosenöl ist sehr aufwändig: Für ein Kilogramm reines, durch Wasserdampfdestillation gewonnenes Öl müssen etwa 5000 Blüten gepflückt und verarbeitet werden. Das Destillationswasser wird als Rosenwasser vermarktet. Das kostbare Rosenöl wird hauptsächlich in der Kosmetikindustrie verwendet und ist überdies ein Heilmittel, das den gesamten Organismus reinigt. In der Aromatherapie wird Rosenöl bei Kummer, depressiven Verstimmungen und seelischen Verletzungen empfohlen. Das weniger intensive Rosenwasser wird im Orient häufig zum Aromatisieren von Speisen (vor allem Süßspeisen) verwendet.

Kampfer

Im Orient wird die kühlende, vitalisierende Wirkung des ätherisch duftenden Kampfers seit alters her geschätzt. Im Koran heißt es, dass die Gerechten nach ihrem Tod sich an einer Kampferquelle treffen würden, an der sie sich laben könnten. Doch auch schon als Lebender kann man die Vorzüge des Kampfers nutzen. So helfen Einreibungen mit Kampfersalbe bei funktionellen Herzbeschwerden, Muskelschmerzen, rheumatischen Erkrankungen und Muskelverspannungen. Auch bei Erkrankungen der Atem-

wege haben sich Einreibungen mit Kampferöl bewährt. Kampfer sollte jedoch immer nur äußerlich angewendet werden und nicht in Kontakt mit den Schleimhäuten kommen. Neben der medizinischen Verwendung wird Kampferöl auch in der Parfümerie verarbeitet. Echtes Kampferöl wird durch Destillation aus dem Holz des asiatischen Kampferbaums *(Cinnamonum camphora)* gewonnen. Es enthält zyklisches Keton. Inzwischen wird auch synthetisch erzeugter Kampfer angeboten. Zu therapeutischen Zwecken sollte jedoch immer das Naturprodukt verwendet werden.

Jasmin

Von den rund 200 Jasminarten findet nur der vom östlichen Kaukasus bis nach China vorkommende Echte Jasmin *(Jasminum officinale, syn. J. grandiflorum)* für die Herstellung von Jasminöl Verwendung. Das aus den weißen, intensiv duftenden Blüten dieses kletternden Ölbaumgewächses gewonnene Öl wird vor allem von der Parfümindustrie verarbeitet, wo es unter dem Namen »Essence jasmin absolue« bekannt ist. Weil man zur Produktion von einem Kilogramm des orangebraunen Öls etwa acht Millionen Blüten benötigt, ist das echte Jasminöl entsprechend teuer. Weil es aber so intensiv duftet, wird es nur in winzigen Mengen verwendet. In der Aromatherapie wird Jasminöl wegen seiner antidepressiven, entspannenden Wirkung eingesetzt. Verdünnt mit anderen Ölen wirken Massagen mit Jasminöl gegen trockene, emp-

findliche Haut, Müdigkeit und beleben darüber hinaus das Liebesleben. Geschätzt wird aber nicht nur das kostbare Öl, sondern auch die ganze Pflanze, deren Blütensterne besonders nach Anbruch der Nacht einen sinnlichen, romantischen Duft verströmen. Als Kübelpflanze gedeiht der Echte Jasmin auch in unseren Breiten, wenn man ihn kühl, aber frostfrei und hell überwintert.

Duftende Harze und Hölzer

Wie bei allen Völkern so spielten Räucherungen auch im Orient in der zeremoniellen Magie eine besondere Rolle. Während im Abendland oft Kräuter für die Räucherungen verwendet wurden (nähere Angaben zu Kräutern und ihren magischen Wirkungen finden Sie im Anhang auf S. 210 ff.), sind es im Morgenland vor allem Hölzer und Harze, die als anregende, die Sinnlichkeit fördernde Duftspender begehrt sind:

Akazienholz

Schon Moses wurde auf der Flucht aus Ägypten von Gott angewiesen, Akazienholz auf einem Räucheraltar zu verbrennen. Es handelte sich dabei um eine bestimmte Akazienart aus dem Sudan, deren Harz bei uns später unter dem Namen »Gummi arabicum« vor allem als Klebstoff bekannt wurde. Im Altertum war es wegen seines beim Verbrennen entstehenden Wohlgeruchs und seiner Bakterien tötenden Eigenschaften berühmt. Bei den alten Ägyptern diente es auch zur Herstellung von Medikamenten und zur Mund- und Zahnpflege.

Sandelholz

Als Sandelholz wird das Holz verschiedener, botanisch nicht miteinander verwandter Bäume bezeichnet, das seit jeher zu rituellen Schnitzarbeiten sowie zur Gewinnung ätherischer Öle verwendet wird. Das handelsübliche Sandelöl mit dem typischen Duft wird aus dem ostindischen Sandelbaum *(Santalum album)* gewonnen. Das echte, aus Holzspänen und zerkleinerten Wurzeln durch Wasserdampfdestillation gewonnene Sandelholzöl ist sehr kostbar, die Ausbeute relativ gering. Für Räucherungen werden sowohl das Öl als auch Späne aus Sandelholz verwendet.

Myrrhe

Das schon in der Bibel im Alten Testament erwähnte Myrrhenharz wird aus den Ästen des Myrrhenstrauches *(Commiphora abyssinica)* durch Anritzen der Rinde gewonnen. Das Harz selbst enthält bis zu 17 Prozent ätherisches Myrrhenöl und wird für Räucherungen eingesetzt, ein daraus bereitetes Öl findet in der Parfümerie Anwendung.

Galbanum

Das auch Mutterharz genannte Galbanum wird aus einer Pflanze namens *Ferula* gewonnen und zum Zweck des Räucherns zahlreichen Weihrauchmischungen und anderen Harzen zugesetzt. Galbanum wird aber nur selten in reiner Form verwendet, weil sein Geruch sehr scharf und intensiv ist.

Mastix

Gewonnen wird das Mastixgummi, ein klebriges, an der Luft getrocknetes Harz, durch Anritzen der Rinde des Mastixstrauches *(Pistacia lentiscus)*, einem Sumachgewächs, das in der Macchiavegetation des Mittelmeergebietes wächst. Als Räuchermittel sagt man dem Mastixharz nach, dass es die übersinnlichen Kräfte stärkt.

Olibanum

Bei Olibanum handelt es sich um ein farbloses Öl, das aus dem Harz des eingetrockneten Wundsaftes von *Boswellia sacra* gewonnen wird. Das balsamisch riechende Öl findet hauptsächlich in der Parfümherstellung Verwendung. Der Name Olibanum geht auf die arabische Bezeichnung für Weihrauch, al-luban, zurück, denn das Harz verschiedener *Boswellia*-Arten wird für die Weihrauchproduktion verwendet.

Ladanum

Dieses Harz wird aus der im Mittelmeerraum heimischen Lack-Zistrose *Cistus ladanifer* gewonnen. Charakteristsich für Ladanum ist sein balsamischer Geruch.

Styrax

Das aus dem Harz des kleinasiatischen Styraxbaumes *(Liquidambar orientalis)* gewonnene Styraxöl findet in der Parfümherstellung Verwendung. Sein Geruch erinnert an den Duft von reifen Quitten. Es wird manchmal auch unter dem Namen Benzoeharz gehandelt.

Weihrauch

Das echte Weihrauchharz wird aus dem Wundsaft von verschiedenen so genannten »Weihrauchbäumen« *(Boswellia*-Arten, vor allem aber *B. carteri)* in Somalia und auf der arabischen Halbinsel gewonnen. Der für kultische Zwecke zum Räuchern verwendete, handelsübliche Weihrauch ist meist eine Mischung verschiedener Harze (Olibanum, Myrrhe, Ladanum und Styrax) sowie getrockneter Drogen (Zimtrinde, Lavendelblüten u.A.).

Traditionelles Rezept für eine Weihrauchmischung

Eine Hand voll reinem Weihrauchharz wird in einen irdenen Topf gegeben, mit Weißwein bedeckt und gut verschlossen fünf Tage lang stehen gelassen. Wenn das Harz sich im Wein aufgelöst hat, gibt man Wacholderharz, Akazienharz, Kalmuswurzel und Henna zu gleichen Teilen hinzu. Man füllt mit Weißwein auf, bis die Mischung bedeckt ist und wartet etwa einen Tag, bis sie sich aufgelöst hat. Dann fügt man Mastix, Zimtrinde, Pfefferminze, Iriswurzel, Lorbeerblätter und Galgantwurzel *(Alpinia officinarum)* hinzu und lässt das Gemisch trocknen. Anschließend wird es zu Pulver zermahlen, dem man einen Esslöffel pulverisierte Myrrhe und einen Esslöffel Honig hinzufügt. Diese Paste streicht man auf ein glattes Brett und lässt sie durchtrocknen, bevor man sie in Stücke schlägt. Bis zum Gebrauch verwahrt man die fertige Räuchermischung in einem luftdicht schließenden Gefäß auf.
Zum Verräuchern der selbst hergestellten Weihrauchmischung benutzt man am besten eine feuerfeste, flache, mit Sand gefüllte Räucherschale und ein Stück Holzkohle, auf der man den Weihrauch verglimmen lässt. Wer das Gefühl hat, der Geruch der glühenden Holzkohle beeinträchtige den Weihrauchduft, der kann in Fachgeschäften auch speziell zum Zweck des Räucherns hergestellte Holzkohle in Form von Tabletten verwenden. Sie enthalten gereinigte, gepresste Holzkohle. Diese Räucherkohle hat den Vorteil, dass sie weniger stark riecht sowie gleichmäßig und sehr langsam verglüht..

Rezepte für Liebe und Sinnlichkeit

Die folgenden Rezepte sind verschiedenen historischen Quellen entnommen. Eine Gewähr für die Wirksamkeit der Zubereitungen kann nicht übernommen werden, aber warum sollte nicht unsere Libido anregen, was schon die Menschen früherer Zeiten stimulierte? Ein Versuch kann in diesem Fall jedenfalls nicht schaden.

Meerträubeltee zur Stärkung der Manneskraft

1 bis 2 Esslöffel frisches oder getrocknetes Kraut vom Meerträubel (Ephedra distachya) ✂ einige Pfefferminzblätter ✂ eine Prise Anissamen

Man gibt das Meerträubelkraut in einen Topf mit Wasser und lässt es zugedeckt etwa 10 Minuten kochen. Dann nimmt man den Topf vom Herd und gibt die Pfefferminzblätter und den Anissamen hinzu. Diese beiden Kräuter dienen vor allem dem besseren Geschmack der Teemischung, weshalb ihre Menge nach Belieben gehalten werden kann. Nachdem der Tee noch einige Minuten lang gezogen hat, kann er abgegossen und getrunken werden. Bei der Dosierung muss vorsichtig vorgegangen werden, denn die anregende bis erregende Wirkung setzt erst nach einer viertel bis halben Stunde ein, und ein Zuviel kann das Gegenteil der angestrebten Wirkung zur Folge haben. Hauptwirkstoff des Meerträubels ist Ephedrin, ein schwach giftiges Alkaloid.

Prickelndes

Frische Minzeblättchen ✂ 1 TL Zucker ✂ Eiswürfel ✂ eiskalter Sekt ✂ 1 EL Ananasstücke

Die Minzeblätter in dem Zucker zermörsern, in ein Rührglas geben und mit dem Sekt auffüllen. Ein Sektglas zur Hälfte mit zerstoßenen Eiswürfeln auffüllen und den Inhalt des Rührglases darüber gießen. Mit Sekt auffüllen und mit den Ananasstücken dekorieren.

»Sesam, öffne dich«

200 g Sesamsamen ✂ 1 Msp. Bourbon-Vanille ✂ 1 Msp. Nelken ✂ 1 Msp. Zimt ✂ 20 g Rosinen ✂ 20 g Datteln ✂ etwas Honig

Sesamsamen ohne Fett in einer Pfanne rösten und zermörsern. Sämtliche Gewürze hinzufügen und so viel Honig, dass die Masse formbar wird. Datteln und Rosinen untermischen, kleine Bällchen formen und im Kühlschrank aufbewahren.

Massageöl aus Tausendundeiner Nacht

1 Teil Essenz aus Muskatellersalbei (Salvia sclarea) ✂ 1 Teil Essenz aus Echtem Jasmin (Jasminum officinale) ✂ 1 Teil Essenz aus Rosen (Rosa spec.) ✂ 1 Teil Essenz aus Orangenblüten (Citrus sinensis) ✂ 1 Teil Essenz aus Kardamom (Elettaria cardamomum)

Die Zutaten werden miteinander vermischt und abwechselnd innerlich und äußerlich angewendet. Zur innerlichen Anwendung gibt man einige Tropfen der Mischung in eine Tasse Tee und trinkt diese. Als äußerliche Anwendung wird ein aus der Mischung bereitetes Massageöl empfohlen: Man mischt einige Tropfen dieser Essenzen mit etwas Kokosöl und massiert das duftende Öl in die Haut ein.

Liebeswein nach Hippokrates

1 TL Zimt ✂ 1 g Ingwer ✂ 1 g Muskat ✂ 1 g Nelken ✂ 20 Tropfen Pomeranzenöl ✂ 20 ml hochprozentigen Alkohol ✂ 100 ml Ahornsirup

Alle Zutaten in 1 Liter Rotwein geben, einige Tage durchziehen lassen und in eine Karaffe umfüllen.

Aphrodites Liebestrank

500 ml Tomatensaft ✂ Saft von 1 Orange ✂ Saft von 1 Limette ✂ 1 Spritzer Tabasco ✂ Salz, schwarzer Pfeffer ✂ Basilikumblätter

Tomaten-, Orangen- und Limettensaft mischen, würzen und die klein geschnittenen Basilikumblätter unterrühren.

Stärkungstee des Sultans

1 Esslöffel zerkleinerte, frische Ginsengwurzel ✂ 1 Esslöffel zerkleinerte, frische Ingwerwurzel ✂ 1 Esslöffel zerkleinertes, getrocknetes Süßholz ✂ 1 frische oder getrocknete Dattel ✂ etwas Honig

Man kocht alle Zutaten bis auf den Honig in einem halben Liter Wasser auf und lässt die Mischung anschließend etwa eine viertel Stunde lang ziehen. Dann seiht man die Pflanzenteile ab, süßt den Tee mit Honig und trinkt ihn schluckweise.

Kräuter-Liebestee

1 TL Salbei ✂ ½ TL Bohnenkraut ✂ ½ TL Rosmarin ✂ ½ TL Minze

Sämtliche Kräuter vermischen, mit 500 ml kochend heißem Wasser übergießen und 10 Minuten zugedeckt ziehen lassen. Den Tee durch ein Sieb abgießen und mit Honig gesüßt trinken.

Magische Düfte, die Begehren erwecken

Ganz gleich, ob es die opulenten Düfte von Moschus, Myrrhe und Weihrauch sind oder die blumigen Aromen von frisch erblühten Rosen, Gardenien, Jasmin oder Veilchen – die Rolle, die Düfte bei der Kunst der Verführung spielen, darf nicht unterschätzt werden! Wer den Auserwählten oder die Heißbegehrte für sich gewinnen möchte oder dem Feuer der Liebe neue Nahrung geben will, kommt an wohlriechenden Harzen, Essenzen, Räucherwaren und Parfüms nicht vorbei.

Die Nasenschmeichler wirken zwar ganz subtil, haben aber die Fähigkeit, unsere Sinne zu öffnen und einen Weg zu unserem und dem Herz des geliebten Menschen zu bahnen.

Welche Rolle spielen Düfte im Alltag?

Sie sind unsichtbar, lautlos und nicht mit Händen zu fassen – und doch spielen Düfte eine große Rolle in unserem Leben. Ohne Düfte wäre die Welt um eine sinnliche Komponente ärmer, denn sowohl angenehme als auch abstoßende Gerüche sind ein wesentlicher Faktor der Wahrnehmung.

Auch für die Beziehung der Menschen zueinander sind Düfte von überragender Bedeutung. Selbst wenn wir es kaum wahrnehmen, spielen die individuellen Düfte von Haut, Haaren und dem Atem eine große Rolle dabei, ob wir jemanden sympathisch finden oder sprichwörtlich »nicht riechen können«. Unbewusst nimmt unser Geruchssinn die Witterung auf und verarbeitet die Information, ohne dass wir diesen Prozess beeinflussen könnten. Das Riechzentrum im Gehirn eines Menschen ist über das zentrale Nervensystem eng mit einem Teil des Zwischenhirns sowie mit dem limbischen System verbunden. In diesem vegetativ-nervösen Regulationssystem des Gehirns werden u. a. die mit der Nase gesammelten Informationen weiter verarbeitet und mit anderen Sinneseindrücken verknüpft. Von diesem entwicklungsgeschichtlich ziemlich alten Gehirnteil aus werden unsere Gefühle gesteuert und mit der Tätigkeit unserer inneren Organe koordiniert.

Seit jeher haben Menschen sich die Macht der Düfte zunutze gemacht, um anderen zu gefallen, um eine angenehme Atmosphäre zu schaffen oder die Sinne zu stimulieren. Wohlriechende Salben, Parfüms und Duftwässerchen für den

Körper, Potpourris, Räucherstäbchen und Duftkerzen sind seit Jahrtausenden bekannte Mittel, um die Sinne zu betören und zu verwöhnen.

Düfte können auch lügen

Natürlich kann man mit Düften auch manipulieren, betrügen und etwas vorgaukeln, das gar nicht existiert. So ruft uns Rosenduft unweigerlich das Bild einer blühenden Rose vor Augen, auch wenn der Duft aus der Spraydose kommt, synthetisch erzeugt wurde und weit und breit keine Rose in der Nähe ist. Röstaromen lassen uns automatisch das Wasser im Munde zusammenlaufen, weil wir uns daran erinnern, dass dieser Duft von gebratenen oder gegrillten, köstlich schmeckenden Nahrungsmitteln stammt. Die Industrie hat daraus gelernt und versteht es inzwischen meisterhaft, die Welt der Düfte für ihre Zwecke einzusetzen. Viele Lebensmittel wie Ananas, Erdbeeren aus dem Folienhaus oder Äpfel werden heutzutage künstlich beduftet, um die Käufer zum Zugreifen anzuregen, und selbst die Autoindustrie beschäftigt spezielle Duftdesigner, die einem Fahrzeug je nach Image einen ganz bestimmten Geruch verleihen, um dem Kunden die Kaufentscheidung zu erleichtern. Wer sich in der Welt der Düfte auskennt, kann mit Hilfe der richtigen Mischung zur richtigen Zeit manches Mal sein Ziel leichter erreichen.

Düfte können uns in eine Welt der sehnsuchtsvollen Träume und der schönsten Erinnerungen entführen.

Den Umstand, dass Gerüche »manipulieren« können, kann man sich auch bei der Liebe zunutze machen, indem man aus dem Repertoire der Düfte jene magischen Gerüche einsetzt, die Begehren erwecken und die Bereitschaft zur Sünde steigern.

Düfte als Lockmittel

Wenn Blüten duften, dann tun sie dies nicht, um uns Menschen zu gefallen. Sie haben schon ihre Wohlgerüche verströmt, bevor es überhaupt Menschen auf der Erde gab. Die verführerische Eigenschaft, angenehme Gerüche abzusondern, dient bei den Pflanzen allein zum Zweck der Arterhaltung. Durch die intensiven Düfte werden Insekten angelockt, die bei der Suche nach Nektar in der Blüte diese gleichzeitig bestäuben. Bienen und Hummeln reagieren zwar hauptsächlich auf Farben, die Düfte einer Blüte sind für sie zweitrangig. Aber Schmetterlinge und viele andere Insekten fliegen auf intensive Blütendüfte, was man beispielsweise an Lavendel, Thymian und anderen eher unscheinbar blühenden Duftpflanzen beobachten kann. Nachtfalter und andere in der Nacht aktive Insekten lassen sich vor allem von intensiven Düften anlocken. Schließlich gibt es für die Pflanzen in der Dunkelheit kaum andere Möglichkeiten als den Appell an den Geruchssinn, um auf sich aufmerksam zu machen. Das erklärt auch, weshalb viele der nachts blühenden Pflanzen besonders intensiv duften.

Doch auch, wenn die Düfte der Pflanzen eigentlich nicht für unsere Nasen bestimmt waren, haben sie dennoch eine äußerst starke Wirkung auf uns. Auch wir werden durch angenehme Düfte auf wundersame Weise gefesselt. Sie locken uns an Orte, die durch den Wohlgeruch besonders anziehend auf uns wirken. Das kann ein Garten voller aromatischer Kräuter und anmutig duftender Blüten sein, eine Küche voller köstlich gewürzter Speisen, aber auch ein Boudoir, in dem uns Sinnenreiz und sündige Lust erwartet.

Parfüm gehört seit Jahrhunderten zu den effektivsten Mitteln der Verführung, und ganze Generationen von Parfümeuren haben nach der ultimativen Essenz gesucht, die selbst die Standhaftesten und Tugendhaftesten zur Liebe verführen soll.

Trotz aller Anstrengungen ist der Duft noch nicht erfunden, der auf alle Menschen gleich betörend wirkt. Während die einen bei Moschus, Ambra und Sandelholz schwach werden, schwinden anderen beim Duft von Rosen, Jasmin oder Flieder die Sinne. Nicht jedes Parfüm passt zu jedem, auch wenn die Werbung uns glauben lassen möchte, dass dieses oder jenes Produkt uns »einfach unwiderstehlich« werden lässt. Jeder künstliche Duft verbindet sich auf der Haut mit dem Eigengeruch des Anwenders, so dass ein und dasselbe Parfüm bei jedem Menschen anders riecht. Die Kunst besteht vor allem darin, unter Tausenden von Duftwässerchen das eine Parfüm zu finden, das am besten zur eigenen Person passt und den individuellen Charakter unterstreicht.

Mit einer Duftlampe kann man eine magische Atmosphäre schaffen, die jeden Raum verzaubert.

Ätherische Öle als Aphrodisiaka

Ätherische Öle wirken auf vielfache Weise. Sie stammen von Pflanzen – sie sind sozusagen deren Essenz – und harmonieren perfekt mit der menschlichen Natur. Sie haben eine beruhigende Wirkung und helfen, das seelische Gleichgewicht wiederherzustellen.
Die Düfte der Öle haben aber auch nachgewiesenermaßen eine Wirkung auf unser Sexualleben. Sie helfen, erlahmte Sexualität wiederzubeleben, und sind gleichzeitig stimulierend und anregend. Stimulierende Öle für den Mann sind beispielsweise Kümmel-, Costus-, Kardamom- und Anisöl. Hyazinthenöl betont das Romantische, Jasminöl und Ylang-Ylang-Öl haben eine stark erotische Komponente.
Eine Mischung für die Duftlampe, die das sexuelle Verlangen steigert, ist beispielsweise die folgende: 6 Tropfen Jasminöl, 6 Tropfen Rosenöl, 10 Tropfen Sandelholzöl und 8 Tropfen Kümmelöl in 30 ml neutralem Pflanzenöl.

Die sinnlichsten Düfte

Wenn etwas angenehm riecht, bedeutet es nicht unweigerlich auch, dass es Begehren erweckt und die Sinnlichkeit anregt. Welcher Duft anregend oder sogar erotisierend wirkt, ist zwar individuell verschieden und auch vom jeweiligen Geschlecht abhängig, aber tendenziell sind es eher die schweren, schwülen Düfte, mit denen man bei Verführungsversuchen erfolgreich sein wird. Oft ist es allein eine Frage der Konzentration, ob ein Duft als angenehm, penetrant oder gar widerlich empfunden wird. Um die gängigen Duftcharaktere zu beschreiben, lassen sich die Düfte grob in mehrere Gruppen einteilen:

Aromatische Düfte

Aromatische Düfte, die zu den angenehmsten überhaupt gehören, wirken in der Regel erfrischend und heiter. Dazu zählen viele Blütendüfte wie der von Nelken, Nachtviolen, Hyazinthen, aber auch Düfte mit würziger Note, etwa Vanilleduft oder Blüten mit leichter Zitrusnote. Solche Düfte können manchmal etwas süßlich sein, sind aber nie aufdringlich oder überwältigend. In der Kunst der Verführung helfen sie, die Sinne zu öffnen und eine entspannte, für alle erdenklichen Situationen offene Stimmung zu verbreiten.

Zitrusdüfte

Nach Zitrus duften natürlich die ölhaltigen Schalen reifer Zitronen. Sonst ist der typische Zitrusduft aber vor allem in den Blättern bestimmter Pflanzen zu finden, etwa in denen der Zitronenverbene *(Aloysia triphylla)*, der Zitronenmelisse *(Melissa officinalis)*, des Zitronenthymians *(Thymus x citriodorus)*, mancher Duftpelargonien (»Duftgeranien« , z.B. *Pelargonium* 'Mabel Grey') und einiger exotischer Gewächse. Zitrusdüfte wirken vor allem erfrischend und belebend und suggerieren eine fruchtige Süße, ohne dabei schwer oder aufdringlich zu sein. Sie haben einen fröhlichen Charakter und eignen sich bestens, um einen müden Liebhaber aufzuwecken.

Rosendüfte

Der klassische Rosenduft ist aromatisch, leicht süß bis würzig mit einer fruchtigen Note. Am reinsten bergen die Blüten der Damaszener-Rosen *(Rosa damascena)* diesen Duft. Hauptbestandteil des Rosenduftes ist eine Substanz namens Geraniol, die auch im Laub von Duftpelargonien und manchen Storchschnabelarten (Geranium spec.) zu finden ist.
Echter Rosenduft wirkt nie vulgär oder aufdringlich, sondern hat immer eine exquisite und vornehme Note. Wer bei der Verführung besonders elegant und subtil vorgehen möchte, ist mit Rosendüften richtig beraten.

Veilchendüfte

Der typische Veilchenduft besitzt ein Geheimnis: Er ist nur kurze Zeit wahrnehmbar, dann verflüchtigt er sich scheinbar, um nach einer »Riechpause« wieder zurückzukehren. Doch es ist nicht das Veilchenparfüm, das verschwindet, sondern unsere Fähigkeit, diesen Duft wahrzunehmen. Das für den Veilchenduft zuständige

Ätherische Öle, die die Sinne beleben

Öl	Eigenschaften
Neroli	Entspannend und stimulierend gleichzeitig. Kräftigt das Selbstvertrauen, sehr weiblich.
Patschuli	Stimuliert das Nervensystem, erdig und tief.
Ylang Ylang	Stimuliert die Sinne und vertreibt Eifersucht. Beseitigt die Frustrationen des Lebens.
Muskatellersalbei	Vertreibt Melancholie, Stress und Paranoia. Weckt die weibliche Sexualität.
Bergamotte	Belebt die Sexualität, beseitigt Krisen und erfüllt Wünsche.
Koriander	Würzig, warm und stimulierend.
Majoran	Nimmt die Furcht vor der Liebe und richtet die sexuelle Energie neu aus. Vertreibt Gefühlskälte und tröstet gebrochene Herzen.
Rosmarin	Steigert die Kreativität und weckt das Herz.
Rose	Balsam für die Gefühle, voller Sinnlichkeit.
Jonquille	Bringt geheimste Wünsche zum Vorschein, löst Frustrationen und Minderwertigkeitsgefühle.

Jonon, eine organische Ketonverbindung, ermüdet kurzfristig unseren Geruchssinn – der köstliche Duft »verduftet« einfach. Deshalb ist Veilchenduft für die menschliche Nase auch so schwer fassbar und kann in der Praxis fast nicht überdosiert werden.

Veilchenähnlich riecht das Rhizom der blaublütigen Deutschen Schwertlilie *(Iris germanica)*. Hier ist Iron für den charakteristischen Duft verantwortlich. Auch die Gartenresede *(Reseda odorata)* riecht veilchenähnlich.

Für frisch Verliebte ist Veilchenduft noch immer ein romantisches Versprechen, wer aber eine sinnliche und verführerische Atmosphäre schaffen möchte, die rasch zum Erfolg führt, sollte eher auf andere Düfte setzen.

Fruchtige Düfte

Es gibt Düfte, die an grüne Äpfel, Orangenblüten, Mango, Maracuja, Brombeeren, samtig behaarte Pfirsiche, blaue Pflaumen oder reife Trauben erinnern und unweigerlich dazu anregen, sich einen sonnigen Sommertag im Obstgarten oder eine tropische Plantage voller köstlicher Früchte vorzustellen. Solche Düfte sind zwar frisch und fruchtig, aber nicht so spritzig wie Zitrusdüfte, sondern eher aromatisch. Sie sind im übertragenen Sinne »appetitlich«. Die meisten Menschen assoziieren mit fruchtigen Düften automatisch Gesundheit und Wohlbefinden. Eine fruchtige Note schadet deshalb auch nicht, wenn man im Partner Lust und Leidenschaft wecken möchte. Aber übertreiben sollte man damit nicht, denn dann könnte es passieren, dass beim Liebesspiel plötzlich der Magen zu knurren beginnt ...

Honigdüfte

Viele Pflanzen verströmen süße, weiche Honigdüfte, um damit Insekten anzulocken. Die Blüten des Echten Geißblatts *(Lonicera caprifolium)*, das im Volksmund auch Jelängerjelieber genannt wird (jeder kann sich sicherlich vorstellen, was damit gemeint ist), duften so intensiv nach Honig, dass die Pflanze im Englischen den Namen Honeysuckle erhalten hat. Ebenfalls nach Honig duften Sommerflieder *(Buddleja davidii)*, Schwarzer Holunder *(Sambucus nigra)*, Goldlack *(Erysimum cheiri)*, Duftsteinrich *(Lobularia maritima)* und das Echte Labkraut *(Galium verum)*. Honigduft wirkt lieblich und mild, manchmal sogar etwas brav und bieder, was aber seine Beliebtheit auch in der Erotik bestimmt nicht schmälert. Schließlich sehnt sich doch eigentlich ein jeder in das Land, in dem Milch und Honig fließen.

Das echte Geißblatt, auch als Jelängerjelieber bekannt, verströmt zarten Honigduft.

Schwere Düfte

Von manchen Menschen werden schwere Düfte als wuchtig, oberflächlich und primitiv angesehen, aber wenn es um Verführung und Sinnlichkeit geht, gehören sie zu den absoluten Favoriten. Viele Lilienarten, Echter Flieder *(Syringa vulgaris)*, Dichterjasmin *(Jasminum officinalis)* und die exotischen, aus Mexiko stammenden Tuberosen *(Polianthes tuberosa)* verströmen solche schweren, fast schwülen, sinnlichen Düfte, die in hoher Konzentration für die meisten Menschen nahezu unerträglich werden. In geringeren Dosen und aus der Ferne wirken sie betörend und können deshalb sehr wirkungsvoll eingesetzt werden, wenn es darum geht, die Lust und Leidenschaft zu steigern. Auch viele Tropenpflanzen wie beispielsweise Frangipani sind für ihre schweren Düfte bekannt.

Holzige und erdige Düfte

Die Düfte von Rinden, Hölzern und Harzen vermitteln meist eine gewisse Erdschwere und können unter Umständen etwas herb riechen. Man teilt die holzigen Düfte in eine aromatische und eine Terpentingruppe ein. Aromatisch nach Zimt, Anis oder Piment duften meist Hölzer und Rinden, die bei Verletzungen eine harz- oder gummiähnliche Substanz absondern. Hierzu gehören auch die exotischen Sandelholz- und Rosenholzarten. Der Duft der meisten Nadelhölzer wie Tannen, Fichten, Zedern, Zypressen und Pinien erinnert in hohen Konzentrationen an Terpentin.

Für sinnliche, erotische Stunden wählt man daher am besten ein Parfüm, das an Gewürze erinnert, denn die Düfte aus der Terpentin-Gruppe wecken eher Assoziationen an Erkältungsmedizin oder Lösungsmittel – also Düfte, die jede Lust zur Liebe mit ziemlicher Sicherheit in Windeseile vertreiben.

Animalische Düfte

Manche Düfte können ihre Herkunft aus dem Tierreich nicht verhehlen: Moschus, Ambra und Zibet sind Substanzen, die in größerer Konzentration bestialisch – also tierisch – stinken, aber in geringen Dosierungen so manchem Parfüm das gewisse Extra geben. Sie sind gleichzeitig süß und herb und von ungeheurer sinnlicher Wärme, weshalb sie zu den verführerischsten Düften überhaupt zählen.

Echter Tonkinmoschus ist ein stark riechendes Sekret aus der Bauchdrüse des asiatischen Moschushirsches. Bei Ambra (oder Amber) handelt es sich um ein wohlriechendes, wachsartiges Stoffwechselprodukt, das durch Verfettungen im Darmsystem von Pottwalen entsteht, und Zibet ist eine salbenartige, gelbbraune Masse, die ursprünglich aus dem Analdrüsensekret der asiatischen Zibetkatze *(Viverra zibetha)* hergestellt wurde.

Inzwischen können alle diese animalischen Düfte auch synthetisch erzeugt werden, was ganz im Sinne des Artenschutzes ist. Synthetische Moschusverbindungen stehen allerdings in dem Verdacht, gesundheitsschädlich zu sein.

Verführerische Duftrezepte

Duftendes Badeöl

Auf 1 Esslöffel Mandelöl gibt man 4 bis 6 Tropfen eines wohlriechenden ätherischen Öls (z. B. Rosen- oder Lavendelöl). Soll das Bad schäumen, mischt man einen Esslöffel Babyshampoo oder unparfümierte Flüssigseife dazu. Mit diesem einfachen Rezept können ganz individuelle Duftkompositionen ausprobiert werden, die je nach Temperament beruhigend oder anregend wirken.

Duftsäckchen für den Wäscheschrank

In ein Säckchen aus Musselin, Seide oder hübsch bedruckter Baumwolle gibt man eine Hand voll getrocknete Lavendelblüten. Der Duft verleiht der Wäsche einen angenehmen, blumig-herben Geruch. Man kann die Duftwirkung verstärken, indem man die trockenen Lavendelblüten zunächst mit einigen Tropfen Lavendelöl beträufelt, einige Tage in einem verschlossenen Schraubglas ziehen lässt und dann erst in die Säckchen füllt. Bett- und Weißwäsche, die aus solch einem beduftеten Schrank stammt, wirkt gewiss stimulierender als der synthetische Duft vieler handelsüblicher Weichspüler!

Duftpotpourri

Für ein verführerisch duftendes Potpourri nimmt man 2 Tassen getrocknete Rosenblütenblätter, je 1 Tasse getrocknete Rosenblütenknospen, Jasminblüten und Geißblattblüten, 2 Zimtstangen sowie zwei Vanilleschoten und vermischt alles miteinander. Dann träufelt man je 2 Tropfen konzentriertes Öl von Rosen, Neroli, Bergamotte und Jasmin darüber und füllt das Potpourri in eine dekorative flache Schale oder ein hübsch geflochtenes Körbchen.
Auf dem Nachttisch platziert schmeichelt das Potpourri der Nase und steigert die sinnliche Erlebnisfreude. Wenn die Duftwirkung nach einigen Wochen nachlässt, kann man sie mit einigen Tropfen der duftenden Öle wieder zu neuem Leben erwecken.

Duftseife

Seifengeruch auf der Haut ist alles andere als verführerisch. Die meisten handelsüblichen Seifen und Waschlotionen duften leider eher sauber als verführerisch.
Um ein Stück unparfümierter Seife in ein sinnlich duftendes Körperpflegeprodukt zu verwandeln, das die Lust auf Zärtlichkeit und Liebe steigert, wickelt man das Seifenstück in ein Tuch aus Baumwolle oder Verbandmull ein, das zuvor einige Zeit in einer wohlriechenden Mischung aus ätherischen Ölen eingeweicht wurde. Dann wickelt man dieses Päckchen möglichst luftdicht in Frischhaltefolie ein und lässt es etwa sechs Wochen durchziehen. Danach hat die Seife den Duft der ätherischen Öle angenommen und kann vor einem Rendezvous benutzt oder natürlich auch, hübsch verpackt, verschenkt werden.

Massageöl für die Füße

Eine Fußmassage ist nicht nur entspannend, sondern auch Ausdruck großer Zärtlichkeit und, wenn sie richtig ausgeführt wird, äußerst sinnlich. Mit dem richtigen Massageöl wird ein echtes Erlebnis daraus! Man mischt 3 Esslöffel Mandelöl mit 2 Tropfen Rosenöl und 1 Tropfen natürlicher Vanilleessenz und massiert die Mischung nach und nach zärtlich in die Füße des Partners ein. Leise Musik und Kerzenlicht verstärken den Genuss!

Ein Bad aus Milch und Honig

Für ein verführerisches Bad, das die Haut zart macht und die Sinne für die Liebe öffnet, mischt man 1 Esslöffel Honig, 1 Esslöffel frische Sahne und 1 Teelöffel Vanilleextrakt ins Badewasser. Besonders verlockend wird ein solches Bad, wenn man Rosenblütenblätter in die Wanne streut, bevor man den Partner zum gemeinsamen Bad einlädt!

Grundrezept für Duftwasser

Um sich sein eigenes, auf den individuellen Typ zugeschnittenes Duftwasser zu mischen, braucht man 10 Tropfen einer Mischung von beliebigen, wohlriechenden ätherischen Ölen (z.B. Rosen-, Lavendel-, Zitrus-, Bergamotte- oder Rosenholzöl), 3 Teelöffel reinen Alkohol (aus der Apotheke) und 2 Teelöffel Wasser. Nach dem Vermischen in ein dicht schließendes Fläschchen füllen und kühl aufbewahren.

Eau de Cologne für ganze Kerle

Für ein herb-männliches Eau de Cologne, das Frauen schwach werden lässt, nimmt man 6 Tropfen Zedernholzöl, 2 Tropfen Zypressenöl, 2 Tropfen Zitronenöl, 2 Tropfen Rosmarinöl und 2 Tropfen Sandelholzöl. 3 ½ Teelöffel reinen Alkohol (aus der Apotheke) hinzufügen und 48 Stunden ziehen lassen. Anschließend mit 1 ½ Teelöffel Wasser auffüllen und nochmals sechs Wochen an einem kühlen, dunklen Ort ziehen lassen. Zur Aufbewahrung in ein für Licht undurchlässiges Fläschchen füllen. Unter dem Einfluss von Licht und Wärme verändert sich der Duft und kann unangenehm werden.t

Eau de Cologne für Evas

Kaum ein Mann wird dem sinnlichen Duft dieses extrem femininen Eau de Colognes widerstehen können. Zur Herstellung dieser »Geheimwaffe« werden 10 Tropfen Rosenöl, 6 Tropfen Bergamotte, 6 Tropfen Jasminöl, 4 Tropfen Korianderöl und 2 Tropfen Sandelholzöl benötigt. Diese Öle werden mit 3 1/2 Teelöffeln reinen Alkohols (aus der Apotheke) vermischt. Die Mischung muss danach 48 Stunden lang ziehen. Anschließend wird mit 1 1/2 Teelöffel Wasser aufgefüllt und alles nochmal 6 Wochen an einem kühlen, vor Licht geschützten Ort ziehen gelassen. Wenn das Eau de Cologne fertig gereift ist, kann es in einen hübschen, für Licht undurchlässigen Glasflakon gefüllt werden. Solch ein Duftwasser ist auch ein schönes, individuelles Geschenk unter Freundinnen.

Liebeszauber

Seit Jahrtausenden stellen sich Menschen immer wieder eine Frage: Woran kann ich erkennen, ob meine Liebe erwidert wird – und falls nicht, wie kann ich die geliebte und begehrte Person für mich gewinnen? Liebesorakel und Rituale, die dem Herzen auf die Sprünge helfen sollen, gibt es wohl in allen Kulturen der Welt. Ganz zaghafte Naturen fallen nicht gleich mit der Tür ins Haus, sondern fragen das Orakel zunächst ganz bescheiden, ob es überhaupt ein Liebesglück geben wird, bevor sie sich danach erkundigen, wer die Person des Herzens ist und ob später auch eine Hochzeit ins Haus steht.

Eines der bekanntesten und bei romantischen Naturen immer noch gebräuchlichen Liebesorakel ist mit Sicherheit die so genannte Rupfblume. Vor allem junge Mädchen frönten einst diesem Brauch. Während sie einen Abzählreim aufsagten, zupften sie von einer Margeriten- oder Gänseblümchenblüte ein Blütenblatt nach dem anderen ab und sprachen dabei: »Er liebt mich von Herzen – mit Schmerzen – ein wenig – oder gar nicht«. Auch das Gretchen in Goethes »Faust« spielte dieses Spiel mit einer »Sternblume«, also einem Korbblütler wie Margerite oder Maßliebchen – leider mit bekanntlich fatalem Ausgang.

Mich hât ein halm gemachte frô!
Er giht ich sül genâde vinden,
Ich maz daz selbe kleine strô,
Als ich hie vor gesach von kinden:
Si tuot, sie entuot, si tuot, sie entouot…
(= sie tut, sie tut nicht, sie tut …)

Im Mittelalter befragten Verliebte ein so genanntes Halmorakel danach, ob ihre Liebe erwidert würde. Hier war es die Anzahl der Knoten (Internodien) im Stängel, die man abzählte. Vom Minnesänger Walther von der Vogelweide ist ein Lied (»Vom Zwîvellîchen Wân«) überliefert, in dem er gesteht, das Halmorakel befragt zu haben (siehe links).

Manchmal aber weiß man noch nicht einmal, wer der oder die Auserwählte ist. Hier ist dann wirklich alles offen, was die Spannung noch erhöht. Gerade für solche Fälle gibt es spezielle Liebesorakel (siehe auch Seite 68 f.), die alle Fragen danach, wer der oder die Zukünftige sein wird, wann die Hochzeit stattfinden kann und ob die Ehe eine glückliche wird, zuverlässig beantworten – vorausgesetzt, man glaubt ganz fest an die Kraft des Orakels!

Blumen sind der Ausdruck von Verehrung, zarter Liebe und verzehrender Leidenschaft.

Und bist du nicht willig ...

Salopp gesprochen ist Zauberei und Magie, wenn man den eigenen Wünschen und Begehrlichkeiten mit Hilfe übernatürlicher Kräfte, Ritualen, Zaubersprüchen und magischem Beiwerk etwas nachhelfen möchte. Vor allem der Liebeszauber dient dem Wunsch, dem Liebeswillen des anderen ein wenig auf die Sprünge zu helfen. Und da scheint jedes Mittel recht! Plagten sich unsere Vorfahren noch mit der Beschaffung von Ingredienzen wie Schlangenblut und zermörserten Kröten, greift die moderne Hexe gerne auf allerlei Kräuter, Gewürze und duftendes Beiwerk zurück. Vieles davon wächst im eigenen Garten oder ist einfach und preiswert zu besorgen. Doch die Liebe ist bekanntlich eine Himmelsmacht, und erzwingen lässt sich nichts. Gegen den Willen des »Opfers« angewandt, wird der Zauber eher Unglück bringen.

In den meisten Fällen entspringt der Wunsch, ein Liebesritual durchzuführen, dem Umstand, dass unsere Liebe unerwidert bleibt oder man einen Partner zurückgewinnen möchte. Dies hat aber nicht viel mit Liebe zu tun, sondern ist reines Besitzdenken. Liebe sollte immer auf dem Prinzip der Freiwilligkeit beruhen, auch in Blick auf eine möglichst lange Beständigkeit. Besonders am Beispiel des Liebeszaubers wird also die Grenze zwischen lauteren und unlauteren Absichten von magischen Praktiken deutlich. Die weit verbreiteten Liebeszauber fallen in eine Grauzone zwischen schwarzer und weißer Magie, denn der Vorteil, den sie der einen Person bringen, kann für andere Menschen Unheil zur Folge haben – beispielsweise Ehebruch bei Verheirateten, Liebesleid und Eifersucht für die Verlassenen und Verschmähten, aber auch übertriebene Leidenschaft und Abhängigkeit der zur Liebe Verhexten. Es gibt übrigens zahlreiche Fälle von Hilfesuchenden, die glauben, dass ein Liebeszauber auf ihnen liegt und sie nicht wissen, wie sie ihn wieder loswerden sollen. Spätestens beim Erfolg dieses Bemühens ist es vorbei mit der angehexten Liebe. Dies heißt natürlich nicht, dass Sie das magisch-mythische Wissen nicht als Anregung für den eigenen, spielerischen Umgang mit Sexualität und Liebe verwenden und so Schwung in das oft festgefahrene Liebesleben bringen – das Einverständnis und die Bereitschaft des Partners oder der Partnerin vorausgesetzt. Erlaubt ist, was beiden gefällt. Auch gegen einen »Attraktivitätszauber«, der einen selbst dem Partner begehrlicher erscheinen lässt, ist nichts einzuwenden.

Vielen exotischen Pflanzenstoffen sagt man potenzsteigernde Kräfte nach.

Viagra aus der Natur

Bereits die Azteken kannten die aphrodisierende Wirkung von Kakao. Gewürzt mit Zimt, Kardamom, Vanille und etwas Chilipulver kann er seine erotisierende Wirkung voll entfalten.
Ebenfalls aus Mexiko stammt Damiana, ein Aphrodisiakum, das aus den Blättern eines in Mexiko heimischen Strauchs, *Turnera diffusa*, gewonnen wird. In Südamerika ist Damiana unter dem Namen »Rompe camisa macho« (»Zerreiß dem Mann das Hemd«) bekannt.
Aus Südamerika stammt das uralte Lebens- und Sexualelixier der Amazonasindianer, Guarana. Es wirkt als Aphrodisiakum, steigert die sexuelle Vitalität und fördert das allgemeine Wohlbefinden. Die Samen werden auch »Früchte der Jugend« genannt.
Afrika ist ein Kontinent voller Geheimnisse und Magie. Zaubermedizin gehört in Afrika zum täglichen Leben. Die Buschleute kennen sehr

viele Zaubermittel und medizinisch wirksame Kräuter. Ein besonders effektives Mittel, das in allen Liebeslagen hilft, ist Vuka-Vuka. Übersetzt bedeutet das »Wach auf, wach auf!« Vuka-Vuka ist ein stark anregendes Aphrodisiakum und wirkt wie Viagra – bei afrikanischen Männern der Verkaufsschlager schlechthin. Bei Vuka-Vuka handelt es sich um eine Mixtur aus verschiedenen Pflanzen und um das vermutlich am besten gehütete Geheimnis für funktionierende Ehen im Süden Afrikas.

Ebenfalls aus Afrika stammt Iboga *(Tabernanthe iboga)*. Dieser Strauch ist seit Jahrhunderten eine Zauberpflanze der Fetischpriester und spielt in vielen Kulten eine Rolle. Die Wurzel gilt als eines der stärksten Aphrodisiaka.

Düfte und Elixiere, die das Verlangen wecken

Weihrauchmischung für Liebende

3 Teile Olibanum ✂ 1 Teil Zimtrinde ✂ ½ Teil gemahlenes Sandelholz ✂ 1 Prise Anissamen ✂ 1 Prise Kardamomsamen ✂ 1 Prise gemahlene Kalmuswurzel (Acorus calamus) ✂ ½ Teil gemahlene Gelbwurzel (Curcuma ✂ etwas Ylang-Ylang-Öl

Man zerstampft die Zutaten in einem Mörser, bis sich eine geschmeidige Paste bildet, die sich gut kneten lässt. Auf die glühende Holzkohle eines Räuchergefäßes gelegt entfaltet sich ein erotisierender Duft.

Liebesrauch der Venus

2 Teile Styrax ✂ 1 Teil Olibanum ✂ 1 Teil gemahlenes Sandelholz ✂ einige Tropfen Rosenöl

Man vermischt alle Zutaten bis auf das Rosenöl miteinander zu einer Paste und träufelt anschließend das Rosenöl darüber. Beim Räuchern krümelt man von dieser Mischung nach und nach etwas auf die glühende Holzkohle eines Räuchergefäßes.

Liebestrank für ewige Treue

1 Dolde blühenden Holunders ✂ 125 ml Wasser ✂ 1 TL Honig ✂ 1 TL Rosenwasser

Die Holunderblüten ohne Stängel über Nacht im Wasser einweichen, absieben und leicht erwärmen. Den Honig auflösen und das Rosenwasser zugeben.

Liebeszauber-Tee

2 TL Ingwersaft ✂ 1 Msp. Zimt ✂ 1 TL Honig ✂ 250 ml Wasser

Den Ingwersaft und den Zimt in das heiße Wasser geben und gut verrühren, bis sich der Honig aufgelöst hat. Die Kombination der Zutaten macht´s.

Nicht minder wirksam ist Yohimbe, ein Strauch aus den Regenwäldern des Kongo. Er war bereits ein fester Bestandteil des westafrikanischen Lebens, bevor die Europäer kamen, und wird seit Urzeiten als erotische Stimulanz benutzt und auch in Riten verwendet. Die abgekochte Rinde des Strauches wurde beispielsweise bei rituellen Orgien benutzt. Yohimbe ist auch von der westlichen Medizin als Mittel gegen Impotenz und Frigidität anerkannt, wird allerdings nicht von jedem vertragen, Überdosen können schmerzhafte Erektionen, Krämpfe und Kreislaufschwäche zur Folge haben.

Klassischer Liebestrank

Nach einem Rezept aus dem 17. Jahrhundert soll ein wirksamer Liebestrank aus folgender Mischung zubereitet werden: Schierling, Efeu, Baldrian, Malve und Zypresse. Diese Pflanzen werden zu gleichen Teilen in einen Kessel gegeben und, es wird Wasser darüber gegossen, das bei Vollmond aus einer reinen Quelle geschöpft wurde. Diesen Zaubertrank lasse man sieben Vaterunser lang kochen und gebe davon heimlich dem Geliebten ein paar Tropfen in ein Getränk. Er wird in Liebe zu dir entbrennen – heißt es am Schluss dieses alten Rezeptes.

Achtung: Vor Selbstversuchen sei dringend gewarnt, denn die Einnahme kann zur tödlichen Vergiftung führen!

Liebeszauberpflanzen

Rosen und Veilchen gelten seit jeher als Blumen der Liebe. Das Veilchen steht dabei für die Reinheit und Jungfräulichkeit, die Rose symbolisiert Liebe und Leidenschaft. Ihr sinnlich betörender Duft lässt Frauen unwiderstehlicher wirken und entspannt Körper und Seele.

Die Bart-Iris *(Iris barbata)* soll, in Essig eingenommen, jedem Mann, bei dem es in Sachen Sex nicht mehr richtig läuft, wieder auf die Sprünge helfen. Dem gleichen Zweck dienen auch Brennnesselsamen.

Die Wurzel der Nelkenwurz *(Geum urbanum)* wurde von Hildegard von Bingen als Mittel empfohlen, das Liebe und Leidenschaft entflammen lässt. Dazu musste die Pflanze als Amulett um den Hals getragen werden.

Auch der Akelei werden wundersame Dinge nachgesagt: Schon unter die Matratze gelegt sollte sie die Kräfte der Liebe fördern, aber sie galt auch als probates Mittel gegen angehexte Impotenz.

Eisenkraut galt bei den keltischen Druiden als Zauberpflanze und wurde auch als Aphrodisiakum verwendet. Es hieß, der Genuss verleihe dem Penis die Härte von Eisen.

Baldrian dagegen soll seinen Liebeszauber entfalten, wenn man ein Stück der Wurzel in den Mund nimmt: »Nimm Baldrian in den Mund, und küsse die, die du haben willst, sie gewinnt dich gleich lieb.«

Liebstöckelwurzel war unverzichtbarer Bestandteil von Liebestränken. Mädchen trugen die Pflanze unter der Kleidung auf der nackten Haut, um den Liebsten damit zu fesseln. Sorgsame Mütter gaben ihren Töchtern in der Kindheit Liebstöckel ins Badewasser, damit sie später im heiratsfähogen Alter die Gunst der Männer auf sich zögen.

Eine andere Variante bietet die Muskatnuss. Gibt man einem Mädchen, dessen Liebe man gewinnen will, eine zerriebene Muskatnuss in ein Getränk, soll sie der Liebe nicht widerstehen können. In die Muskatnuss muss der Verliebte jedoch vorher Löcher bohren und sie dann zwei Tage lang in der Achselhöhle tragen.

Doch nicht alle Liebeszauberpflanzen bürgen für einen glücklichen Ausgang in Liebesangelegenheiten. Unverheiratet bleiben sollte beispielsweise die Tochter des Hauses, an dessen Mauern Efeu gezogen wurde.

Treu dank Rosmarin

Rosmarin ist nicht nur ein wirksames Heilkraut bei allerlei körperlichen Beschwerden. Dem südeuropäischen Halbstrauch werden auch magische Kräfte zugeschrieben. Schon im Altertum glaubte man, er habe die Macht, jene Dämonen zu bannen, die den Menschen in allen wichtigen Lebenssituationen wie Geburt, Hochzeit und Tod bedrohen. So wurden beispielsweise

Aus mancherlei Pflanzen lassen sich Liebestränke und Treuepülverchen zusammenmischen.

Taufbecken und Täufling früher mit Rosmarin geschmückt, um sich der schützenden Aura des Gewächses zu versichern.

Weil das Kraut der aromatischen Pflanze immergrün ist, gilt sie auch als Symbol der (ehelichen) Treue. In Baden war es bis in die frühe Neuzeit üblich, dass die Braut ihrem Bräutigam heimlich einen Zweig Rosmarin ins Hutfutter steckte, damit er ihr treu bleibe.

Kräuter zum Lösen der Liebesbande

Mit der Liebe ist es wie mit einer Erkältung: Sie kommt selten zur rechten Zeit und sucht sich ihre Opfer scheinbar wahllos aus. Darüber hinaus glaubte man an die Macht von Liebeszaubern und die Kraft von Hexen, die ahnungslosen Menschen die Liebe anhexen könnten. Die derart von Liebespein geplagten Opfer litten bisweilen so unter der unfreiwilligen emotionalen Last, dass sie Wege suchten, sich davon zu befreien. Als eines der bekanntesten »Gnadenkräuter«, die den Zauber bannen sollten, galt die Weinraute *(Ruta graveolens)*. Ihr Genuss soll angeblich den Samen des Mannes austrocknen und die unmäßige Unkeuschheit vertreiben. Außerdem sagt man der Weinraute nach, dass sie dabei hilft, die Liebesbande zu lösen, wenn man dies aus eigener Kraft nicht schafft.

Die meisten als »Liebestöter« bekannten Kräuter haben jedoch ein ambivalentes Wesen: Gilt eine Pflanze den einen als Mittel, die Liebe abzuwehren oder ihrer ledig zu werden, so verehren andere sie als probates Mittel für einen Liebeszauber und zur Steigerung der Lust. Ein gutes Beispiel dafür ist die in Mitteleuropa heimische Rote Zaunrübe *(Bryoni dioica)*. Der rübenförmige Wurzelstock dieses Kürbisgewächses wurde früher vom fahrenden Volk und von Quacksalbern auf den Märkten als Aphrodisiakum angeboten. Sie sollte die echte, aber seltene und teure Alraune als Liebesfetisch ersetzen und dafür sorgen, dass den jungen Mädchen die Burschen in Scharen nachliefen. Obwohl uns das heute als ein Widerspruch erscheinen mag, galt die Zaunrübe aber gleichzeitig auch als Mittel zur Eindämmung des Geschlechtstriebes. Mancherorts wurde sie auch zur Empfängnisverhütung und zur Abtreibung empfohlen. Wahrscheinlich kam es auf die Interpretation der auf die sexuellen Phantasien wirkenden Kräfte an, die der Pflanze innewohnen, ob sie das Liebesleben beförderte oder verhinderte.

Ein anderes Beispiel für die ambivalente Kraft der Liebeskräuter ist die Petersilie *(Petroselinum crispum)*. Der Volksmund weiß zu berichten: »Petersilie hilft dem Mann aufs Pferd, aber den Frauen unter die Erd«. Das in dem Würzkraut enthaltene Apiol wirkt angeblich anregend auf die Potenz des Mannes, wie man es auch dem verwandten Sellerie nachsagt. Die abortive Wirkung von Petersilienkraut auf schwangere Frauen ist jedoch medizinisch nachgewiesen, und deshalb sollten schwangere Frauen vorsichtshalber auf den reichlichen Genuss dieser Pflanze verzichten.

Wenn Liebe durch den Magen geht

Dass Kräuterkräfte müde Liebhaber wieder munter machen können, beweisen unzählige Erfahrungsberichte und wissenschaftliche Untersuchungen. Dass aber auch scheinbar ganz gewöhnliche Nahrungsmittel, die wir gedankenlos konsumieren, einen Einfluss auf unser Liebesleben haben können, das ist sicher den wenigsten bis heute bewusst gewesen. Dies müssen nicht immer Austern und Kaviar sein, auch im Küchengarten gibt es zahlreiche Pflanzen, die es »in sich haben« und die Lust neu anfachen oder befeuern können.

Manchen Gemüsen schreibt der Volksmund eine eindeutige Wirkung auf das Sexualleben zu, was – wie etwa bei Spargel und Rettich – aber vielleicht mehr auf das Aussehen als auf die Inhaltsstoffe der jeweiligen Vegetabilien zurückzuführen ist.

Doch gibt es neben diesen bekannten »Liebespflanzen« auch noch andere pflanzliche Nahrungsmittel, denen man die Wirkung nachsagt, die menschlichen Gefühle und Triebe anzuregen. Einige Rezeptbeispiele mit typischen Vertretern finden Sie weiter unten in diesem Kapitel (Seite 185 ff.).

Ängstlichen Naturen sei zugesichert: Alle Rezepte haben sich bewährt, sind bekömmlich und enthalten keine Giftstoffe oder hohe Konzentrationen gefährlicher Substanzen. Nur Allergiker müssen unter Umständen auf das eine oder andere Experiment verzichten, wenn sie wissen, dass sie auf bestimmte Zutaten besonders heftig reagieren.

Casanova und Circe

Sicher lohnt der eine oder andere Versuch, mit einer kulinarischen Kur das erlahmte Liebesleben wieder aufzupeppen oder gar die Person des Begehrens zu verführen. Man darf aber nicht vergessen, dass chemische Substanzen und Inhaltsstoffe nicht alles sind. Damit die Gefühle in Wallung kommen, bedarf es nicht nur anregender und aphrodisierender pflanzlicher Wirkstoffe. Natürlich können gewisse Substanzen dabei helfen, dass die Lust erwacht. Aber sich allein auf die Kraft der Wirkstoffe zu verlassen, ist eines echten Casanovas oder einer wahren Circe nicht würdig. Schließlich weiß jeder halbwegs kultivierte Mensch, dass ein stimmungsvolles, besonders liebevoll gestaltetes Ambiente entscheidend dazu beiträgt, ob eine Zusammenkunft sich zu einem romantischen Tête-à-Tête mit amourösen Tendenzen entwickelt oder in gleichgültiger Langeweile endet.

Eine passende Ouvertüre – der Aperitiv

Dass vor dem Essen genossener kühler, verführerisch prickelnder Champagner eine anregende und alle Sinne stimulierende Wirkung hat, ist unbestritten. Aber auch andere Aperitive, etwa Sherry (bevorzugt trocken), bunte Liköre, frivole Cocktails oder Fruchtsäfte mit und ohne »Schuss«, können den Appetit auf die nachfolgenden Gänge des Menüs auf angenehme Art wecken. Ein Spritzer rote Tabasco-Pfeffersauce im Tomatensaft oder einige Tropfen Angostura bitter im Cocktail können manchmal Wunder wirken. Nicht nur der Magen wird auf diese Weise subtil aus der Lethargie erweckt – auch die Erotik profitiert davon. Sicher liegt es nicht zuletzt am Alkohol, wenn im Laufe des Abends die Konventionen etwas lockerer gesehen werden und die Soiree einen unbeschwerten, heiteren Verlauf nimmt. Doch selbst bei antialkoholischen Aperitiven bietet sich für Gast und Gastgeber(in) die Gelegenheit, einander zwanglos näher zu kommen und sich auf den gemeinsamen Abend einzustimmen. Für ein aufwändiges Dinner oder ein intimes Tête-à-Tête ist ein Aperitiv also in jedem Fall ein gelungener Auftakt, denn wie jede Oper ihre Ouvertüre braucht, so verlangt jedes (Liebes-)Mahl einen passenden Aperitiv!

Magische Aperitivs

Feuriger Tomatensaft

In ein Glas Tomatensaft 1 Prise Salz und 2 – 3 Spritzer rote Tabasco-Pfeffer-Sauce mischen, etwas Pfeffer oben aufstreuen und mit einem Blatt frischer Minze garnieren.

Adonis-Cocktail

1 Spritzer Orange bitter, 1 Messbecher trockenen Sherry und 2 Messbecher italienischen Wermutwein im Mixglas gut verrühren und in ein Cocktailglas seihen.

Gin Fizz

Den Saft von einer Zitrone, 3 Barlöffel Zucker und 1 Messbecher Gin über zerstoßenem Eis im Shaker gut mixen, in ein großes Glas seihen, mit Sodawasser auffüllen und mit einem Trinkhalm servieren. Wenn Sie möchten, können Sie den Glasrand mit einer Zitrone garnieren.

Champagner-Cocktail

Eine Sektschale mit zerstoßenem Eis füllen. Über das Eis 1 Barlöffel Grenadinesirup, 1 Barlöffel Zitronensaft, 1 Spritzer Angostura bitter und 1 Barlöffel Cognac gießen und eine Scheibe von einer unbehandelten Orange darauf legen. Mit Champagner auffüllen.

Beflügelnde Gaumengenüsse

Die Kochbücher kennen zahlreiche heiße und kalte Genüsse für den Gaumen, die nicht nur den Magen füllen, sondern auch das Blut in Wallung bringen können. Zu den bekanntesten Liebesspeisen gehören Spargel, Sellerie und stark gewürzte Gerichte. Ganz nach dem Motto: »Scharf macht scharf« spart die moderne Kräuterhexe in der Küche nicht mit Ingwer, Meerrettich oder Chili. Aber auch andere Gewürze wie Kardamom, Zimt, Muskat, Nelken und Pfeffer heizen dem Liebesleben ein, wenn man sie dazu verwendet, die Speisen raffinierter und wohlschmeckender zu machen!

Dass ein voller Bauch nicht gern studiert, ist eine alte Binsenweisheit. Wenn es um die Liebe geht, gilt das Gleiche: Eine schwere Mahlzeit mit reichlich Kohlenhydraten in Form von Knödeln, Kartoffeln oder gar Pommes frites, kombiniert mit Braten, fettigen Würsten oder Frikadellen sowie weich gekochtem, womöglich aus der Dose stammendem Gemüse – das macht schlapp und träge und wirkt außerdem nicht besonders sexy! Der Trend geht zur leichten, gesunden Küche mit frischen, aromatischen Zutaten, die nicht nur gut schmeckt, sondern auch dem Auge etwas zu bieten hat. Wer zum Essen einlädt, kann also, statt mächtige Aufläufe oder deftige Eintöpfe zu servieren, beim nächsten Rendezvous am Küchentisch auch mal etwas Neues ausprobieren, um die Wirkung zu testen. Rezepte finden Sie weiter unten (Seite 185 ff.).

Aphrodisisch wirkende Nahrungsmittel

Folgenden Nahrungsmitteln wird eine das Liebesleben positiv beeinflussende Wirkung nachgesagt: Ananas, Anis, Avocado, Basilikum, Chili, Datteln, Durian, Galgant, Granatapfel, Ingwer, Kaffee, Kakao, Kardamon, Karotte, Knoblauch, Kokosnuss, Koriander, Kürbis, Liebstöckel, Meerrettich, Muskatnuss, Nelke, Petersilie, Pfeffer, Piment, Rosmarin, Safran, Sellerie, Senf, Sonnenblume, Spargel, Süßholz, Süßkartoffel, Tee, Vanille, Wein, Weizen, Wermut, Zimt.

Ingwer – die bittersüße Versuchung

Die anregende und stärkende Kraft des Ingwers ist in Asien bereits seit Jahrtausenden bekannt. Auch in der europäischen Küche wird Ingwer schon seit mehr als tausend Jahren verwendet. Der leicht süßliche, scharfe, stark aromatische Geschmack des frischen Ingwers geht einher mit einer den gesamten Organismus belebenden und anregenden Wirkung. Ingwer passt sowohl zu vegetarischen wie auch zu Fleisch-, Geflügel- oder Fischgerichten. Sein Geschmack rundet Salate, Suppen, Saucen und Hauptgerichte ab, er veredelt Kuchen, Torten und Desserts und darf natürlich beim Weihnachtsgebäck niemals fehlen.

Ingwer – er stärkt die Liebeskraft und regt die leidenschaftlichen Gefühle an. Eine bittersüße Versuchung.

Wichtig ist vor allem die Verwendung frischer Ingwerknollen, denn im getrockneten und gemahlenen Ingwerpulver und in kandierten oder eingelegten Ingwerstücken sind viele wertvolle Inhaltsstoffe gar nicht mehr oder nur in unbefriedigender Menge enthalten. Frische Ingwerwurzeln findet man heutzutage in jedem besser sortierten Supermarkt an der Obsttheke oder bei Gewürz- und Kräuterhändlern auf Wochenmärkten. Auch viele Asia-Shops haben frischen Ingwer in ihrem Sortiment.

Frischen Ingwer erkennt man an den prallen Wurzeln mit festem Fleisch und feiner, glatter Schale. Niemals sollte man eingetrocknete, verschrumpelte oder gar schimmelige oder angefaulte Wurzeln kaufen oder verwenden. Die frischen Wurzeln können, in Frischhaltefolie gewickelt, bis zu vier Wochen im Kühlschrank frisch gehalten werden. Zur Verwendung bricht man die meist vielgliedrige Wurzel in handliche Stücke, die Schale wird mit einem kleinen, scharfen Messer dünn abgeschält. Verwendet wird nur das gelbe Innere. Je nach Rezept kann der Ingwer in dünne Scheiben geschnitten, gehackt oder gerieben werden. Werden größere Mengen zerkleinerter Ingwerwurzel benötigt, kann man die geschälten Stücke auch grob zerhacken und dann in die Küchenmaschine geben. In der asiatischen Küche ist ein Zerquetschen mit dem Mörser üblich.

Lauchsuppe mit Pastinaken und Ingwer

Für 4 Personen:

2 Esslöffel Sonnenblumenöl ✂ 250 g Lauch (Porree), geputzt und in Scheiben geschnitten ✂ 2 Esslöffel fein gehackte Ingwerwurzel ✂ 650 g geputzte, grob zerkleinerte Pastinaken ✂ 300 ml trockener Weißwein ✂ ½ l Gemüsebrühe ✂ Salz, Zucker, Zitronensaft und frisch zerstoßener schwarzer Pfeffer nach Geschmack ✂ Crème fraiche und etwas Petersilie zum Garnieren

Lauch und Ingwer in dem Pflanzenöl bei schwacher Hitze kurz andünsten, bis der Lauch weich wird. Die Pastinaken zugeben und noch etwa 5 Minuten weiterdünsten. Anschließend Wein und Brühe hinzugeben und zugedeckt bei schwacher Hitze etwa 25 Minuten weich kochen. Dann die Suppe mit dem Pürierstab oder dem Mixer fein pürieren und mit Salz, Pfeffer, eventuell Zucker und Zitronensaft abschmecken. Zum Servieren in Schalen oder tiefe Teller füllen und mit einem Klacks Crème fraiche und etwas Petersilie garnieren.

Ingwerkompott

Für 4 Personen:

200 g getrocknete Aprikosen (ungeschwefelt) ✂ Schale und Saft einer unbehandelten Orange ✂ 200 g Orangenfilets ✂ 2 Esslöffel Sultaninen (ungeschwefelt) ✂ 400 ml Wasser ✂ 1 Esslöffel frisch geriebene Ingwerwurzel ✂ 3 grüne Kardamomkapseln ✂ 2 Gewürznelken ✂ 3 Esslöffel Waldhonig ✂ geröstete Mandelblättchen zum Garnieren

Die Aprikosen und Sultaninen lässt man mit dem Wasser aufkochen und reibt anschließend die Orangenschale hinzu. Die Kardamomkapseln öffnen, die Kerne entnehmen, grob zerstoßen und zusammen mit den Nelken und dem Ingwer zu den Früchten geben. Zugedeckt etwa eine halbe Stunde auf kleinster Flamme ziehen lassen, bis das Trockenobst weich ist. Kurz vor dem Servieren die Orangenfilets, den Saft der Orange und den Waldhonig zugeben, noch einmal heiß werden lassen, in Portionsschälchen verteilen und mit Mandelblättchen verziert noch warm servieren.

Mango-Ingwer-Schaum

Für 6 Personen:

3 reife (!) Mangos ✂ 1 Esslöffel geputzte, gehackte Ingwerwurzel ✂ Saft von einer Limone ✂ 5 Esslöffel Zucker ✂ 70 g Seidentofu (aus dem Reformhaus oder dem Asia-Shop) ✂ 3 Eiweiße ✂ 1 Esslöffel gehackte Pistazien

Die reifen Mangos halbieren, die Kerne entfernen und das Fruchtfleisch aus der Schale lösen. Grob gehackt mit dem Ingwer, dem Tofu, dem Limonensaft und dem Zucker in den Mixer geben und zu einer glatten Creme pürieren. Eiweiße zu einem steifen Schnee schlagen und unter die Creme heben.Anschließend in Portionsschälchen verteilen und mit den Pistazien garnieren. Bis zum Servieren kühl stellen! Diese exotische Vitaminbombe belebt und erfrischt mit einem Hauch von Schärfe!

Ingwertee

Man schält ein etwa walnussgroßes Stück frische Ingwerwurzel, zerreibt es in einem Mörser und bringt es in einem geschlossenen Topf mit ¼ Liter Wasser zum Kochen. Nach dem Aufkochen lässt man den Tee noch etwa zehn Minuten ziehen, seiht ihn ab und trinkt ihn mit Honig oder Zucker gesüßt in kleinen Schlucken. Dieser Tee soll einen aphrodisierenden Effekt haben, der in der Regel wenige Stunden nach der Einnahme des Tees auftritt.

Ingwer-Eiscreme mit Ahornsirup

Für 4 Personen:

400 ml Milch ✂ 50 ml süße Sahne ✂ 4 Eigelbe ✂ 75 g Kristallzucker ✂ 1 Stange Bourbon-Vanille ✂ 1 Esslöffel fein gehackte Ingwerwurzel ✂ 2 Esslöffel Ahornsirup

In einem Topf Milch, Sahne und die Vanilleschote erhitzen, ohne die Mischung kochen zu lassen. Vom Feuer nehmen, die Eigelbe verquirlen und mit dem Zucker einrühren. Mit dem Schneebesen noch 5 Minuten weiter schlagen, dann die Vanillestange entfernen, den Ingwer hinzufügen und im Wasserbad unter ständigem Rühren zu einer dicklichen Creme einkochen. Dann den Ahornsirup untermischen, abkühlen lassen und in einer Eismaschine gefrieren lassen. Wenn keine Eismaschine zur Verfügung steht, die Masse im Gefrierfach fest werden lassen und während des Gefrierens gelegentlich durchrühren. Kurz vor dem Servieren aus dem Kühlfach nehmen, in Portionsschälchen anrichten und mit geraspelter Zartbitterschokolade garnieren.

Meerrettich – manche mögen's scharf

Die scharfe, anregende Würze des Meerrettichs wird traditionell vor allem in Süddeutschland geschätzt. Dort verzehrt man frisch geriebenen Meerrettich, den man südlich des »Weißwurstäquators« auch Kren nennt, zur deftigen Brotzeit sowie warm oder kalt als Sauce zu gekochtem Rindfleisch und pochiertem Fisch. Auch zu Räucherfisch passt Meerrettich hervorragend. Die weißlichen, von einer braunen Schale umgebenen Wurzeln enthalten das scharfe, die Augen und die Schleimhäute reizende Meerrettichöl, ein Senfglukosid. Diese beißende Schärfe ist es auch, der man die anregende und aphrodisierende Wirkung zuschreibt. Um die Schärfe der fein geriebenen Wurzel zu mindern, wird sie gern mit Sahne oder Mayonnaise vermischt. Damit der Meerrettich seine kräftigende und belebende Wirkung tatsächlich voll entfalten kann, sollte man die Wurzel möglichst frisch gerieben verzehren. Tafelfertiger Meerrettich aus dem Glas ist meist durch Hitze und Zusatzstoffe wie Schwefel, Konservierungs- oder Zitronensäure haltbar gemacht, was die erhoffte Wirkung zwar nicht ausbleiben lässt, aber doch merklich abschwächt.

Meerrettich-Rahmsauce

Für 4 Personen:

30 g Butter ✂ 30 g Mehl ✂ ¼ l Milch ✂ 250 g süße Sahne ✂ 2 Eigelbe ✂ Saft von einer halben Zitrone ✂ Salz und frisch zerstoßener Pfeffer nach Geschmack ✂ 2 Esslöffel frisch geriebener Meerrettich

Das Mehl in der Butter anschwitzen und unter ständigem Rühren mit Milch und Sahne aufgießen. Die Eigelbe mit etwas Wasser verrühren und die Soße damit legieren. Sie darf nach dem Einrühren des Eigelbs nicht mehr kochen. Zum Schluss Zitronensaft und den frisch geriebenen Meerrettich untermischen und mit Pfeffer und Salz abschmecken. Diese würzig-scharfe, die Libido anregende Soße passt zu Tafelspitz und zu pochiertem oder gebratenem Fisch.

Scharf macht scharf – Meerrettich.

Meerrettichdip

Für 4 – 6 Personen:

125 g Doppelrahm-Frischkäse ✂ 4 Esslöffel Milch ✂ 1 Esslöffel frisch geriebener Meerrettich ✂ Salz und frisch zerstoßener Pfeffer nach Geschmack ✂ 1 Teelöffel Worcestershiresauce

Den Frischkäse mit der Milch cremig rühren, die Gewürze und die Worcestershire-Sauce untermischen und das Ganze etwa eine Stunde im Kühlschrank durchziehen lassen. Danach den Dip nochmals gut durchrühren, in Schälchen anrichten und mit Kräckern, Salz- oder Käsegebäck servieren.

Meerrettichsahne

Für 4 Personen:

250 g Schlagsahne ✂ 3 Esslöffel frisch geriebener Meerrettich ✂ etwas Zitronensaft ✂ Salz und Zucker nach Geschmack

Die Sahne steif schlagen und mit dem frisch geriebenen Meerrettich verrühren. Anschließend mit Zitronensaft, Zucker und Salz abschmecken.Diese klassische Beilage passt besonders gut zu einer deftigen Brotzeit mit Wurst und Schinken sowie auch zu allen Gerichten mit Räucherfischen.

Sellerie – roh wirkt er am besten

Vom Sellerie wird behauptet, dass er die Libido steigern könne. Auch hier sind es – wie beim Meerrettich – wohl vor allem die ätherischen Öle, die eine gewisse anregende Wirkung haben. Das Sellerieöl besitzt einen intensiven, charakteristischen Duft. Es ist sowohl im Knollen- als auch im Bleich- bzw. Staudensellerie und im Schnittsellerie enthalten.

Aus den Selleriesamen wird Selleriesamenöl gewonnen, das in der Pflanzenheilkunde Verwendung findet. Damit die anregende Wirkung des ätherischen Sellerieöls optimal ausgenutzt werden kann, sollte man sowohl Knollen- wie auch Stauden- bzw. Bleichsellerie möglichst roh genießen, da die wertvollen Inhaltsstoffe sich beim Erhitzen leicht verflüchtigen und die erhoffte Wirkung dann entweder schwächer als erwartet ausfällt oder ganz ausbleibt.

Feldsalat mit frischen Sellerieraspeln

Für 4 Personen:

200 g frischer Feldsalat (Ackersalat) ✂ 50 g Radicchiosalat ✂ 100 g geputzter Knollensellerie ✂ etwas Zitronensaft ✂ 2 Esslöffel Naturjoghurt ✂ 2 Esslöffel kalt gepresstes Pflanzenöl (Sonnenblumen- oder Walnussöl) ✂ 1 Esslöffel Weißweinessig ✂ 1 Teelöffel Zucker ✂ Salz und frisch zerstoßener Pfeffer nach Geschmack

Den Feldsalat und den Radicchio putzen, waschen und miteinander vermischen. Für das Dressing Naturjoghurt, Salz, Pfeffer und Zucker verrühren, dann das Öl untermischen. Mit Weißweinessig abschmecken. Kurz vor dem Servieren den Knollensellerie in feine Streifen raspeln und mit etwas Zitronensaft beträufeln, damit er nicht braun wird. Die Blattsalate mit den Sellerieraspeln mischen, auf einem Teller anrichten, mit dem Dressing garnieren.

Extra würzige Selleriesuppe

Für 4 Personen:

1 mittelgroße Knolle Sellerie ✂ 1 Schalotte ✂ 750 ml Gemüsebrühe ✂ 40 g Butter ✂ 75 g Crème fraiche ✂ Saft einer Zitrone ✂ Salz, Zucker und frisch zerstoßener schwarzer Pfeffer nach Geschmack ✂ etwas Petersilie zum Garnieren

Die Sellerieknolle waschen, putzen und erst in etwa 1 cm dicke Scheiben, dann in Würfel schneiden. Eine Scheibe Sellerie zurückbehalten und mit Zitronensaft beträufeln, damit sie nicht braun wird. Die Butter im Topf zerlassen, die Schalotte abziehen, klein hacken und darin anschwitzen, aber nicht braun werden lassen. Dann die Selleriewürfel hinzugeben, mit der Gemüsebrühe auffüllen und etwa 20 Minuten weich kochen. Mit dem Pürierstab zu einer glatten Suppe pürieren oder durch ein Sieb passieren. Vor dem Servieren die zurückbehaltene Scheibe rohen Sellerie fein reiben und unter die Suppe mischen. Noch einmal erhitzen und die Crème fraiche unterrühren. Mit Salz, Zitronensaft, Zucker und Pfeffer abschmecken, in Schalen oder tiefe Teller verteilen und vor dem Servieren mit etwas Petersilie garnieren. Dazu passt geröstetes Weißbrot oder Baguette.

Spargel – ein Selbstversuch lohnt sich

Bei diesem Luxusgemüse sind sich die Fachleute nicht ganz einig, ob die aphrodisierende Wirkung tatsächlich auf die Inhaltsstoffe des Liliengewächses zurückzuführen ist. Spargel enthält Vitamine (B1, B2 und C sowie Provitamin A), Mineralstoffe, darunter Kalium, Kalzium, Eisen und Magnesium, sowie Zitronen- und Apfelsäure. Der Gehalt an wertvollen Vitaminen ist bei Grünspargel sogar noch höher als bei weißem Spargel. Das wasserreiche Gemüse ist zwar äußerst gesund, aber nicht besonders nahrhaft, denn es enthält kaum Kohlenhydrate. Vielleicht sind es die wertvollen Vitalstoffe, die den Spargel zu einer die Liebeslust fördernden Kost machen – vielleicht beruht das Gerücht, Spargel rege die Liebeskraft an, auch auf Einbildung, einfach weil die Form der Spargelstangen an das männliche Zeugungsorgan erinnert. Dennoch lohnt ein Selbstversuch, denn ein köstliches, mit viel Liebe zubereitetes Mahl, in dem Spargel eine Hauptrolle spielt, ist der beste Auftakt für ein amouröses Abenteuer.

Die liebesfördernde Kraft von Spargel ist nicht eindeutig belegt.

Liebesäpfel und Spargel – eine erotische Gaumenfreude

Grüner Spargel kombiniert mit Tomaten oder »Liebesäpfeln«, wie die leuchtend roten Früchte auch genannt werden – das sieht nicht nur sehr schön aus, dieser Gaumengenuss steckt auch voller Vitalstoffe, ohne den Magen zu belasten. Ob Tomaten wirklich eine aphrodisierende Wirkung haben, konnte die Wissenschaft bis heute nicht nachweisen. Tatsache ist aber, dass die prallen Früchte in leidenschaftlichem Rot Lust machen, hineinzubeißen. Ihr erfrischender, würziger, aber auch etwas süßer Geschmack wirkt auf jeden Fall anregend und darf bei keinem Sommeressen fehlen.

Das nachfolgende Rezept, bei dem die Liebesäpfel eine raffinierte Liaison mit grünem Spargel eingehen, ist ein idealer Imbiss für verträumte Sommerabende! Tipp: Wer Angst vor Knoblauchdüften hat, weil er auf einen Kuss hofft, lässt das Zwiebelgewächs einfach weg.

Klassische Spargelcremesuppe

Für 4 Personen:

500 g Bruchspargel ✂ 1 Liter Wasser ✂ Salz ✂ ½ Teelöffel Zucker ✂ 50 g Butter ✂ 30 g Mehl ✂ 1 Lorbeerblatt ✂ 125 g süße Sahne ✂ 1 Eigelb ✂ Saft von einer halben Zitrone ✂ frisch zerstoßener weißer Pfeffer ✂ Schnittlauch zum Garnieren

Den Bruchspargel schälen und in mundgerechte Stücke schneiden. Die Schalen und Endabschnitte mit Salz und Zucker aufkochen lassen und 15 Minuten bei schwacher Hitze ziehen lassen. Die Spargelbrühe durch ein Sieb gießen und die Flüssigkeit auffangen. In der Brühe nun die Spargelstücke 10 bis 20 Minuten garen lassen. In einem separaten Topf die Butter zergehen lassen, das Mehl anschwitzen und mit der Spargelbrühe aufgießen. Die gegarten Spargelstücke beiseite stellen. Die Suppe etwa 15 Minuten kochen lassen und in den letzten 5 Minuten das Lorbeerblatt hinzufügen. Anschließend das Lorbeerblatt herausfischen, Sahne und Eigelb miteinander verquirlen und die Suppe damit legieren. Sie darf danach nicht mehr kochen. Die gekochten Spargelstücke in die Suppe geben, mit Pfeffer, Salz und Zitronensaft abschmecken und mit Schnittlauchröllchen garniert servieren.

Spargel aus dem Wok

Für 4 Personen:

500 g weißer Spargel ✂ 500 g Chinakohl oder Pak Choi ✂ ein walnussgroßes Stück frischer Ingwer ✂ 2 Knoblauchzehen ✂ Salz und etwas Chilipulver nach Geschmack ✂ 100 g frische Mungobohnensprossen (aus dem Asia-Shop) ✂ 2 Esslöffel Rapsöl ✂ 2 Esslöffel Sesamöl ✂ 4 Esslöffel Sojasauce

Den Spargel schälen und in fingerdicke Scheiben schneiden. Den Chinakohl oder Pak Choi waschen, putzen und quer in Streifen schneiden. Den Knoblauch und den Ingwer häuten und beides in feine Stücke schneiden. Die Mungobohnensprossen unter kaltem Wasser abbrausen und abtropfen lassen. Beide Öle zusammen in einem Wok (oder einer breiten Pfanne) erhitzen, Knoblauch und Ingwer kurz darin anbraten, den Chinakohl oder Pak Choi mit dem Spargel untermischen, nach 5 Minuten Garzeit die Mungobohnensprossen, etwas Salz und Chilipulver hinzufügen und noch weitere 5 Minuten garen lassen. Vor dem Servieren die Sojasauce hinzufügen. Dazu passt am besten Reis.

Spargel mit Tomaten

Für 4 Personen:

1500 g grüner Spargel · 250 g aromatische Tomaten (Kirschtomaten) · 100 g entsteinte schwarze Oliven · 1 Bund frisches Basilikum · 1 Knoblauchzehe · 1 Zweig frischer Thymian · 4 Esslöffel Rotweinessig · 7 Esslöffel kaltgepresstes Olivenöl »Extra vergine« · 1 Teelöffel mittelscharfen Senf · Salz, etwas Zucker und frisch zerstoßener Pfeffer nach Geschmack

Den grünen Spargel schälen, in mundgerechte Stücke schneiden und bissfest garen. Aus Essig, Olivenöl, Senf, Pfeffer, dem in Salz zerdrückten Knoblauch und einer Prise Zucker eine Vinaigrette rühren und den Thymian hineinzupfen. Den Spargel auf einer Platte anrichten, mit der Vinaigrette übergießen und ziehen lassen. Die Tomaten waschen und vierteln, die Oliven grob hacken und mit dem Basilikum unter die Tomaten mischen. Vor dem Servieren die Tomatenmischung auf dem Spargel verteilen und mit Basilikumblättchen garnieren.

Bulgur mit Spargel und Minze

Für 4 Personen:

200 g Bulgur · 500 g grüner Spargel · 2 große Fleischtomaten · 1 Knoblauchzehe · 6 Esslöffel kaltgepresstes Olivenöl »Extra vergine« · Saft von 2 Zitronen · Salz und frisch zerstoßener Pfeffer · 1 Prise Kreuzkümmel (Cumin) · einige

Den Bulgur in einer Schüssel mit einem halben Liter kochendem Wasser überbrühen und etwa eine halbe Stunde quellen lassen. Den grünen Spargel schälen, bissfest garen und in mundgerechte Stücke schneiden. Die Fleischtomaten kurz überbrühen, häuten, entkernen und das Fruchtfleisch würfeln. Die Minze fein hacken, dabei einige Blättchen für die Garnierung übrig behalten, Knoblauch schälen. Aus Olivenöl, Zitronensaft, dem in Salz zerdrückten Knoblauch, Pfeffer und Kreuzkümmel eine sämige Sauce rühren. Alle Zutaten vermischen, mit dem Dressing übergießen und eine halbe Stunde ziehen lassen. Danach noch mal abschmecken und mit Minzeblättchen garniert servieren.

Bulgur, geschroteter Weizen, wird vor allem im Vorderen Orient häufig verwendet.

Erdbeeren – Früchte aus dem Garten der Venus

Erdbeeren schmecken nicht nur sündhaft gut, sondern sie sehen auch äußerst appetitlich aus. Perfekt passen sie zu gekühltem Champagner, und in dieser Kombination entfalten sie ihre verführerischen, luststeigernden Kräfte ganz besonders zuverlässig. Angeblich stärken die vitalstoffreichen, aromatischen Früchtchen mit ihren wertvollen Inhaltsstoffen auf ganz natürliche Weise die Liebeslust. Was liegt da näher, als sie mit dem ebenfalls anregenden Spargel in einem köstlichen Salat zu vermählen, um die Lust noch zu steigern? Erdbeeren gelten traditionell als Früchte aus dem Garten der Venus.

Erdbeeren stärken die Liebeslust auf ganz natürliche Weise.

Spargelsalat mit Erdbeeren

Für 4 Personen:

500 g weißer Spargel ✂ 250 g frische Erdbeeren ✂ 100 g Champignons ✂ 1 Kopf Lollo Rosso-Salat ✂ 2 Esslöffel Rotweinessig ✂ 1 Esslöffel Apfeldicksaft (aus dem Reformhaus) ✂ 3 Esslöffel Sonnenblumenöl ✂ 2 Esslöffel Traubenkernöl ✂ Salz und frisch zerstoßener schwarzer Pfeffer nach Geschmack ✂ einige Blättchen Basilikum zum Garnieren

Den Spargel schälen, bissfest garen und abkühlen lassen. Die Erdbeeren waschen, die Stiele entfernen und die Früchte je nach Größe halbieren oder vierteln. Die Champignons gründlich putzen, aber nicht waschen und in dünne Scheibchen schneiden. Alle diese Zutaten in einer Schüssel vermischen. Den Lollo Rosso-Salat zerpflücken, waschen, trockenschleudern und portionsweise auf flachen Tellern anrichten. Aus Essig, Öl, Apfeldicksaft, Salz und Pfeffer ein Dressing rühren, über Spargel, Erdbeeren und Champignons geben und vorsichtig unterheben. Die Mischung auf den Tellern anrichten und mit Basilikum garnieren.

Knoblauch und Bärlauch – gesund und stimulierend

Auch wenn Knoblauch und Bärlauch (siehe auch Seite 52ff.) aufgrund ihres eher unangenehmen Geruchs nicht unbedingt mit Liebe, Lust und Leidenschaft in Verbindung gebracht werden, so finden sie doch auch als Aphrodisiakum häufig Erwähnung. Zweifelsfrei fest stehen die dem Knoblauch und Bärlauch zugeschriebenen Heilkräfte. Beide wirken nachweislich gegen Bluthochdruck, Arterienverkalkung und einen zu hohen Cholesterinspiegel. Wirksam sind in beiden Gewächsen vor allem die ätherischen Öle, etwa das antibiotisch wirkende Allicin, das sich aus dem geruchlosen Alliin bildet. Außerdem konnten Vitamin C, die fettlöslichen Vitamine B1, B2 und B6 nachgewiesen werden sowie der Stoffwechselaktivator Adenosin, der eine Vielzahl biologischer Vorgänge im Organismus steuert. Zusätzlich enthalten Knoblauch und Bärlauch wertvolle Mineralien, Spurenelemente und Proteine.

Vielleicht ist der hohe Gehalt an Vitalstoffen dafür verantwortlich, dass den beiden Lauchgewächsen der Ruf vorauseilt, dass man aus ihnen ein wirksames Sexualtonikum bereiten könne. In alten Kräuterbüchern wird sogar vor der übermäßigen Anwendung solcher Aphrodisiaka gewarnt, weil sie bei übertriebenem Missbrauch das männliche Sperma austrocknen könnten. So wurde in einem der ersten gedruckten Kräuterbücher, dem »Gart der Gesundheit«, das 1485 in Mainz erschien, davor gewarnt, »wer mit Frauen zu schaffen habe, der meide Knoblauch, denn er vertrocknet den Samen, genannt Sperma, welcher für die Natur des Mannes steht«.

Obwohl Generationen von Kräuterkundigen auf die aphrodisierende Wirkung der Lauchgewächse schwören, konnten Wissenschaftler bis heute jedoch weder hormonartige Substanzen noch sonstige die Lust steigernde Wirkstoffe in Knoblauch oder Bärlauch nachweisen. So bleibt, wie bei den meisten Aphrodisiaka, allein der Glaube daran, dass es wirken möge. Schließlich sind Zauberpflanzen und Hexenkräuter mehr als nur die Summe dessen, was Wissenschaftler aus ihnen extrahieren können.

Bärlauch oder Maiglöckchen?

An dieser Stelle muss noch einmal auf die Gefahr der Verwechslung mit den Blättern von Maiglöckchen hingewiesen werden. Bärlauchblätter riechen intensiv nach Knoblauch, Maiglöckchenblätter dagegen sind viel lederiger und lassen den charakteristischen Duft vermissen! Wer sich nicht sicher ist, wartet mit der Ernte bis zur Blüte, um die Pflanzen eindeutig zu identifizieren: Die Blüten des Bärlauchs sind weiß, sternförmig und stehen in Gruppen endständig an aufrechten Stängeln. Die ebenfalls weißen Blüten des Maiglöckchens sind glöckchenförmig und nickend nacheinander am Stängel aufgereiht; sie riechen blumig-süß.

Knoblauch – nur echt mit Geruch

Der typische Knoblauchgeruch, der von den Pflanzen ausgeht, beruht auf dem hohen Gehalt an Schwefelverbindungen. Beim Knoblauch ist dieser »Duft« legendär, und Konsumenten verströmen diesen Geruch schon nach dem Genuss geringer Mengen. Nicht nur der Atem riecht dann anhaltend und intensiv nach Knoblauch, auch die Haut dünstet den Geruch für mindestens einen Tag aus.

Um die gesunden Wirkstoffe des Knoblauchs auch solchen Menschen zugänglich zu machen, die den speziellen Duft und damit die frische Pflanze scheuen, wurden geruchlose Knoblauchpillen entwickelt. Doch der »Lauch ohne Hauch« ist höchstens ein Plazebo und hat keine eigentliche Wirkung. Um den charakteristischen Knoblauchduft zu verhindern, wurde bei den genannten Knoblauchpillen das in den Zwiebeln enthaltene Enzym Allinase eliminiert, damit sich kein stark riechendes Allicin mehr bilden kann. Das übrig bleibende Alliin ist zwar geruchlos, hat aber fast keine medizinische Wirkung mehr.

So kann liebestollen Paaren, die sich unbedingt an der aphrodisierenden Wirkung von Knoblauch versuchen möchten, nur geraten werden, gemeinsam von dem köstlichen Zwiebelgewächs zu naschen. Dann nämlich kann man sich das Phänomen zunutze machen, dass jeder, der in den letzten Stunden selbst Knoblauch zu sich genommen hat, für die Ausdünstungen seiner Mitmenschen immun ist – er kann sie einfach nicht wahrnehmen!

Die aphrodisierende Wirkung des Knoblauchs wird durch den »Duft« beeinträchtigt.

Man kann Knoblauch roh, gebraten oder gekocht verwenden, aber die aphrodisierende Wirkung entfaltet er vor allem im frischen, rohen Zustand. Knoblauchfans schwören auf die segensreiche Wirkung und den unvergleichlich würzigen Geschmack der frisch gehackten oder zerdrückten Zehen. Sie verwenden Knoblauch für fast jedes Gericht und verzichten eigentlich nur bei Süßspeisen auf seine Beigabe. Mit Recht blicken sie verächtlich auf granulierten oder sonst wie haltbar gemachten Knoblauch, denn diesen Produkten wurde die »wilde, reine Seele« ausgetrieben, sie haben oft einen muffigen Geschmack, der das ganze Gericht verderben kann und riechen dazu meist auch noch unangenehm. Ein Klassiker, bei dem reichlich frischer Knoblauch vorkommt, ist die legendäre Aioli, eine mediterrane Knoblauchmayonnaise, die als Dip zu Rohkost genauso gut passt wie zu gegrilltem Fisch oder Fleisch (siehe unten):

Was Bären im Frühling stark macht

Vom Bärlauch verwendet man nicht die Zwiebeln (obwohl auch diese essbar sind), sondern vor allem die riemenartigen, frischen Blätter vor Beginn der Blüte. Auch die Blüten selbst sind essbar und können beispielsweise als Garnierung für pikante Speisen verwendet werden. Weil Bärlauchblätter nur frisch verwendet und nicht getrocknet werden können, beschränkt sich die Saison auf wenige Wochen im Frühjahr. In milden Wintern und Regionen treibt der Bärlauch bereits Ende Februar, Anfang März aus. Dort, wo der Winter besonders lang und kalt ist, muss man manchmal bis Anfang Mai auf das Erscheinen der würzig duftenden Blätter warten. Echte Bärlauchfans können es im Frühling kaum erwarten, bis die ersten Blättchen aus dem Waldboden sprießen. Wenn es so weit ist, wird oft als erstes ein köstliches Bärlauch-Pesto gerührt oder eine Bärlauchsuppe gekocht, um die Säfte wieder fließen zu lassen.

Bärlauch muss immer tagesfrisch verwendet werden und darf nicht lange gekocht oder anderweitig erhitzt werden, weil er sonst nämlich rasch an Aroma und Wirkung verliert. Als einzige ernst zu nehmende Methode zur Konservierung von Bärlauch ohne allzu großen Aromaverlust hat sich das Einlegen der frischen Blätter in Öl erwiesen.

Aioli

Für 4 Personen:

10 frische Knoblauchzehen ✂ ½ Teelöffel Meersalz ✂ 2 tagesfrische Eigelbe ✂ 250 ml kaltgepresstes Olivenöl »Extra vergine« ✂ 1 Esslöffel Zitronensaft ✂ zerstoßener schwarzer Pfeffer

Alle Zutaten müssen die gleiche Temperatur haben, damit die Mayonnaise nicht gerinnt. Die Knoblauchzehen schälen und mit einem Messer grob klein hacken. Anschließend in einem Mörser mit dem Salz zu einer Paste zerstoßen. Die Eigelbe dazugeben und so lange rühren, bis eine glatte Creme entsteht. Das Olivenöl unter ständigem Rühren erst tropfenweise, dann in einem dünnen Strahl hinzugeben. Zum Schluss mit Zitronensaft und Pfeffer abschmecken und bis zum Servieren kühl stellen.

Achtung: Kranke, Schwangere und rekonvaleszente Personen sollten auf den Verzehr von rohem Eigelb sicherheitshalber verzichten!

Bärlauchpesto

Für 4 Personen:

100 g Bärlauch ✂ 1 Knoblauchzehe ✂ 150 ml kaltgepresstes Olivenöl »Extra vergine« ✂ 50 g Pinienkerne ✂ 50 g frisch geriebener Pecorinokäse oder Parmesan ✂ Salz

Bärlauch waschen, trockentupfen und sehr fein hacken. Knoblauchzehe schälen und mit den Pinienkernen im Mörser zerstampfen. Dann den Bärlauch hinzufügen und ebenfalls zerstampfen. Zum Schluss den Käse und das Olivenöl unterrühren und mit Salz abschmecken. Das fertige Pesto in ein Schraubglas füllen und mit etwas Öl bedecken, damit es nicht braun wird. Bärlauchpesto passt zu Nudelgerichten oder kann als Würze Suppen und Saucen verfeinern. Im Kühlschrank hält es sich zwei bis drei Wochen, wenn es immer mit Öl bedeckt ist.

Bärlauchsuppe

Für 4 Personen:

100 g Bärlauchblätter ✂ 1 Schalotte ✂ 1 große rohe Kartoffel ✂ 500 ml Gemüsebrühe ✂ 1 Esslöffel Butter ✂ 3 Esslöffel trockener Weißwein ✂ etwas Zitronensaft ✂ Salz und frisch zerstoßener weißer Pfeffer ✂ 4 Teelöffel Crème fraiche ✂ 4 Bärlauchblüten zum Garnieren

Die Schalotte schälen, fein würfeln und in der Butter glasig dünsten, aber nicht braun werden lassen. Die Kartoffel schälen, fein raspeln und dazugeben. Mit Brühe und Wein aufgießen und etwa 15 Minuten garen lassen. Die Bärlauchblätter waschen, trockentupfen, fein hacken und unter die Suppe rühren. Mit Salz, Pfeffer und Zitronensaft abschmecken, in Portionsschalen füllen und jede Portion mit einem Klecks Crème fraiche und einer Bärlauchblüte garnieren. Tipp: Wer die Suppe lieber cremig mag, schlägt sie kurz vor dem Servieren mit dem Pürierstab schaumig.

Ein Teller köstlicher Bärlauchsuppe weckt die Frühlingsgefühle.

Spezial

Die Steine der Liebe

Wir nehmen die Welt um uns herum durch unsere fünf Sinne wahr – alles, was wir hören, sehen, tasten, riechen und schmecken können, das bestimmt unser Weltbild und bildet unsere Realität. Dass es noch mehr geben muss zwischen Himmel und Erde als die prosaische Alltagswelt mit ihren rational erklärbaren Phänomenen, darüber haben wir bereits in den vorangegangenen Kapiteln diskutiert. Sensible Menschen schwören beispielsweise darauf, dass sowohl ihr Geist als auch ihr Körper Schwingungen unbelebter Materie wahrnehmen können, beispielsweise diejenigen von Mineralien. Lange Zeit mitleidig als Mumpitz belächelt, gewinnt die Edelsteintherapie in jüngster Zeit immer mehr Anhänger, und selbst manche Schulmediziner verschließen sich nicht mehr der Einsicht, dass tatsächlich etwas dran sein muss, wenn so viele Menschen auf die helfende und heilende Kraft von Edelsteinen und Kristallen vertrauen.

Steine als Energieträger

Alle Materie, also auch Edelsteine und Kristalle, besteht aus Atomen. Jedes einzelne Atom besitzt einen Atomkern, der von Elektronen umkreist wird. Deshalb herrscht in einem Atom Bewegung, die eine Art Welle erzeugt. Aus diesem Grund besitzen Steine und Kristalle eine ihnen innewohnende Energie, die man zwar nicht sehen kann, die aber von dafür sensiblen Menschen deutlich wahrgenommen wird. Die Energien der Steine wirken aber auch dann, wenn sich jemand dessen nicht bewusst ist oder nicht daran glaubt. Verschiedene Aspekte eines Edelsteins wie etwa die Zuordnung zu einem Kristallsystem, seine chemische Zusammensetzung, Farbe, Härte und Transparenz, aber auch Schliff, Form und eine eventuelle Behandlung bestimmen seine Wirkung.

Therapie mit Edelsteinen?

Schon Plinius d. Ä., Galenus, Hildegard von Bingen, Albertus Magnus und viele andere Mediziner und Gelehrte vergangener Zeiten schrieben über die Heilkraft von Edelsteinen und ihre Verwendung zu therapeutischen Zwecken. Auch Rudolf Steiner, der Begründer der Anthroposophie, glaubte an den Einfluss der Edelsteine und Kristalle auf den Menschen. Durch wissenschaftliche Experimente weiß man inzwischen, dass Kristalle Informationen speichern und Energie umwandeln können. Solche Eigenschaften der Kristalle werden sogar von der Industrie genutzt, z. B. in Uhren, Feuerzeugen, Computern und Lasergeräten.

Seit einiger Zeit werden in der Edelsteintherapie bestimmte Mineralien gezielt eingesetzt, um bei Patienten psychische, emotionale und physische Blockaden zu lösen und die Harmonie in Geist und Körper zu befördern. Die erwünschten Folgen sind eine gesteigerte Kreativität, eine erkennbare spirituelle Entwicklung und allgemeines Wohlbefinden. Wenn Steine offensichtlich eine so positive Wirkung auf den menschlichen Organismus und Geist haben, warum sollen sie dann nicht auch einen Einfluss auf die Liebe haben?

Liebe – das stärkste Gefühl

Liebe bedeutet Sehnsucht nach Geborgenheit und Bestätigung, vor allem aber auch Sehnsucht nach Erfüllung. Die Grenzen zwischen Liebe, Erotik und Sexualität sind dabei fließend, aber jedem dürfte klar sein, dass es sich bei der Liebe um das elementarste menschliche Gefühl handelt. Die Liebe ist eine Kraft, die zu einem Antrieb für unsere persönliche und spirituelle Entwicklung wird. Es gibt wohl niemanden, der die Sehnsucht nach wahrer, tief empfundener Liebe nicht kennt, aber viele Menschen kommen irgendwann in ihrem Leben an einen Punkt, wo das Gefühl der Liebe nachlässt oder der Wille, für diese Liebe zu kämpfen. Grund dafür können Energieblockaden sein, die Körper, Geist und Seele aus dem Gleichgewicht bringen und die innere Harmonie stören. Hier kann eine Edelsteintherapie helfen, wieder zu sich selbst zu finden, sein Herz neu zu öffnen und schließlich Glück und Erfüllung in der Liebe zu erlangen.

Quarzkristall – bringt das Herz zum Schwingen.

Mit Steinen arbeiten

Die Edelsteintherapie beruht auf der Vorstellung, dass der menschliche Körper sieben Energiezentren sowie die Energiepunkte der Hände und Füße besitzt. Diese Energiepunkte werden als Chakren bezeichnet. Der Ausdruck Chakra stammt aus dem indischen Sanskrit und bedeutet »Rad«. Die Kraftzentren des Körpers werden deshalb als Räder bezeichnet, weil sie sich ständig drehen und Lebensenergie aus dem Kosmos ziehen.

Bei der Edelsteintherapie werden ganz bestimmte Edelsteine und Kristalle mit den Chakren in Verbindung gebracht, um die Ursachen von Krankheiten zu erkennen, Blockaden zu lösen, die Selbstheilungskräfte des Körpers und der Seele zu aktivieren und das Selbstbewusstsein zu stärken. Manche Mineralien können dabei helfen, spirituelle Fähigkeiten zu wecken und zu fördern, und manche können die Sinne eines Menschen für die Liebe öffnen. Sie werden dazu eingesetzt, die eigene Liebesfähigkeit wieder zu erlangen oder sie zu steigern. Darin eingeschlossen ist auch die Liebe zu sich selbst. Dennoch dürfte eine Arbeit mit den Steinen der Liebe auch für jede bestehende oder zukünftige Partnerschaft fruchtbar sein, denn schließlich ist es eine alte Erkenntnis, dass nur der wirklich geliebt wird, der auch lieben kann. Die Arbeit mit Edelsteinen kann auf verschiedene Weise erfolgen: Man kann die Steine betrachten, sie in den Händen halten, sie auf bestimmte Körperpartien auflegen oder sie in eine Körpermassage einbeziehen. Mit der Schwingung der Steine kann die Schwingung der Chakren angeregt werden. Da die Chakren die Pforten sind, durch die Energie in den Körper hinein- und hinauspulsiert, können die Steine helfen, die Chakren wieder in ein harmonisches Gleichgewicht zu bringen, wenn dieses gestört ist.

Die Steine des Herzens

Weil es in der Liebe wie bei allen Herzensangelegenheiten darauf ankommt, dass Gefühl und Intellekt im richtigen Verhältnis zueinander stehen und ein harmonisches Zusammenspiel ergeben, muss sich das Herz am richtigen Ort befinden – das bedeutet, am richtigen Chakra, dem Herzchakra. Die im Folgenden beschriebenen Steine haben eine besondere Wirkung auf das Herzchakra und sind damit Steine der Liebe.

Aventurin

Dieser Stein soll beruhigen, harmonisieren, Spannungen lösen und Selbstvertrauen, Intuition und Lebensfreude stärken. Man sagt, seine sanfte Heilenergie werde besonders bei Verletzungen des Herzens wirksam und führe zu Gelassenheit, Geduld und Heiterkeit.

Beryll

Der auch als Chrysoberyll bezeichnete hellgrüne Stein soll dabei helfen, dass wir liebevoller mit uns selbst umgehen. Er wirkt angeblich entgiftend, entkrampfend und verheißt Glück in der Liebe.

Jade

Bei den Asiaten wird Jade seit Jahrtausenden als Glück bringender Stein verehrt, der gleichzeitig ein Symbol für Gesundheit und Wohlstand ist. Jade soll entgiftend, entspannend und beruhigend wirken – also ein idealer Stein, wenn man sich wegen der Liebe in Grübelei, eifersüchtiger Raserei oder verzweifelter Rastlosigkeit verliert.

Malachit

Die dunkle Bänderung des Malachits wird als Symbol für die Dualität des Bewussten und des Unbewussten interpretiert. Er soll ausgleichend und entgiftend, entzündungshemmend und antiseptisch wirken. Liebeskummer ist eine Verletzung des Herzens, also kann der Malachit hier sehr hilfreich sein – selbst dann, wenn die Verwundung ins Unterbewusstsein verdrängt wurde.

Rodochrosit

Man sagt diesem rötlichen Stein nach, dass er Blockaden löse und mit seiner reinigenden Kraft Liebe, Kreativität und Intuition fördere. Bei notwendigen Veränderungen, also etwa einer Trennung, soll er ein hilfreicher Beistand sein und dem Herzen Harmonie bringen. Weist der Rhodochrosit Flecken oder Marmorierungen auf, so ist dies ein Hinweis darauf, dass Harmonie nicht der Perfektion bedarf.

Aventurin – fördert Heiterkeit und Lebensfreude.

Rosenquarz

Die reinigende, beruhigende und entspannende Wirkung, die dem zartrosa Rosenquarz nachgesagt wird, soll Ängste, Stress und blockierte Gefühle lösen und starre Denkmuster aufbrechen. Mit seinen Schwingungen fördert er Empfindungen von Zärtlichkeit und ermöglicht das Zulassen von Liebe.

Rubellit

Dieser rosarot gefärbte Turmalin wird als großer Helfer in Liebesangelegenheiten gesehen, denn er soll Energie, Freude und Liebe schenken. Das breite Spektrum seiner Rosa- bis Rottöne symbolisiert die Vielfalt der Liebe. Der Rubellit soll zu mehr Verständnis und damit zu einer Öffnung des Herzens beitragen. Man sagt ihm auch nach, dass er die Geschlechtsorgane stärke und somit die feurige Leidenschaft anheize.

Rubin

Der rote Rubin gilt als Heilstein für zahlreiche Leiden und soll Harmonie, Mitgefühl, Mut und Liebe fördern. Man sagt vom Rubin, er heile Herzenswunden und erfülle das Herz mit feuriger Liebe.

Die Steine der Liebe

Saphir

Dieser blaue Stein soll inspirieren, beruhigen und kräftigen. Man sagt ihm nach, dass er geistige Klarheit und Ruhe schenke. Der Saphir gilt deshalb seit jeher als hervorragender Meditationsstein. Seit alters glaubt man, er stärke die Wahrheitsliebe und verhelfe einem zu guten Gedanken und Reichtum – ideale Voraussetzungen, eine reife, tief empfundene Liebe zu leben!

Smaragd

Smaragde sollen helfen, ein tieferes Naturempfinden und mehr Hingabefähigkeit zu entwickeln. Ihnen wird auch ein positiver Einfluss auf die regenerativen Kräfte unseres Körpers zugeschrieben. Smaragde sollen Harmonie und Liebe befördern und uns lehren, die Welt mit dem Herzen zu sehen. Nach alter Tradition ist der Smaragd der Stein der Treue, der Ärzte und der Heiler, der es obendrein ermöglicht, in die Zukunft zu sehen.

Jade – wirkt entspannend und beruhigend.

Grüner Turmalin

Der auch als Verdelith bezeichnete grüne Turmalin soll reinigend und harmonisierend wirken sowie Blockaden lösen. Er erleichtert es seinem Träger, alte Muster zu durchbrechen und ermöglicht so die Chancen für einen Neubeginn. Bei Konflikten – auch in der Partnerschaft – soll er einen konstruktiven Umgang mit den Problemen befördern. Man sagt ihm nach, er bringe Energie, Kreativität und Lebensfreude.

Wassermelonenturmalin

Dieser Turmalin besitzt einen äußeren Rand aus grünem Turmalin und einen Kern aus Rubellit (rosa Turmalin), so dass er im Querschnitt der Färbung einer Wassermelone gleicht. Man sagt ihm nach, dass er Gegensätze ausgleiche und dabei helfe, festgefahrene Geschlechterrollen flexibler zu gestalten und differenzierter zu sehen.

Auswahl und Kauf der Steine

Nur die wenigsten werden ihre Edelsteine und Kristalle als Sammler selbst suchen. Alle anderen sind darauf angewiesen, ihre Steine zu kaufen. Mineraliengeschäfte, Edelsteinläden, Juweliere sowie Läden, die esoterische Artikel und Bücher verkaufen, bieten Edelsteine und Kristalle an. Auch auf Mineralienbörsen, wie sie an vielen Orten von passionierten Sammlern und Händlern abgehalten werden, kann man schöne Exemplare erwerben. Besonders für Neulinge und Anfänger in Sachen Edelsteintherapie und -magie ist es wichtig, dass dem Kauf eine intensive Beratung vorausgeht. Achten Sie außerdem darauf, wie mit den Steinen umgegangen wird und wie sie aufbewahrt werden. Zudem sollten Sie sich darüber informieren, ob die Steine behandelt wurden. Oft werden Steine bestrahlt, erhitzt, gefärbt oder geölt, um ihr Aussehen zu verbessern oder bestimmte Charakteristiken hervorzuheben.

Sie sollten nur echte, natürlich gewachsene Steine erwerben und keine Imitationen aus Glas, Kunststoff oder anderen Materialien. Außerdem sind auch so genannte Dubletten im Umlauf, bei denen eine Schicht Edelstein auf einen Kern aus Glas, Metall oder einem billigen Stein aufgeklebt wurde. Solche »Steine« taugen nicht zur Edelsteintherapie. Fragen Sie deshalb vor dem Kauf hartnäckig nach, ob es sich um einen behandelten oder sonstwie geschönten Stein handelt. Wirklich schöne, regelmäßige Steine ohne Einschlüsse, Unreinheiten oder Risse, die noch dazu einen perfekten Schliff aufweisen, haben ihren Preis. Achten Sie beim Kauf jedoch nicht nur auf die optische Qualität eines Steins, sondern hören Sie auch auf Ihre innere Stimme, und wählen Sie die Steine, von denen Sie sich intuitiv angezogen fühlen.

Die Reinigung

Wer bei dem Begriff Reinigung an das Säubern von Schmutz denkt, liegt nicht ganz falsch. Doch handelt es sich in diesem Fall nicht um eine Reinigung im herkömmlichen Sinn, sondern um das Entfernen von schlechten Einflüssen und negativen Botschaften. Kristalle nehmen die Schwingung ihrer Umgebung und von Personen auf, die mit ihnen in Kontakt kamen. Deshalb ist es wichtig, sie vor der Verwendung als Heilstein oder als Stein der Liebe zu neutralisieren. Es hat sich bewährt, die Steine einige Stunden, am besten über Nacht, in eine Glasschüssel mit klarem Wasser zu legen oder sie einige Minuten unter kaltes oder lauwarmes (niemals heißes) fließendes Wasser zu halten und sich dabei vorzustellen, wie alles Negative von ihnen abgespült wird. Man trocknet die Steine anschließend nicht mit dem Handtuch ab, sondern legt sie zum Trocknen ans Tageslicht oder in die Sonne. Achtung: Nicht alle Steine vertragen pralles Sonnenlicht! Bei manchen, wie Beryll, Citrin, Türkis oder Amethyst, kann sich die Farbe verändern, oder sie bleichen aus. Andere, wie Feuerachat und Opal, verlieren bei zu großer Hitze ihre Schönheit. Bei diesen Steinen ist es sinnvoll, sie im milden Licht des Spätnachmittags mit Energie aufzuladen. Besonders sanfte Steine wie Smaragd, Saphir oder Mondstein kann man im Licht des Vollmondes aufladen. Man kann Steine auch dadurch reinigen, dass man sie einige Stunden auf eine Quarzdruse legt. Durch die starken Kristallenergien der Druse werden die negativen Kräfte und Schwingungen im Stein neutralisiert, und der Stein gewinnt seine ursprüngliche Kraft zurück

Wenn man längere Zeit intensiv mit den Steinen gearbeitet hat, sollte ihnen eine längere Erholungsphase gegönnt sein. Man gräbt sie zu diesem Zweck in der freien Natur in die Erde ein und lässt sie zwei bis drei Wochen dort ruhen. Wer seinen kostbaren Stein nicht unbeaufsichtigt in der Natur lassen möchte, kann auch etwas Erde von einem Spaziergang mitbringen und den Stein in einem Blumentopf eingraben.

Denken Sie daran, nicht nur die Steine zu reinigen, sondern sich auch vor und nach jeder Anwendung die Hände zu waschen.

Die Anwendung der Steine

Man kann die Steine der Liebe auf vielerlei Weise anwenden. Welche Form der Anwendung Sie wählen, hängt von Ihrer Lebensweise ab und davon, was für Sie im Alltag am besten praktikabel ist. Nicht jeder hat die Zeit und die Muße, sich für längere Zeit einer ausgiebigen Edelsteinmeditation hinzugeben, und nicht jeder hat einen Partner oder eine Partnerin, der/die für eine Massage zur Verfügung steht.

Denken Sie daran, dass bei der Anwendung von Mineralien als Steine der Liebe vor allem eines wichtig ist: Sie müssen an die Kraft der Steine glauben!

Taschensteine

Am einfachsten, preiswertesten und bequemsten dürfte die Verwendung als so genannter Taschenstein sein. Bei dieser Methode trägt man den Stein in der Kleidung bei sich, etwa in der Jackentasche, und nimmt ihn ab und zu in die Hand, um seine Wirkung zu genießen.

Am sinnvollsten verwendet man glatt geschliffene Steine *(Cabochons)*, damit die Kleidung nicht von der rauen oder spitzen Oberfläche eines ungeschliffenen Steins beschädigt wird. Solch ein Stein ist auch ein ganz wunderbarer »Handschmeichler«, mit dem man in Zeiten der Nervosität spielen und sich dabei beruhigen kann.

Manche Menschen hängen sich »ihren Stein« auch in einem kleinen, aus Naturfasern hergestellten Beutel um und versichern sich so seiner ständigen Wirkung. Auf keinen Fall dürfen die Steine der Liebe aber im Geldbeutel oder in einem Beutel mit Metallgegenständen aufbewahrt oder transportiert werden, da sie durch das harte Metall beschädigt werden.

Meditation mit Edelsteinen

Inzwischen dürfte es sich herumgesprochen haben, dass Meditation nichts mit orientalischen Sekten und irgendwelchen ominösen Heilsversprechen zu tun hat, sondern eine seit Jahrtausenden bewährte Form der kontemplativen Konzentration ist, mit der man aus dem Stress und Durcheinander des Alltags in die eigene Mitte zurückfinden kann.

Meditation kann dabei helfen, eine neue Ausgeglichenheit zu erlangen, sich entspannter und aufmerksamer seinen Aufgaben zu widmen, gelassener auf die Herausforderungen des Lebens zu reagieren und einfach über mehr Energie zu verfügen. Edelsteine können die Meditation sehr wirkungsvoll unterstützen.

Je nach Veranlagung und Lebenssituation brauchen Menschen verschiedene Steine, um ihre Wirkung während der Meditation in sich aufzunehmen. Für alles, was mit Liebe, Nächstenliebe und Toleranz zu tun hat, eignen sich besonders gut die oben genannten Steine des Herzens, aber auch alle anderen rosafarbenen Steine. Für Schutz, Erdung, Stabilisierung, Selbsterkenntnis, Klarheit und Problemlösung wählt man am besten aus braunen, schwarzen, gelben oder weißen Steinen aus. Grüne Steine fördern die Harmonie und schaffen Ausgleich und Ruhe, während violette Steine die Konzentration und spirituelle Entfaltung unterstützen sollen.

Wenn Sie mit Steinen meditieren wollen, dann sorgen Sie dafür, dass Sie sich an einen ruhigen Ort ohne Telefon oder andere Störquellen zurückziehen können, wo Sie ungestört sind. Tragen Sie bequeme Kleidung, die Sie nicht einengt, und legen Sie allen Schmuck, auch ihre Armbanduhr, für die Dauer der Meditation ab.

Vor Beginn der Meditation suchen Sie Ihre Steine aus und reinigen sie. Ruhige, entspannende Musik stört die Meditation nicht. Nehmen Sie eine aufrechte Sitzposition ein oder legen Sie sich entspannt hin. Wenn Sie keine Probleme mit dem Lotussitz haben, dann nehmen Sie diese klassische Meditationshaltung ein.

Atmen Sie tief ein und aus. Lassen Sie dabei den Atem ruhig fließen. Richten Sie Ihre Aufmerksam-

Meditationssteine.

keit auf die Steine, die Sie entweder in der Hand halten oder auf die Energiezentren Ihres Körpers gelegt haben. Entspannen Sie sich, und hören Sie in sich hinein. Wenn Sie Ängste oder körperliche Symptome spüren, konzentrieren Sie sich auf die Atmung. Beenden Sie die Meditation immer mit einem positiven Gedanken.
Achtung: Personen, die größere seelische oder körperliche Probleme haben, sollten nicht allein meditieren. Ein erfahrener Begleiter kann in solchen Fällen verhindern, dass durch die Meditation Prozesse in Gang gesetzt werden, die vom Betroffenen nicht mehr beherrscht werden können.

Massage mit Kristallen

Eine Massage mit Edelsteinen oder Kristallen kann sehr entspannend sein. Sie stimuliert nicht nur den Körper, sondern kann auch die Aura reinigen und den Geist beruhigen. Man kann sich selbst behandeln oder sich von seinem Partner oder einem sehr vertrauten Menschen massieren lassen. Zur Selbstbehandlung eignen sich Hand- oder Gesichtsmassagen, bei der Partnerbehandlung sind praktisch kaum Grenzen gesetzt: Gesichts-, Hand- und Fußmassagen, Rückenmassagen oder eine Ganzkörpermassage lassen sich mit Edelsteinen durchführen.
Damit die Massage wirklich Erfolg hat, sollten Sie sich dafür in einen Raum zurückziehen, wo sie ungestört sind und sich entspannen können. Achten Sie darauf, dass es dort warm genug ist, damit Sie nicht während der Behandlung zu frieren beginnen. Wählen Sie für die Massage einen Stein oder Kristall, reinigen Sie ihn, und lassen Sie ihn ohne Druck über die eigene Haut oder die des Partners gleiten. Verwenden Sie dabei kein Massageöl, um den Stein nicht zu verderben. Ruhige Musik kann das sinnliche Erlebnis steigern und die Atmosphäre noch entspannter machen. Führen Sie beim Massieren langsame, ruhige und gleitende Bewegungen mit dem Edelstein aus, und arbeiten Sie sich immer von unten nach oben voran, bei der Ganzkörpermassage z. B. von den Füßen bis zu den Schultern und dem Gesicht. Bei einer Rückenmassage beginnen Sie dagegen beim Gesäß und arbeiten sich bis zu den Schultern empor.
Nach der Massage empfiehlt es sich, nicht gleich wieder aufzuspringen und in den Alltagstrott zu verfallen, sondern noch einige Zeit zu ruhen, um die Kraft der Edelsteine nachwirken zu lassen.

Liebessteine als Schmuck

Die wohl schönste Art, die Steine der Liebe anzuwenden, ist ihre Verwendung als Schmuck. Die meisten Steine und Kristalle wird man in Verbindung mit Metallfassungen verwenden, wenn man sie als Schmuck tragen möchte. Hierbei ist zu berücksichtigen, dass auch Metalle Mineralien sind und eine Wirkung auf unseren Geist und unseren Organismus haben können. Man glaubt, dass Gold reinigt, aktiviert, wärmt und die Selbstheilungskräfte anregt, wobei man darauf achten sollte, eine Legierung zu wählen, die mindestens zur Hälfte aus Gold besteht. Silber ist ebenfalls ein gebräuchliches Metall, um Steine oder Kristalle zu fassen. Es steht für Schutz, Intuition, Phantasie, Romantik, Liebe und Empfindsamkeit, also recht weibliche Eigenschaften. Deshalb passt Silber auch zu eher femininen Steinen wie Rosenquarz und Mondstein. Kupfer ist als Fassung für Edelsteinschmuck eher ungewöhnlich, aber es symbolisiert Geborgenheit, Liebe, Harmonie, Lebenskraft, Optimismus, Schönheit und Weiblichkeit und sollte deshalb eine Überlegung wert sein, wenn man Edelsteinschmuck von einem Goldschmied fassen lässt. Man sagt Kupfer obendrein nach, dass es entgiftet, vitalisiert und die Wundheilung fördert. Ähnlich ungewöhnlich, aber ebenfalls möglich als Fassung für Steine ist Messing. Es soll entgiftend, heilend, lösend und schützend wirken. Das teuerste Metall, das in der Schmuckfabrikation verwendet wird, ist Platin. Mit seiner Schwere und Härte steht es für Stabilität, was besonders labilen Personen zugute kommt. Zu viel Platin kann jedoch verschlossen und gefühlskalt machen.

Wenn man Steine und Kristalle als Schmuck tragen möchte, kommt es nicht nur auf die richtige Wahl des Steins und die Art der Fassung an, sondern auch auf die Verwendung am Körper. Um den Hals getragene Anhänger und Ketten können sich am besten auf das Hals- oder Herzchakra oder das Chakra des Sonnengeflechts auswirken. Broschen wirken vor allem dort, wo sie befestigt werden. Armbänder binden die Energien der jeweiligen Steine an die Hand. Mit ihrer Ringform symbolisieren sie, ähnlich wie die Fingerringe, Einheit und Unendlichkeit. Das Tragen von Ohrringen mit Edelsteinen kann die Akupunkturpunkte der Ohrläppchen stimulieren. Etwas ganz Besonderes sind individuell zusammengestellte Edelsteinketten aus verschiedenen Steinen, die je nach Lebensphase und -situation auf die Trägerin abgestimmt werden. Will man nur einen Aspekt besonders stärken oder schützen, kann man sich auf ein Amulett aus einer bestimmten Steinsorte beschränken.

Auf der Haut getragene Glücks- oder Heilsteine wirken unmittelbat auf die Chakren.

Lexikon der magischen Pflanzen

Auf den folgenden Seiten finden Sie eine Zusammenstellung, die die wichtigsten magischen Pflanzen unserer Heimat enthält – alphabetisch geordnet, von Ackergauchheil bis Zwiebel.
Hier erfahren Sie noch einmal im Überblick, welche magischen Eigenschaften die einzelnen Pflanzen besitzen und wie und wofür man sie am wirkungsvollsten anwenden kann …

Magiepflanzen von A bis Z

Die folgende Zusammenstellung enthält die wichtigsten heimischen Magiepflanzen in alphabetischer Reihenfolge mit ihren gebräuchlichsten deutschen Namen und den botanischen Bezeichnungen. Bei jeder Pflanze werden außerdem die hauptsächlichen Bereiche für ihre magische Anwendung dargestellt.

Ackergauchheil *(Anagallis arvensis)* Zum Vertreiben von Gespenstern und Nachtmaren. Auch zum Ausräuchern von Häusern, in denen ein Verbrechen verübt worden ist.

Ackerminze *(Mentha arvensis)* Die Pflanze soll negative Energien vertreiben. Anwendung bei reinigenden Heilritualen.

Akelei *(Aquilegia vulgaris)* Symbol des Lebens. Schutzmittel gegen Verhexung und bösen Zauber. Die Blüte symbolisiert die Verbindung von Gott und dem Menschen.

Alant *(Inula helenium)* Soll angehexte Leiden kurieren, z. B. Hexenschuss oder Besessenheit.

Alpenveilchen *(Cyclamen purpurascens)* Zauberpflanze und Mittel zur Abtreibung.

Andorn *(Marrubium vulgare)* In der Johannisnacht auf einem Friedhof gepflückt soll er böse Dämonen vertreiben.

Anis *(Pimpinella anisum)* Aphrodisiakum und antidämonisches Mittel. In der Tasche getragene Samen wehren böse Geister ab.

Arnika *(Arnica montana)* Schutz gegen Blitz, Hagel, Hexen, Zauberer und üble Nachrede.

Aronstab *(Arum maculatum)* Liebeszauberpflanze. Dazu wurde ein Stück der Wurzel im Schuh getragen, um den rechten Tanzpartner zu finden.

Baldrian *(Valeriana officinalis)* Wenn er an Zimmerdecke hängend sich zusammen mit der Person bewegt, die den Raum betritt, so handelt es sich um einen Menschen, der Übles will. Pflanze der Elfen und Wassernymphen.

Bärlapp *(Lycopodium clavatum)* In der Hosentasche getragen soll er zum glücklichen Ausgang eines Prozesses verhelfen. Heilige Pflanze der Druiden. Als Amulett getragen schützt er gegen jeden Schaden.

Bärlauch (*Allium ursinum*) Gegen Vampire und Blutsauger. Mit Brot zusammen am linken Arm befestig erscheint ein Dieb im Traum.

Beifuß *(Artemisia vulgaris)* Ein Kranz aus Beifuß im Sonnwendfeuer verbrannt vertreibt alle bösen Einflüsse. Beifuß im Haus vertreibt den Teufel. Als Räucherung Schutz gegen alle Mächte der Finsternis.

Benediktendistel *(Cnicus benedictus)* Als Amulett getragen zur Abwehr böser Geister.

Berufskraut *(Erigeron anuus)* Schutz gegen Hexen und Zauberer. Im Stall aufgehängt Schutz vor Wetterschäden.

Bilsenkraut *(Hyoscyamus niger)* Beschwörungs- und Zauberkraut, Zutat der »Flugsalben« für Hexen.
Bingelkraut *(Mercurialis annua)* Hexenkraut, wichtiger Zusatz bei magischen Liebesmitteln.
Blutwurz *(Potentilla tormentilla)* Als Amulett Schutz vor bösem Einfluss, Antipestkraut.
Borretsch *(Borago officinalis)* Trinkgläser mit Borretschzweigen lassen jedes Gastmahl gelingen; in den Schultaschen von Kindern verbessern sie den Lernerfolg.
Braunwurz *(Scrophularia nodosa)* Als Amulett getragen schützt sie vor bösem Zauber.
Brennnessel *(Urtica dioica)* Orakelpflanze, schützt gegen Dämonen, böse Kräfte und Blitzschlag; als Speise im Frühjahr soll sie das ganze Jahr Krankheiten fern halten.
Brombeere *(Rubus fructicosus)* Magisches Mittel zur Wiederherstellung des häuslichen Friedens. Zweige schützen vor Verhexung, bösen Geistern und Hexen.
Buche *(Fagus sylvatica)* Schutzbaum heiliger Orte und Wallfahrtsstätten. Samen als Wetterorakel.
Buchsbaum *(Buxus sempervirens)* Geweihte Zweige schützen vor Blitz und Dämonen. Glücksbringer und Orakelpflanze.
Dill *(Anethum graveolens)* Mittel gegen Hexen und böse Beeinflussung. Dillkraut im Bett erleichtert die Geburt. Zur Beruhigung von Gewittern und zum guten Ausgang von Gerichtsprozessen.
Dost *(Origanum vulgare)* Räucherpflanze, verscheucht schlechte Einflüsse. Als Amulett und als Büschel aufgehängt nimmt er bösen Verwünschungen die Kraft.
Eberesche *(Sorbus aucuparia)* Heiliger Baum der Kelten, Baum des Lebens. Schützt vor Dämonen, Unheil, Blitzschlag und Verzauberung.
Eberraute *(Artemisia abrotanum)* Liebeszauberpflanze.
Eberwurz *(Carlina acaulis)* Dient dazu, anderen Wesen die Kraft zu entziehen.
Edelweiß *(Leontopodium alpinum)* Liebeszauberpflanze, vertreibt Teufel und Gespenster.
Efeu *(Hedera helix)* Im Haus bringt er Unglück oder bedeutet den Tod für einen Familienangehörigen. Orakelpflanze für die Weinernte.
Eibe *(Taxus baccata)* Totenbaum, der Dämonen verscheucht. Aus Eibenholz werden Zauberstäbe geschnitzt.
Eibisch *(Althaea officinalis)* Eine der neun großen Pflanzen der Heilkunde, Bestandteil geweihter Kräuterbüschel.
Eiche *(Quercus robur)* Eichenholz hat zauberische Eigenschaften, bei den Germanen der heilige Baum des Gottes Donar.
Eisenhut *(Aconitum napellus)* Bestandteil der Flugsalben, stark giftig.
Eisenkraut *(Verbena officinalis)* Schützt vor Unheil, stimmt Gäste fröhlich, Pflanze für Liebeszauber, verleiht geistige Fähigkeiten; am Körper getragen schützt es vor Müdigkeit.
Engelwurz *(Angelica archangelica)* Beschirmt die Liebenden; wer sie trägt, wird von allen geliebt und verehrt; als Amulett hilfreich gegen angezauberte Impotenz und Schadzauber. Hilft auch, Angst zu überwinden.

Erdrauch *(Fumaria officinalis)* Liebeszauberpflanze, rituelles Räucherkraut der Germanen, um Rat einzuholen.

Esche *(Fraxinus excelsior)* Der Weltenbaum der nordischen Mythologie, Sitz der Schicksalsgöttinnen, heilt alle Wunden.

Estragon *(Artemisia dracunculus)* Schützt gegen Zauberei und böse Mächte.

Fenchel *(Foeniculum vulgare)* Bestandteil eines Heiltranks gegen den Teufel.

Fetthenne *(Sedum telephium)* Orakelpflanze für die Gesundheit und Eheorakel.

Fingerhut *(Digitalis purpurea)* Schutzkraut vor negativen Einflüssen, Liebeszauberpflanze.

Flachs *(Linum usitatissimum)* Liebeszauberpflanze; Samen in den Schuhen schützen vor Zauberei.

Gänseblümchen (Bellis perennis) Orakelpflanze mit Heilwirkung.

Frauenmantel *(Alchemilla xanthochlora)* Heilige Pflanze der Germanen, der Tau wurde von Alchemisten als Zaubermittel verwendet. Symbol für alle Schutz Suchenden.

Fünffingerkraut *(Potentilla reptans)* Zutat der Hexensalben; magisches Schutzkraut, das böse Geister vertreibt.

Gamander *(Teucrium chamaedrys)* Vertreibt Hexen und den Teufel; schützt vor Blitzschlag. Als Amulett getragen wehrt er böse Einflüsse ab; Liebesorakelpflanze.

Gänseblümchen *(Bellis perennis)* Liebesorakelpflanze, ihm wird besondere Heilkraft zugeschrieben.

Gänsefingerkraut *(Potentilla anserina)* Liebesorakelpflanze; bringt Glück in allen Geldangelegenheiten.

Geißklee *(Galega officinalis)* Räucherpflanze für Schutz und Reinigung.

Gerste *(Hordeum vulgare)* Orakelpflanze, für Liebesorakel, auch als Amulettpflanze.

Goldrute *(Solidago virgaurea)* Dient als Wünschelrute, um Schätze zu finden. Nimmt Angst vor engen Bindungen.

Gottesgnadenkraut *(Gratiola officinalis)* Gegen Teufelsspuk und Geschwüre, Aphrodisiakum und abtreibend.

Gundelrebe *(Glechoma hederacea)* Zauberpflanze der Germanen, hilft bei zahlreichen Krankheiten.

Günsel, Kriechender *(Ajuga reptans)* Als Räucherpflanze verwendet ruft er gute Geister herbei.

Habichtskraut, Kleines *(Hieracium pilosella)* Als Amulett getragen erhält es die Sehkraft; Liebesorakelpflanze.

Haselnuss *(Corylus avellana)* Aus dem Holz stellt man Wünschelruten her; wehrt Gewitter ab und schützt vor schädlichen Erdstrahlen.

Haselwurz *(Asarum europaeum)* Als Amulett zur Verhütung von Schwangerschaften, Zauberpflanze der Germanen.

Hauhechel *(Ononis spinosa)* Das Amulett aus der Wurzel schützt vor Dieben und Räubern.

Hauswurz *(Sempervivum tectorum)* Symbol für ewiges Leben, schützt vor Blitzschlag und Feuer.

Heidekraut *(Calluna vulgaris)* Als Kranz über den Spiegel gehängt hält es Unglück vom Haus ab. Unter das Kopfkissen gelegt gehen Träume in Erfüllung.

Heilziest *(Betonica officinalis)* Als Räucherpflanze gegen böse Geister und Krankheitsgeister. Schützt vor Unglück aller Art. Unter der Türschwelle vergraben, können böse Geister nicht ins Haus eindringen.

Herbstzeitlose *(Colchicum autumnale)* Hexenpflanze, soll Bestandteil des Zaubertranks der Medea gewesen sein.

Herzgespann *(Leonurus cardiaca)* Als Amulett gegen Herzleiden, traditionell muss die Pflanze nackt gesammelt werden.

Hexenkraut *(Circaea lutetiana)* Frische Blüten erhöhen die Anziehungskraft auf Männer. Es hilft Konflikte auszutragen und erhöht das Charisma.

Hirschzunge *(Asplenium scolopendrium)* Vertreibt den Teufel, schützt vor Zauberei. Wer sieben Farnsporen bei sich trägt, ist auf Reisen beschützt.

Hirtentäschel *(Capsella bursa-pastoris)* Liebesorakelpflanze.

Holunder *(Sambucus nigra)* Das Abholzen bringt Unglück, der Strauch wird als Sitz von Geistern und Göttern gesehen. Ein zu Silvester geschnittener Zweig bewahrt vor Feuer; Schutzbaum für Vieh, Liebesorakel.

Immergrün *(Vinca minor)* Symbol der ewigen Treue und des ewigen Lebens; als Amulett getragen soll sie das Leben verlängern. Bestandteil mittelalterlicher Liebestränke.

Johanniskraut *(Hypericum perforatum)* Liebesorakelpflanze: ein Kranz schützt vor Dämonen und dem Teufel sowie vor Blitz und Feuer.

Kalmus *(Acorus calamus)* Ernteorakelpflanze; als magische Salbe soll er zu ewiger Schönheit verhelfen, Aphrodisiakum.

Kapuzinerkresse *(Tropaeolum majus)* Als Amulett schützt sie vor Hexerei, die Samen sollen aphrodisisch wirken und Hemmungen abbauen.

Käsepappel *(Malva neglecta)* Liebesorakelpflanze, um Seitensprünge herauszufinden.

Kiefer *(Pinus sylvestris)* Das Harz ist ein Mittel gegen Zauber; schützt als Amulett gegen den bösen Blick.

Kirsche *(Prunus avium)* In der Kirsche leben die Seelen der Verstorbenen sowie Wald- und Baumgeister; Orakelpflanze (Barbarazweige).

Klatschmohn *(Papaver rhoeas)* Liebesorakelpflanze.

Klette *(Arctium lappa)* Vertreibt Dämonen und

den Teufel, schützt das Vieh vor Verhexung.

Knabenkraut *(Orchis majalis)* Aphrodisiakum, Glücksbringer. Als Räucherpflanze soll es Streitereien aus der Welt schaffen.

Knoblauch *(Allium sativum)* Schützt vor Verhexung; am Mittwoch vor Pfingsten gegessen hält er ein Jahr lang gesund. Entlarvt Diebe im Traum, wenn er mit Brot an den linken Arm gebunden wird.

Königskerze *(Verbascum densiflorum)* Schützt vor Gewitter; die Samen auf ein Gewässer gestreut verhelfen zu reichem Fischfang.

Koriander *(Coriandrum sativum)* Magischer Bestandteil von Liebestränken; als Räucherpflanze bannt er negative Kräfte.

Kornrade *(Agrostemma githago)* Ernteorakel, überführt Übeltäter.

Kreuzblume *(Polygala amara)* Schützt vor Blitzschlag.

Kümmel *(Carum carvi)* Vertreibt Dämonen.

Labkraut *(Galium verum)* In einer Gaststube auf den Ofen gelegt bringt es Streit; als Amulett schützt es vor bösen Einflüssen auf einer Reise.

Lärche *(Larix decidua)* Schutzbaum bei Gehöften, Sitz des Hausgeistes. Ein Lärchenzweig über der Türe schützt vor bösen Einflüssen von außen. Ein Zapfen um den Hals schützt vor dem bösen Blick.

Lavendel *(Lavandula angustifolia)* Schützt vor dem Teufel und dem bösen Blick. Hält böse Geister fern und soll gegen Liebeskummer helfen.

Leinkraut *(Linaria vulgaris)* Beschreikraut – hilft herauszufinden, ob eine Krankheit durch bösen Einfluss von außerhalb hervorgerufen wurde.

Lerchensporn *(Corydalis cava)* Ernteorakelpflanze; als Räucherpflanze vertreibt er Hexen.

Liebstöckel *(Levisticum officinalis)* Wurzel ist Bestandteil von Liebestränken; eingeweichter Liebstöckel verleiht dem Wasser reinigende Eigenschaften; zur Vorbereitung von Plätzen, an denen ein magisches Ritual stattfinden soll.

Lilie *(Lilium candidum)* Erscheinen auf dem Grab Liebender und derjenigen, die unschuldig getötet wurden. Schutz gegen Zauberei und Verletzungen.

Linde *(Tilia grandifolia)* Eine Linde beim Haus schützt vor Zauberei und Hexerei. Lindenzweige wehren böse Einflüsse ab. Lindenbast als Amulett schützt vor dem Bösen.

Lorbeer *(Laurus nobilis)* Dient als Räucherpflanze der Wahrsagerei, Liebesorakelpflanze. Wenn die Blätter geräuschvoll verbrennen, bedeutet dies eine glückliche Zukunft.

Löwenzahn *(Taraxacum officinale)* Beliebte Orakelpflanze.

Mädesüß *(Filipendula ulmaria)* Heilige Pflanze der Druiden.

Maiglöckchen *(Convallaria majalis)* Liebessymbol; am 1. Mai in der Tasche getragen bringen sie Glück für das restliche Jahr.

Margerite *(Leucanthemum vulgare)* Kränze als Schutz gegen Unheil und zur Heilung.

Mariendistel *(Silybum marianum)* Zaubermittel bei Vergiftungen; verhindert Streit.

Mauerpfeffer *(Sedum reflexum)* Als Räucherpflanze verscheucht sie Hexen, Orakelpflanze.

Meerrettich *(Armoracia rusticana)* In der Geldbörse schützt er vor Hexen und bewirkt, dass das Geld nicht ausgeht.
Meisterwurz *(Peucedanum ostruthium)* Bestandteil von Hexenpulvern zur Räucherung; als Amulett gegen Schlaganfall und Pest. Galt bis Anfang des 20. Jhs. als Allheilmittel.
Melisse *(Melissa officinalis)* Kranz schützt vor Bienenstichen; Bestandteil magischer Räucherungen.
Mistel *(Viscum album)* Öffnet die Tore zur Unterwelt, schützt vor Zauberei. Heilige Pflanze der Druiden, Bestandteil von Zaubertränken.
Möhre *(Daucus carota)* Geldzauber; Heilpflanze der Sympathiemedizin.
Mönchspfeffer *(Vitex agnus-castus)* Antidämonisches Mittel, schützt vor dem bösen Blick.
Mondraute *(Botrychium lunaria)* Liebeszauberpflanze, vermutlich Abtreibungsmittel.
Myrte *(Myrtus communis)* Liebespflanze, Orakelpflanze; zur Räucherung und Reinigung von Räumen, besonders vor Ritualen.
Nachtschatten *(Solanum dulcamara)* Bannt Hexen und Dämonen.
Nelkenwurz *(Geum urbanum)* Bestandteil des Malefizpulvers gegen Hexen. Heilzauberpflanze; überführt Diebe im Traum, wenn das Kraut unters Kopfkissen gelegt wird.
Nussbaum *(Juglans regia)* Treffpunkt der Zauberer und Hexen; Orakelpflanze; kleine dreikantige Nüsse gelten als Glücksbringer.
Odermennig *(Agrimonia eupatoria)* Heil- und Zauberpflanze, Bestandteil von Liebestrank; Ernteorakelpflanze.

Quendel (Thymus pulegioides) bringt Glück bei Geschäften.

Pestwurz *(Petasites hybridus)* Räucherpflanze zur Vorbereitung von magischen Ritualen.
Petersilie *(Petroselinum crispum)* Aphrodisiakum, Abtreibungsmittel. Die Wurzel war Bestandteil von Hexen- und Flugsalben.
Pfingstrose *(Paeonia officinalis)* Samenkörner gegen dämonische Krankheiten, Gespenster und Nachtmare. Wurzel nachts ausgraben!
Quendel *(Thymus pulegioides)* Glückspflanze bei Geschäften; Frauenkraut des Mittelalters.
Rainfarn *(Tanacetum vulgare)* Räucherpflanze, um das Böse auszuräuchern; vor der Reise gepflückt, garantiert er eine gesunde Heimkehr.
Ringelblume *(Calendula officinalis)* Liebeszauberpflanze, Wetterorakel, Liebesorakel.

Schlafmohn (Papaver somniferum) soll als Aphrodisiakum wirken.

Rittersporn *(Delphinium consolida)* Als Kette um den Hals hilft er bei Augenleiden. Auf dem Johannisfeuer verbrannt verbrennt das Unglück des Jahres mit ihm.

Roggen *(Secale cereale)* Ernteorakelpflanze.

Rosmarin *(Rosmarinus officinalis)* Liebesorakelpflanze, Liebeszauber; Todespflanze.

Roßkastanie *(Aesculus hippocastanum)* Als Amulett in der Tasche getragen hilfreich bei verschiedenen Krankheiten.

Rotklee *(Trifolium pratense)* Glücksbringer (vierblättrige). Fünfblättriger Klee bringt Unglück, sechsblättriger den Tod.

Salbei *(Salvia officinalis)* Zauberpflanze, Zutat für Verwandlungspulver. Wichtige Heilpflanze.

Sanddorn *(Hippophae rhamnoides)* Abwehr von Zauberei und Hexerei; Schutz vor Flüchen und Verwünschungen.

Sauerampfer *(Rumex acetosa)* Die Samen im Amulett helfen bei vorzeitiger Ejakulation; bei Frauen steigern sie die Fruchtbarkeit.

Sauerklee *(Oxalis acetosella)* Wetterorakel.

Schafgarbe *(Achillea millefolium)* Schutz vor bösem Zauber. Die Wurzel bringt Glück im Spiel, wenn sie zu einem bestimmten Zeitpunkt ausgegraben wird.

Schierling *(Conium maculatum)* Bestandteil der Flugsalbe.

Schlafmohn *(Papaver somniferum)* Aphrodisiakum.

Schlüsselblume *(Primula officinalis)* Ernteorakel, Liebesorakel, magische Pflanze.

Schneerose *(Helleborus niger)* Wetterorakelpflanze, Zauberpflanze.

Schöllkraut *(Chelidonium majus)* Symbol der Eintracht und Zufriedenheit; Zauberpflanze.

Schwertlilie *(Iris germanica)* Die in der Osternacht ausgegrabene Wurzel soll unverwundbar machen.

Sellerie *(Apium graveolens)* Wehrt Hexen ab, bringt Glück bei Hochzeiten. Liebeszauber, Aphrodisiakum.

Senf *(Sinapis alba)* Körner schützen vor bösen Geistern und neidischen Gedanken.

Siegwurz *(Allium victorialis)* Wurzel schützt vor Verletzungen; in der Hosentasche getragen schützt sie vor bösen Geistern. .

Sonnentau *(Drosera rotundifolia)* Die Tränen, im Amulett getragen, sollen böse Geister

vertreiben. Die Pflanze schützt vor Unheil und hilft, Prozesse zu gewinnen.
Speik *(Valeriana celtica)* Schutz vor bösen Geistern und dem Teufel. Zum Ausräuchern von Haus und Hof.
Spitzwegerich *(Plantago lanceolata)* Gegen Liebeskummer, Heilzauberpflanze, Orakelpflanze.
Stechapfel *(Datura stramonium)* Zutat der Flugsalben; Bestandteil von Liebestränken, Zauberpflanze.
Stechpalme *(Ilex aquifolium)* Die Beeren waren Bestandteil von Hexengetränken.
Steinklee *(Melilotus officinalis)* Zauberpflanze der Kelten; im Schuh getragen verlieh er Reisenden Schutz. In die Kleidung eingenäht macht er den Träger sympathisch.
Tanne *(Abies alba)* Beim Richtfest auf dem Dach befestigt soll sie Haus und Bewohner vor Ungemach bewahren; Glücksbringer.
Taubnessel *(Lamium album)* Schützt vor Leid. Zauberpflanze, um einen Dieb zu zwingen, das Beutegut zurückzugeben.
Tausendgüldenkraut *(Centaurium erythraea)* Geldzauber.
Teufelsabbiß *(Succisa pratensis)* Als Amulett getragen gegen Augenschwäche.
Thymian *(Thymus vulgaris)* Kränze schützen vor Blitzschlag; Zauberkraut gegen schädliche Erdstrahlen.
Tollkirsche *(Atropa belladonna)* Bestandteil der Hexensalben; verursacht erotische Ekstase. Glückspflanze.
Topinambur *(Helianthus tuberosus)* Wetterorakel, reiche Blüte soll Unglück bringen.
Türkenbund *(Lilium martagon)* Als Amulett heilkräftig bei Hämorrhoiden; die Wurzel schützt vor Anfeindungen.
Veilchen *(Viola odorata)* Ernteorakelpflanze; Attribut der Liebe und zum Heilzauber.
Vogelknöterich *(Polygonum aviculare)* Heilzauber gegen Hämorrhoiden, gegen böse Träume.
Wacholder *(Juniperus communis)* Hält neidische Gedanken böser Menschen fern; Räucherpflanze gegen Hexen und den Teufel; als Amulett gegen Epilepsie.
Wasserdost *(Eupatorium cannabinum)* Wetterzauberpflanze, Regenzauber.
Wegwarte *(Cichorium intybus)* Zauberpflanze der Germanen, schützt vor Gefahr, öffnet Türen und Tore. Auch zum Schutz gegen Blitzschlag und für Wetterorakel. Als Amulett hilfreich bei Augenkrankheiten und Impotenz.
Weide *(Salix spec.)* Heilzauber gegen Fieber und Zahnschmerzen. Wetterorakelbaum.
Weinraute *(Ruta graveolens)* Vertreibt negative Kräfte. Räucherungen schützen vor dem Neidblick. Kranz als Heiratsorakel.
Wein *(Vitis vinifera)* Als Zaubertrank bei vielen Ritualen verwendet.
Weißdorn *(Crataegus monogyna)* Heilzauber gegen Warzen; bei Schutzritualen.
Wundklee *(Anthyllis vulneraria)* Beschreikraut, hilft gegen ungute Einflüsse.
Wurmfarn *(Dryopteris filix-mas)* Vertreibt den Teufel, schützt vor Blitzschlag. Farnsporen sollen unsichtbar machen und Reichtum und Glück bescheren.
Zwiebel *(Allium cepa)* Orakelpflanze.

Register

Literatur

Alberts, Andreas und Mullen, Peter: *Giftpflanzen in Natur und Garten. Bestimmung, Giftwirkung, Erste Hilfe.* Frankh-Kosmos Verlag, Stuttgart 2003.

Bach, Edward: *Blumen, die durch die Seele heilen.* Kailash Buch 1984.

Bauer, Irmgard: *Kultur- und Sammelpflanzen der späten Bronzezeit.* Schriften des kantonalen Museums für Urgeschichte Zug.

Beier-de Haan, Rosemarie, Voltmer, Rita und Irsigler, Franz: *Hexenwahn. Ängste der Neuzeit.* Edition Minerva Hermann Farnung, Wolfratshausen 2002.

Bilgri, Pater Anselm und Adam, Birgit: *Das Kloster Andechs Kräuterbuch.* Sankt Ulrich Verlag, Augsburg 2000.

Blome, Götz: *Das praktische Handbuch zur Bach-Blüten-Therapie.* Eigenverlag 1996.

Brosse, Jacques: *Magie der Pflanzen.* Walter-Verlag 1992.

Drury, Nevill: *Lexikon des esoterischen Wissens.* Knaur 1988.

Fischer, Hans (Hrsg.): *Ethnologie – Eine Einführung.* Dietrich Reimer Verlag 1983.

Flensburger Hefte I/2003: *Neue Gespräche mit den Naturgeistern.* Band 80.

Flensburger Hefte IV/2002: *Was die Naturgeister uns sagen.* Band 79.

Frohn, Birgit: *Klostermedizin.* Deutscher Taschenbuch Verlag, München 2001.

Gattefossé, René-Maurice: *Aromatherapie.* AT Verlag 1994.

Handwörterbuch des deutschen Aberglaubens. De Gruyter 1986.

Hirsch, Siegrid; Grünberger, Felix: *Die Kräuter in meinem Garten.* Freya Verlag 2005.

Hirscher, Petra: *Heilen und Kochen mit Hildegard von Bingen. Naturheilkunde aus dem Kloster.* Knaur Ratgeber Verlage, München 2004.

Hofmann, Helmut: *Praktische Einführung in die Edelsteintherapie.* Hugendubel Verlag, München 1998.

Kalweit, Holger: *Die Welt der Schamanen.* Fischer, 1988.

Krug, Antje: *Heilkunst und Heilkult.* C. H. Beck 1985.

Laurioux, Bruno: *Tafelfreuden im Mittelalter. Bechtermünz Verlag.* Augsburg, 1999.

Levack, Brian P.: *Hexenjagd. Die Geschichte der Hexenverfolgungen in Europa.* Verlag C. H. Beck, München 1995.

Lommel, Andreas: *Schamanen und Medizinmänner.* Callwey, 1980.

Lucas, Richard: *Die Magie der Heilkräuter.* Verlag Hermann Bauer 1972.

Maclean, Dorothy: *Du kannst mit Engeln sprechen.* Heyne 1980.

Mastny, Michael: *Steine, die dem Menschen helfen.* Orac Verlag, Wien, München, Zürich 1995.

Mayer/Uehlke/Saum: *Handbuch der Klosterheilkunde.* Zabert Sandmann 2002.

Rätsch, Christian: *Lexikon der Zauberpflanzen.* VMA-Verlag, 1992.

Rätsch, Christian: *Pflanzen der Liebe.* Hallwag 1990.

Roth/Daunderer/Kormann: *Giftpflanzen – Pflanzengifte.* Nikol Verlagsgesellschaft 1994.

Rösch, Manfred: *Die Gärten der Alamannen.* Denkmalpflege in Baden-Württemberg, 3/2006

Sandra: *Hexenrituale.* Goldmann 1992.

Sandra: *Ich, die Hexe.* Goldmann 1991

Scherf, Gertrud: *Pflanzengeheimnisse aus alter Zeit.* BLV, 2004.

Scherf, Gertrud: *Zauberpflanzen – Hexenkräuter.* BLV, 2003.

Schiller, Reinhard: *Hildegard Medizinpraxis.* Pattloch 1993.

Schlecht, Peter (Hrsg.): *Expeditionen in magische Welten.* Eulen Verlag, 1991.

Schmidbauer, Wolfgang; Scheidt, Jürgen vom: *Handbuch der Rauschdrogen.* Fischer, 2004.

Sebald, Hans: *Hexen damals – und heute?* Ullstein Verlag, Frankfurt/M. und Berlin 1990.

Stammel, Heinz J.: *Die Apotheke Manitous.* Rororo, 2000.

Tompkins, Peter; Bird, Christopher: *Das geheime Leben der Pflanzen.* Fischer 1981.

Walker, Barbara G.: *das geheime Wissen der Frauen.* DTV 1999.

Wenzel, Stephanie; Funke, Wolfgang: *Das Kräuterjahr.* Heyne 2005.

Werner, Helmut: *Die Magie der Zauberpflanzen, Edelsteine, Duftstoffe und Farben.* Knaur 1993.

Worwood, Valerie Ann: *Liebesdüfte.* Goldmann, 1992.

Zacker, Christina: *Von Abrakadabra bis Zodiakus.* Falken, 2000.

Impressum

Originalausgabe

Der Wilhelm Heyne Verlag ist ein Unternehmen der Verlagsgruppe Random House GmbH, München
www.heyne.de

Wichtiger Hinweis

Das vorliegende Buch ist sorgfältig erarbeitet worden. Dennoch erfolgen alle Angaben ohne Gewähr. Weder die Autorin noch der Verlag können für eventuelle Schäden, die aus den im Buch gegebenen Angabe und Hinweisen resultieren, eine Haftung übernehmen.

Wichtige Adressen

Giftnotrufzentralen:

Deutschland:
Giftnotruf Berlin
Pulsstraße 3-7, D-14059 Berlin
Tel.: 030/19240 (Tag und Nacht)
Fax: 030/32680-721
http://www.giftnotruf.de

Österreich:
Vergiftungsinformationszentrale
Allgemeines Krankenhaus Wien
Währinger Gürtel 18-20, A-1090 Wien
Tel.: 01/40-64343 (Notruf)
01/40-400 und /01/40-22 22 (Allg. Beratung)
http://www.akh-wien.ac.at/viz

Schweiz:
Schweizerisches Toxikologisches
Informationszentrum Zürich
Klosbachstr. 107, CH-8030 Zürich
Tel.: 01/251- 51 51 und 01/251 – 66 66
http://www.toxi.ch/start.html

Bildnachweis

akg-images, Berlin: 6, 28, 35, 44/45, 116 (Gerhard Ruf), 126, 208/209; Beat Ernst, Basel: 59, 64, 84, 89, 135, 153 o., 158 u., 170; Bilderberg, Hamburg: 87 (GUGLIELMO MARTINELLI/KEYSTONE-CH); Corbis, Düsseldorf: 20 (Richard H. Smith), 40 (Carl & Ann Purcell), 95 (Randy Faris), 103 (Michelle Garrett), 105 (F. Leeuwenberg), 129 (Daniel Lainé), 155 (Bettmann); F.M. v. Berger: 53, 54, 55, 61, 62, 65, 66, 139 (2), 149, 152 (2), 153 u.; Agentur Focus, Hamburg: 22 (Garion Hutschings/SPL); Getty Images, München: 12/13 (Darrell Gulin / The Image Bank), 17 (Neil McIntyre), 106 (Paul Vozdic); IFA-Bilderteam, Ottobrunn/München: 125 (Koch Birgit), 144/145 (IPS), 212, 215, 216 (KCM); Interfoto, München: 110, 113; Jump Fotoagentur, Hamburg: 165, 207 (Kristiane Vey); Laif, Köln: 176 (GUIZON Franck/Hemisphere); mauritius images, Mittenwald: 15 (Westend 61), 92 (Bernhard Lehn), 119 (René Mattes), 151 u. (Food and Drink), 158 M. (Garden Picture Library), 159 (Botanic), 175 (age footstock), 187 (Foodpix), 193 (imagebroker.net); Okapia, Frankfurt: 86 (Hans Reinhard); Picture Press, Hamburg: 25 (FLORA/Olaf Szczepaniak); Photodisk: 11, 185, 205; Südwest Verlag, München: 100, 199, 202 (S. Sperl), 104, 192 (M. Holz), 132, 167 (M. Zuche), 151 o. (Chr. Kargl), 179 (D. Albrecht), 184 (K. Newedel), 189 (R. Seiffe), 190 (B. Bonisolli), 191 (R. Hoffmann), 195 (F. Heuer), 197 (M. Urban), 201 (I. Eitel)

Beratung: Frank v. Berger, Freiburg
Redaktion Christian Wolf
Bildredaktion Christa Jaeger
Layout, Satz, DTP v|Büro – Jan-Dirk Hansen, München
Coverdesign Lore Wildpanner, München
Druck und Verarbeitung OAN, Zwenkau

Printed in Germany

Gedruckt auf chlorfrei gebleichtem, säurearmem Papier

ISBN 978-3-453-12105-8